**Classroom in a Book – Advanced**

# Adobe Photoshop 6.0 und Adobe Illustrator 9.0

**Classroom in a Book – Advanced**

# Adobe Photoshop 6.0 und Adobe Illustrator 9.0

**Markt+Technik Verlag**

Die Deutsche Bibliothek – CIP-Einheitsaufnahme
Ein Titeldatensatz für diese
Publikation ist bei
Der Deutschen Bibliothek erhältlich.


Buch. – 2001
brosch.
CD-ROM. – 2001


Die Informationen in diesem Produkt werden ohne Rücksicht auf einen eventuellen Patentschutz veröffentlicht.
Warennamen werden ohne Gewährleistung der freien Verwendbarkeit benutzt.
Bei der Zusammenstellung von Texten und Abbildungen wurde mit größter Sorgfalt vorgegangen.
Trotzdem können Fehler nicht vollständig ausgeschlossen werden.
Verlag, Herausgeber und Autoren können für fehlerhafte Angaben und deren Folgen
weder eine juristische Verantwortung noch irgendeine Haftung übernehmen.
Für Verbesserungsvorschläge und Hinweise auf Fehler sind Verlag und Herausgeber dankbar.

Titel der amerikanischen Originalausgabe: Adobe Photoshop 6.0 und Illustrator 9.0 – Advanced Classroom in a Book
© 2001 Adobe Systems Incorporated

Alle Rechte vorbehalten, auch die der fotomechanischen Wiedergabe und der Speicherung in elektronischen Medien.
Die gewerbliche Nutzung der in diesem Produkt gezeigten Modelle und Arbeiten ist nicht zulässig.
Fast alle Hard- und Softwarebezeichnungen, die in diesem Buch erwähnt werden, sind gleichzeitig auch eingetragene
Warenzeichen oder sollten als solche betrachtet werden.


10  9  8  7  6  5  4  3  2  1
04  03  02  01


# ISBN 3-8272-6117-1

© 2001 by Markt+Technik Verlag,
ein Imprint der Pearson Education Deutschland GmbH
Martin-Kollar-Str. 10-12, 81829 München/Germany
Alle Rechte vorbehalten
Einbandgestaltung: Adobe Press
Lektorat: Cornelia Karl, ckarl@pearson.de
Herstellung: Anna Plenk, aplenk@pearson.de
Übersetzung und Satz: Maik-Felix Gomm, Güby
Druck: Kösel, Kempten (www.koeselbuch.de)
Dieses Buch wurde mit Adobe FrameMaker, Adobe Photoshop und Adobe Illustrator
auf dem Macintosh erstellt und auf chlorfrei gebleichtem Papier gedruckt.
Die Einschrumpfungsfolie – zum Schutz vor Verschmutzung – ist aus umweltverträglichem
und recyclingfähigem PE-Material.
Printed in Germany

# Inhalt

| | |
|---|---|
| Einführung | Über dieses Buch .................................. 9 |
| | Voraussetzungen ................................... 10 |
| | Installieren von Adobe-Produkten ....................... 11 |
| | Installieren der Classroom-in-a-Book-Schriften ............ 11 |
| | Kopieren der Advanced-Classroom-in-a-Book-Dateien ..... 12 |
| | Wiederherstellen der Standardeinstellungen .............. 13 |
| | Zusätzliche Quellen ................................... 16 |
| | Adobe -Zertifizierung ................................. 17 |
| Bilder für den Druck und das Web vorbereiten | **Lektion 1** |
| | Vorbereitungen ......................................... 20 |
| | Grundlegende Bildbearbeitung für Druck und Web ........ 23 |
| | Ein Bild für den Ausdruck vorbereiten .................... 32 |
| | Vorbereiten eines Bildes für das Web ..................... 36 |
| Schattierung und Anpassung | **Lektion 2** |
| | Illustrator oder Photoshop? ............................. 56 |
| | Vorbereitungen ......................................... 58 |
| | Schattieren und Anpassen in Photoshop .................. 59 |
| | Schattierung und Anpassen in Illustrator ................. 81 |
| Farbmanagement und Veröffentlichung | **Lektion 3** |
| | Aufbau einer Farbanpassungsstrategie ................... 97 |
| | Vorbereitungen ......................................... 100 |
| | Produktions-Workflow für eine zu druckende Postkarte ... 100 |
| | Einrichten des Farbmanagements in Adobe Photoshop ... 101 |
| | Bearbeiten des Postkartenbilds ......................... 109 |
| | Softproof eines Bildes .................................. 111 |
| | Farbseparation eines Bildes ............................. 114 |
| | Anpassen von Farben in unterschiedlichen Anwendungen 115 |

| | |
|---|---|
| | Öffnen einer Datei mit eingebettetem Profil .............. 117 |
| | Farbmanagement in Adobe Illustrator .................. 120 |
| | Erzeugen von webbasiertem Material .................. 134 |
| | Optimieren von webbasiertem Material ................ 140 |
| **Fortgeschrittene Masken** | **Lektion 4** |
| | Masken in Photoshop ............................. 150 |
| | Vorbereitungen ................................. 151 |
| | Erstellen einer Maske aus einem vorhandenen Kanal ..... 152 |
| | Bearbeiten und Verfeinern einer Maske mit Auswahlbereichen ............................. 154 |
| | Hervorheben der Maskenkanten ..................... 152 |
| | Verwenden des Maskenbildes ....................... 159 |
| | Erstellen einer Maske aus einer Auswahl .............. 164 |
| | Masken mit Ebenen .............................. 165 |
| | Erstellen einer Ebenenmaske ....................... 168 |
| | Masken in Illustrator ............................. 171 |
| | Erstellen einer verknüpften Maske .................... 171 |
| | Maskieren eines einfachen Pfades .................... 174 |
| | Erstellen einer Deckkraftmaske mit Hilfe eines Bildes ..... 175 |
| | Eigene Übungen ................................ 179 |
| **Fortgeschrittene Bildmontage** | **Lektion 5** |
| | Vorbereitungen ................................. 184 |
| | Mit dem Entwerfen beginnen ....................... 186 |
| | Verwenden von Füllmethoden zum Mischen ............ 186 |
| | Einstellen der Ebenentransparenzdarstellung in Weiß ..... 188 |
| | Mischen mit Ebenenmasken ........................ 189 |
| | Verwenden von Einstellungsebenen .................. 192 |
| | Bearbeiten und Verwalten von Masken ................ 195 |
| | Importieren eines Photoshop-Bildes in Illustrator ........ 200 |
| | Kombinieren von Composite-Elementen ............... 215 |

| | |
|---|---|
| Erstellen eines animierten Web-Werbe-Banners | **Lektion 6** |
| | Vorbereitungen .................................... 220 |
| | Entwerfen Ihres Banners ............................ 222 |
| | Festlegen von Ebenen und Exportieren des Bildmaterials . 228 |
| | Erstellen der Animation und Hinzufügen von Effekten .... 230 |
| | Einstellen des Animations-Timing .................... 240 |
| | Optimieren und Exportieren des Banners .............. 242 |
| | Eigene Übungen ..................................... 245 |
| Fortgeschrittene Typografie und Layout | **Lektion 7** |
| | Vorbereitungen .................................... 250 |
| | Einstellen Ihres Dokuments ......................... 252 |
| | Zuweisen einer PANTONE-Farbe ....................... 264 |
| | Erstellen einer tabellarischen Preisliste .......... 267 |
| | Importieren und Gestalten von Text ................. 270 |
| | Erstellen und Zuweisen einer Glanzfarbe ............ 279 |
| | Drucken von aufgeteilten Abschnitten ............... 282 |
| | Eigene Übungen ..................................... 284 |
| Das Zeichenstift-Werkzeug meistern | **Lektion 8** |
| | Bézier-Kurven ...................................... 289 |
| | Vorbereitungen .................................... 290 |
| | Zeichnen genauer Formen ............................ 291 |
| | Hinzufügen von Farbe mit dem Verlaufsgitter-Werkzeug .. 299 |
| | Anordnen von Bildmaterial mit Hilfe der Ebenenpalette ... 307 |
| | Verwenden des Zeichenstift-Werkzeugs in Photoshop zum Erzeugen von Lichtflecken ....................... 310 |
| | Transformieren von Pfaden, um Schlagschatten hinzuzufügen ....................... 312 |
| Zweifarbendruck-Projekte | **Lektion 9** |
| | Kanäle ............................................. 321 |
| | Vorbereitungen .................................... 321 |
| | Verbessern der Bildqualität ........................ 322 |
| | Erstellen eines Duplex ............................. 327 |

Hinzufügen einer Volltonfarbe vorbereiten . . . . . . . . . . . . . . . 329

Hinzufügen einer Volltonfarbe . . . . . . . . . . . . . . . . . . . . . . . . . 331

Hinzufügen von Bildschärfe zum eingefärbten Objekt . . . . 332

Vervollständigen Ihres Posters in Illustrator . . . . . . . . . . . . . . 336

Vorbereiten der fertigen Dateien für das Drucken . . . . . . . . . 340

Sicherstellen, dass Zweifarbendateien
richtig gedruckt werden . . . . . . . . . . . . . . . . . . . . . . . . . . . . . . . 342

**Index** . . . . . . . . . . . . . . . . . . . . . . . . . . . . . . . . . . . . . . . . . . . . . 345

# Einführung

Adobe® Photoshop® 6.0, Adobe Illustrator® 9.0 und Adobe ImageReady™ 3.0 sind mächtige Industriestandard-Bildbearbeitungswerkzeuge für professionelle Designer, die anspruchsvolle Grafiken für Web und Druck erstellen möchten. Weil die meisten Designer und Grafiker oft alle drei Anwendungen einsetzen, hat Adobe diese Produkte um viele Funktionen erweitert – wie zum Beispiel das Untermenü *Springen zu*, eine ähnliche Benutzeroberfläche und gemeinsame Dateiformate – damit der Anwender nahtlos mit ihnen arbeiten kann. Dieses Buch wurde für den erfahrenen Anwender bzw. Grafiker geschrieben, der mit allen Produkten gemeinsam oder auch einzeln hochwertige Fertigkeiten entwickeln möchte.

## Über dieses Buch

*Adobe Photoshop 6.0 und Adobe Illustrator 9.0 Advanced Classroom in a Book®* gehört zu den offiziellen Trainingsbüchern für Adobe-Grafik- und Publishing-Programme. Die Lektionen richten sich an erfahrene Anwender und setzen voraus, dass bereits alle Lektionen der beiden Bücher *Adobe Photoshop 6.0 Classroom in a Book®* und *Adobe Illustrator 9.0 Classroom in a Book®* erfolgreich durchgearbeitet wurden bzw. sich anderweitig entsprechende Vorkenntnisse angeeignet wurde. Sie wurden von zahlreichen Profis entworfen, die tagtäglich mit Photoshop und Illustrator arbeiten; die Projekte reichen vom Zeichnen und Malen über die Animation eines Werbebanners für eine Webseite bis hin zur Einstellung Ihres Systems zur Einhaltung einheitlicher Farben beim Einsatz der verschiedenen Anwendungen.

Die Lektionen sind so angelegt, dass Sie Ihren Lernrhythmus selbst bestimmen können. Obwohl in jeder Lektion Schritt-für-Schritt-Anweisungen für das Erstellen eines bestimmten Projekts gegeben werden, gibt es viele Möglichkeiten für eigene Experimente. Sie können das Buch von Anfang bis Ende durcharbeiten oder sich nur die Lektionen vornehmen, für die Sie sich interessieren. Viele der Lektionen sind in zwei Abschnitte unterteilt, einer für Photoshop und einer für Illustrator. Lektion 1, »Bilder für den Druck und das Web vorbereiten«, zeigt Ihnen beispielsweise den Umgang mit und die Vorbereitung von Fotografien sowohl gedruckt für eine Ausstellung als auch für eine Online-Galerie auf einer Website. In diesen aufgeteilten Lektionen werden außerdem die Vor- und Nachteile der Verwendung beider Anwendungen gegenübergestellt.

Die Bildschirmdarstellungen für die Systeme Windows und Mac OS sind nicht immer identisch – Unterschiede werden nur erwähnt, wenn sie von Bedeutung sind. Es wird durchgehend der Ausdruck »Datei« (Windows) statt »Ablage« (Mac OS) benutzt sowie die Bezeichnung »Eingabetaste« für Zeilenschalter (Mac OS) bzw. Enter-Taste (Windows). Befehle und Eingaben sind in diesem Buch fett gedruckt.

Für die Übersetzung lagen uns Adobe Photoshop 6.01, ImageReady 3.01 und Illustrator 9.02 vor. Die Bezeichnungen haben wir unter Mac OS 8.5, 9.1, 9.2 und unter Windows 2000 mehrfach geprüft. Wir können nicht garantieren, dass einzelne Bezeichnungen und Pfadangaben abweichen, wenn Sie andere Zwischenreleases oder Betriebssysteme verwenden.

## Voraussetzungen

Die Lektionen im Buch *Adobe Photoshop 6.0 und Adobe Illustrator 9.0 Advanced Classroom in a Book* setzen folgende Erfahrungen und Fähigkeiten voraus:

- Beherrschen des Computers und seines Betriebssystems
- Vertraut sein mit den Werkzeugen, Funktionen und Menüs in Photoshop 6.0, Illustrator 9.0 und ImageReady 3.0
- Erfolgreiches Durcharbeiten der Lektionen aus *Adobe Photoshop 6.0 Classroom in a Book* und *Adobe Illustrator 9.0 Classroom in a Book* bzw. entsprechende Vorkenntnisse

- Grundkenntnisse der Monitorkalibrierung, der Farbmanagement-Optionen für Druck- und Web-Bilder und Proofen und Drucken von CMYK-Bildern

## Installieren von Adobe-Produkten

Bevor Sie mit dem Buch *Adobe Photoshop 6.0 und Adobe Illustrator 9.0 Advanced Classroom in a Book* arbeiten, sollten Sie sich vergewissern, dass Ihr System korrekt eingestellt ist und Sie die notwendige Soft- und Hardware installiert haben. Sie müssen die Programme Adobe Photoshop 6.0 und Adobe Illustrator 9.0 gesondert erwerben. Informationen über die Systemvoraussetzungen und die Software-Installation finden Sie in der Liesmich-Datei auf der jeweiligen Anwendungs-CD-ROM.

Photoshop und ImageReady nutzen dasselbe Installationsprogramm. Sie müssen diese Anwendungen von der Anwendungs-CD-ROM Adobe Photoshop 6.0 auf Ihre Festplatte installieren; Sie können die Programme nicht von der CD-ROM starten. Folgen Sie den Installationsanweisungen auf dem Bildschirm.

Halten Sie vor dem Installieren Ihre Seriennummer bereit; Sie finden Sie auf der Registrierkarte oder der CD-ROM-Hülle.

## Installieren der Classroom-in-a-Book-Schriften

Um sicherzustellen, dass die Lektionsdateien auf Ihrem System mit den richtigen Schriften angezeigt werden, müssen Sie eventuell die Classroom-in-a-Book-Zeichensatzdateien installieren. Die Schriften für die Lektionen finden Sie im Ordner Fonts auf der *Adobe Photoshop Classroom in a Book*-CD-ROM. Sollten die Schriften bereits auf Ihrem System vorhanden sein, erübrigt sich dieser Schritt. Falls Sie mit ATM® (Adobe Type Manager®) arbeiten, informieren Sie sich in der Dokumentation über das Installieren von Schriften bzw. Zeichensätzen. Falls Sie noch nicht über ATM verfügen, installieren Sie dieses Hilfsprogramm von der Advanced-Classroom-in-a-Book-CD-ROM, um anschließend alle benötigten Schriften automatisch installieren zu lassen.

💡 *Sie können die Classroom-in-a-Book-Schriften auch installieren, indem Sie alle Dateien aus dem Ordner* Fonts *auf der* Adobe-Photoshop-und-Adobe-Illustrator-Advanced-Classroom-in-a-Book-CD-ROM *in die Ordner* Dateien/Gemeinsame Dateien/Adobe/Fonts *(Windows) bzw.* Systemordner/Application Support/Adobe/Fonts *(Mac OS) kopieren. Wenn Sie Type-1-, TrueType-, OpenType- oder CID-Schriften in diese Schriftenordner installieren, sind sie nur in Adobe-Anwendungen und nicht für andere Programme verfügbar. TrueType-Fonts können Sie auch einfach in den Windows-Schriftenordner kopieren, der unter Windows 2000* Winnt/Fonts *heisst.*

## Kopieren der Advanced-Classroom-in-a-Book-Dateien

Die Advanced-Classroom-in-a-Book-CD-ROM enthält Verzeichnisse mit allen elektronischen Dateien für die Lektionen dieses Buches. Jede Lektion besitzt einen eigenen Ordner (namens Lektion01, Lektion02 usw.), die sich in einem Ordner namens Lektionen befinden. Sie müssen diesen Ordner auf Ihre Festplatte kopieren, um Zugriff auf die Dateien für die Lektionen zu erhalten. Um Speicherplatz zu sparen, können Sie die Ordner für jede Lektion erst bei Bedarf einrichten und anschließend wieder entfernen.

### Um die Advanced-Classroom-in-a-Book-Dateien zu installieren:

1 Legen Sie die CD-ROM *Advanced Classroom in a Book* in Ihr CD-ROM-Laufwerk ein.

2 Öffnen Sie das CD-ROM-Laufwerks-Icon:

- Doppelklicken Sie unter Windows auf *Arbeitsplatz* und dann auf das Icon *PS6AI9_ACIB*.
- Doppelklicken Sie unter Mac OS auf das Icon *PS6AI9_ACIB* auf dem Schreibtisch.

3 Ziehen Sie den Ordner *Lektionen* aus dem *PS6AI9_ACIB*-Fenster auf den Schreibtisch.

Um einzelne Lektionen zu kopieren, öffnen Sie den Ordner *Lektionen* und ziehen den entsprechenden Ordner aus dem *Lektionen*-Fenster auf den Schreibtisch.

Wenn Sie Dateien unter Windows installieren, müssen Sie die Dateien vor dem erstmaligen Aufruf entsperren. Dieser Schritt ist bei einer Installation unter Mac OS nicht erforderlich.

**4** Unter Windows entsperren Sie die kopierten Dateien wie folgt:

- Wenn Sie alle Lektionsdateien kopiert haben, doppelklicken Sie auf die Datei *unlock.bat* im Ordner *Lektionen* auf Ihrer Festplatte.
- Wenn Sie eine einzelne Lektion kopiert haben, ziehen Sie die Datei *unlock.bat* aus dem Ordner *Lektionen* auf der CD-ROM in den Ordner *Lektionen* auf Ihrer Festplatte. Doppelklicken Sie dann auf die Datei *unlock.bat* im Ordner *Lektionen* auf Ihrer Festplatte.

**5** Schließen Sie das Fenster *PS6AI9_ACIB* und entfernen Sie die Advanced-Classroom-in-a-Book-CD-ROM aus Ihrem CD-ROM-Laufwerk.

*Hinweis: Um die ursprünglichen Start-Dateien einer Lektion wiederherzustellen, kopieren Sie den entsprechenden Lektions-Ordner erneut von der Advanced-Classroom-in-a-Book-CD-ROM in den Ordner* Lektionen *auf Ihrer Festplatte.*

## Wiederherstellen der Standardeinstellungen

Die Voreinstellungen-Datei speichert Paletten- und Befehlseinstellungen sowie Farbkalibrierungsinformationen. Jedes Mal, wenn Sie Photoshop, Illustrator oder ImageReady beenden, speichert die Software die Position der Paletten und bestimmte Befehlseinstellungen in der entsprechenden Voreinstellungen-Datei. Falls Sie den Photoshop-Farbmanagement-Assistenten benutzen, speichern Sie zudem Monitorkalibrierungs- und Farbrauminformationen in dieser Photoshop-Voreinstellungen-Datei.

Um sicherzustellen, dass die Werkzeuge und Paletten wie in diesem Buch beschrieben funktionieren, müssen Sie die Voreinstellungen für Adobe Photoshop, Adobe Illustrator und Adobe ImageReady zurücksetzen, bevor Sie mit einer Lektion beginnen. Sie stellen die Standardvoreinstellungen wieder her, indem Sie die Voreinstellungen-Datei löschen oder einfach aus ihrem Standard-Ordner verschieben.

Wenn Sie die Farbeinstellungsdatei einfach nur verschieben, können Sie nach dem Beenden einer Lektion Ihre Farbeinstellungen wiederherstellen. Jede Lektion wurde mit einem bestimmten Farbprofil entworfen. Sie sollten beim Öffnen einer Lektionsdatei die Option »Eingebettetes Profil verwenden« wählen, damit die Datei besser aussieht und mehr den Vorstellungen des Autors entspricht. (Lektion 3, »Farbmanagement und Veröffentlichung«, führt Sie Schritt-für-Schritt durch das Einstellen eines Farbprofils zum Farbmanagement.)

*Wichtig: Falls Sie Ihre Monitor- und Farbraumeinstellungen kalibriert haben, sollten Sie die Voreinstellungen-Datei nur verschieben und nicht löschen, damit Sie sie wiederherstellen können, wenn Sie die Lektionen in diesem Buch abgeschlossen haben.*

### Wiederherstellen der Standard-Photoshop-Voreinstellungen:

1. Beenden Sie Adobe Photoshop.
2. Öffnen Sie den Adobe-Photoshop-Voreinstellungen-Ordner (der sich im Photoshop-Anwendungsordner befindet).
3. Wählen Sie eine der folgenden Optionen:
   - Falls Sie die Voreinstellungen-Datei das erste Mal entfernen oder Ihre Monitor- und Farbraumeinstellungen kalibriert haben, verschieben Sie die Voreinstellungen-Datei durch Ziehen auf den Schreibtisch oder an einen anderen Ort. Auf diese Weise können Sie Ihre Einstellungen nach dem Beenden der Lektionen in diesem Buch wiederherstellen.
   - Falls Sie Ihre Voreinstellungen-Datei bereits verschoben haben, löschen Sie die Adobe-Photoshop-6.0-Voreinstellungen-Datei, indem Sie sie aus dem Adobe-Photoshop-Voreinstellungen-Ordner auf den Papierkorb ziehen.
4. Um die Standardfarbeinstellungen wiederherzustellen, wiederholen Sie die Schritte 2 und 3 für die Farbeinstellungen-Datei.

5   Um Ihre Einstellungen anschließend wiederherzustellen, beenden Sie Photoshop und ziehen die Voreinstellungen und Farbeinstellungen-Dateien vom Schreibtisch zurück in den Adobe-Photoshop-Voreinstellungen-Ordner (der sich im Anwendungsordner »Photoshop« befindet). Im aufgerufenen Warndialogfenster bestätigen Sie, dass Sie die vorhandenen Versionen der Dateien ersetzen wollen.

**Wiederherstellen der Standard-Illustrator-Voreinstellungen:**

1   Beenden Sie Adobe Illustrator.

2   Suchen Sie nach der Datei *AIPrefs* im Ordner *Illustrator 9.0* (Windows) bzw. nach der Datei *Adobe Illustrator 9.0 Prefs* im Ordner *Preferences* im Systemordner (Mac OS).

3   Falls Sie die Datei nicht finden können, klicken Sie auf **Start/Suchen/Nach Dateien oder Ordnern** (Windows) bzw. wählen im Schreibtischmenü **Ablage: Finden** (Mac OS). Geben Sie in das Textfeld *AIPrefs* oder *Adobe Illustrator 9.0 Prefs* ein und klicken Sie auf »Suchen« (Windows) bzw. die Schaltfläche mit der Abbildung der Lupe (Mac OS).

*Hinweis: Falls Sie die Datei nun immer noch nicht finden können, haben Sie Adobe Illustrator vermutlich noch nie gestartet. Die Voreinstellungen-Datei erstellt Illustrator, wenn Sie das Programm zum ersten Mal beenden und aktualisiert sie anschließend jedes Mal.*

4   Wählen Sie eine der folgenden Optionen:

- Um die aktuellen Einstellungen zu speichern, geben Sie der Datei *AIPrefs* (Windows) bzw. *Adobe Illustrator 9.0 Prefs* (Mac OS) einen anderen Namen, anstatt sie wegzuwerfen. Wenn Sie Ihre Einstellungen wiederherstellen möchten, geben Sie der Datei wieder den richtigen Namen und verschieben sie in den Ordner *Illustrator 9.0* (Windows) bzw. *Preferences* (Mac OS).

- Um die Voreinstellungen-Datei zu löschen, ziehen Sie die Datei *AIPrefs* (Windows) bzw. *Adobe Illustrator 9.0 Prefs* (Mac OS) auf den Papierkorb.

5   Um die Standardfarbeinstellungen wiederherzustellen, wiederholen Sie die Schritte 2 bis 4 für die AI-Farbeinstellungen-Datei.

**6** Starten Sie Adobe Illustrator.

💡 *Um die Adobe-Illustrator-Voreinstellungen-Datei zu Beginn jedes neuen Projekts schnell suchen und löschen zu können, können Sie für den Ordner* Illustrator 9.0 *bzw.* Preferences *eine Verknüpfung (Windows) bzw. ein Alias (Mac OS) erzeugen.*

### Wiederherstellen der ImageReady-Voreinstellungen:

Gehen Sie folgendermaßen vor:

- Unter Windows halten Sie *sofort* nach dem Starten der Anwendung die Tasten Strg+Alt+Umschalt gedrückt. (Falls Sie das Begrüßungsbild der Anwendung sehen, waren Sie nicht schnell genug.) Klicken Sie im aufgerufenen Warndialogfenster auf die Schaltfläche »Ja«.

- Unter Mac OS löschen Sie die Datei *Adobe ImageReady 3.0 Prefs* im Ordner *Systemordner/Preferences* oder verschieben Sie die Datei auf den Schreibtisch (wenn Sie Ihre Einstellungen später wiederherstellen möchten).

**Hinweis:** *Aufgrund der Art und Weise, wie ImageReady seine Voreinstellungen unter Windows wiederherstellt, können Sie dort Ihre eigenen Einstellungen später nicht wiederherstellen.*

## Zusätzliche Quellen

*Adobe Photoshop 6.0 und Adobe Illustrator 9.0 Advanced Classroom in a Book* kann und soll nicht die Dokumentation ersetzen, die zusammen mit dem Programm ausgeliefert wird. In diesem Buch werden nur die in den Lektionen verwendeten Befehle erklärt. Ausführliche Informationen über das Programm finden Sie in folgenden Quellen:

- Handbücher für Windows- und Mac OS-Plattformen gehören zum Lieferumfang jeder Adobe-Anwendung. Sie umfassen die vollständige Beschreibung aller Programmfunktionen von Photoshop, Illustrator und ImageReady. Im Text wird auf die Unterschiede zwischen den Plattformen hingewiesen.

Eine vollständige Dokumentation aller Photoshop-, Illustrator-, und ImageReady-Funktionen finden Sie auch in der Online-Hilfe der entsprechenden Anwendung.

Diese Handbücher gehen davon aus, dass Sie mit Ihrem Computer und seinem Betriebssystem vertraut sind und wissen, wie mit der Maus und den standardmäßigen Menüs und Befehlen umgegangen wird. Ihnen sollte außerdem bekannt sein, wie man Dateien kopiert, öffnet, speichert, druckt und schließt. Weitere Informationen zu diesen Themen finden Sie in Ihren Dokumentationen zu Windows bzw. Mac OS.

- *Referenzkarten* enthalten Basisinformationen zu Photoshop-, Illustrator- und ImageReady-Werkzeugen und Paletten sowie Tastaturkürzel zum einfachen und schnellen Steuern der Funktionen.

- *Tour-, Tutorial- und Movie-Dateien*, die ebenfalls zum Lieferumfang der Programme gehören, sind für erfahrene Anwender gedacht, die ihre Kenntnisse über die drei in diesem Buch behandelten Anwendungen auffrischen wollen. Das *Adobe Photoshop 6.0 Handbuch* enthält außerdem ein Kapitel namens »Grundlagen zu Adobe Photoshop« und das *Adobe Illustrator 9.0 Handbuch* beinhaltet ein Kapitel namens »Überblick über Adobe Illustrator«.

- Die *Adobe Website*, die Sie über **Datei: Adobe Online** oder über http://www.adobe.com besuchen können, falls Sie über einen Internetzugang verfügen.

## Adobe -Zertifizierung

Das Adobe-Zertifizierungsprogramm bietet Anwendern und Schulungszentren die Möglichkeit, ihre Professionalität im Umgang mit dem Programm darzustellen und sich als *Adobe Certified Experts (ACE)* oder *Adobe Certified Training Providers (ACTP)* zu qualifizieren. Informationen über dieses Zertifizierungsprogramm finden Sie auf der Website *http://partners.adobe.com*.

# Lektion 1

# 1 | Bilder für den Druck und das Web vorbereiten

**von Laura Dower**

*In dieser Lektion werden Sie die Fotografie eines Gemäldes für eine gedruckte Ausstellungspostkarte und für eine Online-Abbildung auf der Webseite der Galerie vorbereiten. Dabei werden Sie Korrekturmethoden erlernen, die für beide Medien gleich sind. Spezielle Tipps helfen Ihnen, dass Ihr Bild gedruckt wie im Web bestens aussieht.*

In dieser Lektion werden Sie ein paar grundlegende Bearbeitungsmethoden ausführen, um dasselbe Bild für den Druck und für eine Webseite vorzubereiten. Anschließend führen Sie für jedes Medium spezielle Schritte aus. Dabei lernen Sie Folgendes:

- Einstellen der Bildmaße und -auflösung für gedruckte Bilder und für Web-Bilder
- Korrigieren von Tonwertbereichen und Farbbalance mit Hilfe von Einstellungsebenen
- Entfernen von Scan-Störungen mit Hilfe des Filters »Kratzer & Staub entfernen«
- Wiederherstellen von Pinselstrich-Details mit Hilfe des Filters »Unscharf maskieren«
- Simulieren eines Untergrundfarbeneffekts durch Hinzufügen eines Farbglanzes
- Wählen von Farbpaletten, Komprimierung, Optimierung und Dateiformaten für Webbilder
- Anpassen von Web-Bildern mit den Befehlen »Sättigung« und »Farbe ersetzen«

Diese Lektion setzt Grundkenntnisse der Monitorkalibrierung, Farbverwaltungsoptionen für Druck- und Web-Bilder sowie über das Proofen und Drucken von CMYK-Bildern voraus. Diese Merkmale und Techniken werden hier nicht detailliert beschrieben. In den Handbüchern und der Online-Hilfe zu Photoshop finden Sie Informationen über Ihnen nicht geläufige Prozeduren.

Für diese Lektion werden Sie etwa eine Stunde benötigen.

## Vorbereitungen

Bevor Sie mit dieser Lektion beginnen, müssen Sie die Adobe-Photoshop-Voreinstellungen-Datei wiederherstellen. Entsprechende Hinweise finden Sie unter »Wiederherstellen der Standardeinstellungen« auf Seite 13.

Sie werden jetzt das fertige Bild für diese Datei öffnen, um eine Vorstellung von dem zu erhalten, was Sie erstellen werden.

1 Starten Sie Adobe Photoshop. Wenn Sie in einem Dialogfeld gefragt werden, ob Sie die Farbeinstellungen ändern wollen, verwerfen Sie die Frage.

2 Wählen Sie **Datei: Öffnen** und öffnen Sie die Datei *01End.psd* im Ordner *Lektionen/Lektion01* auf Ihrer Festplatte.

Wählen Sie im Dialogfeld »Abweichung vom eingebetteten Profil« die Option »Eingebettetes Profil verwenden (anstelle des Arbeitsfarbraums)«, um die Datei mit eingebettetem Profil anzuzeigen; klicken Sie dann auf OK. (Weitere Informationen finden Sie unter »Öffnen einer Datei mit eingebettetem Profil« auf Seite 117.)

3 Nachdem Sie sich das Bild angesehen haben, können Sie die Datei *01End.psd* geöffnet auf dem Bildschirm belassen oder sie ohne Speichern von Änderungen schließen.

Eine Abbildung der fertigen Grafik aus dieser Lektion finden Sie in der Galerie im Farbteil dieses Buches.

Nun öffnen Sie die Ausgangs-Datei.

4 Wählen Sie **Datei: Öffnen** und öffnen Sie die Datei *01Start.psd* im Ordner *Lektionen/Lektion01* auf Ihrer Festplatte. Wählen Sie im Dialogfeld »Abweichung vom eingebetteten Profil« die Option »Eingebettetes Profil verwerfen (kein Farbmanagement)« und klicken Sie auf OK.

5 Wählen Sie **Datei: Speichern unter** bzw. **Sichern als**, nennen Sie die Datei **Paint.psd** und speichern Sie sie im Ordner *Lektion01*.

## Grundlegende Bildbearbeitung für Druck und Web

Gleichgültig, ob Ihr Bild auf Papier gedruckt oder auf einer Webseite bzw. in einem anderen Online-Dokument erscheinen soll, sind einige grundlegende Bearbeitungsschritte für beide Medien gleich. In dieser Lektion werden Sie damit beginnen, das Bild zu beschneiden und seine Größe anzupassen sowie Farb- und Tonwerte zu korrigieren. Dann werden Sie einige der ursprünglichen Pinseldetails der Malerei wieder herstellen, die beim Scannen verloren gegangen sind. Nachdem Sie diese grundlegenden Korrekturen abgeschlossen haben, werden Sie jeweils besondere Verfahren für die Druck- und Web-Ausgabe durchführen.

## Verluste bei Tonwertkorrekturen vermeiden

Bei jeder Tonwertkorrektur entfernen Bildbearbeitungsprogramme wie Photoshop Informationen. Die übrigen Informationen reisst die Software auseinander und verteilt sie über die zur Verfügung stehenden Abstufungen, dazwischen entstehen Gaps (Lücken). Dadurch verschlechtert sich das Bild physikalisch. Besonders bei Verläufen (etwa feine Abstufungen in Gesichtern) erscheinen so hässliche Farbsprünge.

Die Einstellungsebenen bieten sich zum gefahrlosen Herumexperimentieren an, da Sie damit das Bild selbst nicht antasten. Sie sollten sich die Ergebnisse notieren und dann im 16-Bit-Modus (**Bild: Modus: 16 Bit pro Kanal**) durchführen.

💡 *Nehmen Sie die Tonwertkorrekturen möglichst bereits beim Scannen vor. Dadurch bleibt der komplette Tonwertumfang erhalten, also im 8-Bit-Modus 256 Abstufungen pro Farbkanal. (Scannen in höherer Farbtiefe wäre ohnehin besser.)*

Wenn Sie in den 16-Bit-Farbmodus wechseln – geht auch mit CMYK-Bildern –, zeigt Photoshop zwar nur 256 Abstufungen. Nach Tonwertkorrekturen und Reduzierung auf 8 Bit Farbtiefe pro Kanal sind aber keine Gaps (Lücken) entstanden – die Qualität des Bildes bleibt so erhalten.

## Freistellen und anpassen

Sie sollten beim Retuschieren bereits früh den gewünschten Bildbereich freistellen und nicht benötigte Daten entfernen, um die Bearbeitungs- und Druckzeiten zu minimieren. Für die gedruckte Postkarte (10 cm x 15 cm) werden Sie einen Bildausschnitt von 5,08 cm mal 7,62 cm bei einer Auflösung von 266 ppi verwenden. Für das Web-Bild werden Sie das Bild in dieser Lektion sogar noch kleiner rechnen.

Sie werden zunächst Farbkorrekturen in der hoch aufgelösten Version durchführen, damit die Bilder für den Druck und das Web so gleichmäßig wie möglich werden.

🅘 Informationen über Auflösungen für bestimmte Druckausgaben finden Sie im Kapitel 2 im Adobe-Photoshop-6.0-Handbuch oder unter »Öffnen von Bildern in Photoshop und ImageReady« in der Adobe-Photoshop-6.0-Online-Hilfe.

1  Wählen Sie in der Werkzeugleiste das Freistellungswerkzeug aus. Geben Sie in der Options-Leiste **5 cm** für die Breite und **7,5 cm** für die Höhe ein und lassen Sie das Feld »Auflösung« frei.

*Einstellen der Freistellungswerkzeug-Optionen*

**Hinweis:** *Lassen Sie das Feld »Auflösung« leer, um ein unbeabsichtigtes Neuberechnen des Bildes zu vermeiden. Unbeabsichtigtes Neuberechnen kann auftreten, wenn ein Bild stark beschnitten wird, das mit einer zu geringen Auflösung gescannt wurde. Die Bildauflösung war möglicherweise für die ursprünglichen Ausmaße ausreichend, aber nicht für die Darstellung eines vergrößerten kleinen Bildausschnitts.*

2  Ziehen Sie mit dem Freistellungswerkzeug ein Auswahlrechteck um den Bildbereich, wie in der folgenden Abbildung gezeigt, und vergrößern Sie die Ecken-Anfasser, um den Bereich präzise auszurichten. Doppelklicken Sie innerhalb des Rahmens oder drücken Sie die Eingabetaste, um das Bild entsprechend freizustellen.

*Vor dem Freistellen*          *Ergebnis*

Sie sollten sich angewöhnen, nach dem Freistellen die neue Auflösung im Dialogfeld »Bildgröße« zu prüfen. Anschließend können Sie entscheiden, ob es notwendig ist, das Bild neu zu berechnen oder ob Sie das Bild mit einer höheren Auflösung neu scannen.

💡 *Reduzieren Sie die Datenmenge des frei gestellten Ausschnitts erst, wenn Sie Bildstörungen wie Kratzer entfernt haben. Dadurch können Sie zuvor Filter wie »Störungen entfernen« verwenden und müssen nicht ganz so genau retuschieren. Beim Reduzieren der Datenmengen schärfen Sie das Bild automatisch.*

3   Wählen Sie **Bild: Bildgröße** und prüfen Sie die Auflösung. Es sollten immer noch mehr als 300 ppi sein. Da Ihre Karte mit einem Linienraster von 133 lpi gedruckt werden soll, benötigen Sie normalerweise nur eine eineinhalb mal so hohe Auflösung; mit einer doppelt so hohen Auflösung sind Sie in jedem Fall auf der sicheren Seite.

4   Geben Sie für die Auflösung **266** Pixel/Inch ein, achten Sie darauf, dass »Bild neuberechnen« ausgewählt ist, und klicken Sie auf OK.

5   Setzen Sie die Ansicht notfalls auf 100% zurück.

6   Speichern Sie Ihre Änderungen.

## Korrigieren der Tonwerte und der Farbbalance

Dieses Bild ist eine Fotografie eines Gemäldes, das als 35mm-Dia im CMYK-Modus eingescannt wurde. Durch das Fotografieren und das Scannen hat sich die Farbe merklich vom Original entfernt. Das Bild weist einen Graugrün-Stich und einen Verlust der Intensität der Blautöne auf.

Sie werden die Tonwerte und die Farbbalance mit Hilfe von zwei einzelnen Einstellungsebenen ändern. Mit diesen Ebenen können Sie jederzeit Anpassungen vornehmen, ohne die Bilddaten endgültig zu ändern.

*Gescanntes Bild*     *Gewünschtes Aussehen*

1   Wählen Sie **Ebene: Neue Einstellungsebene: Tonwertkorrektur**. Schalten Sie im Dialogfeld »Neue Ebene« die Option »Mit darunterliegender Ebene gruppieren« ein und klicken Sie auf OK. Das Dialogfeld »Ebene« wird aufgerufen.

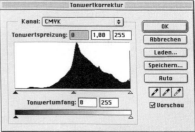

*Ebene »Tonwertkorrektur«*

Durch Anpassen des Histogramms einzelner Kanäle im Bild können Sie den Tonwert jeder einzelnen Druckfarbe präzise steuern. Da beim Scannen der Fotografie hauptsächlich die Blautöne verloren gegangen sind, werden Sie damit beginnen, den Cyan-Kanal anzupassen.

2 Wählen Sie im Dialogfeld »Tonwertkorrektur« im Popup-Menü »Kanal« den Eintrag »Cyan«. Sie sehen, dass das Histogramm nicht vollständig von Schatten bis zu den Spitzlichtern reicht. Die Farbe Cyan konzentriert sich hauptsächlich in den Mitteltönen und führt so zu einem sehr beschränkten Tonwertebereich.

3 Ziehen Sie das schwarze Dreieck (die Schatten) nach rechts auf den Wert **115**. Ziehen Sie das weiße Dreieck (die Spitzlichter) nach links auf **217**. Achten Sie darauf, dass die Option »Vorschau« eingeschaltet ist, und Sie werden sehen, dass sich das Aussehen des Bildes merklich verbessert hat; die hellen Blau- und Rottöne wurden wieder hergestellt und der Graustich wurde entfernt. Achten Sie besonders darauf, wie die blauen Pinselstriche im Gesicht wieder hervorgebracht wurden.

4 Lassen Sie das Dialogfeld geöffnet. Wählen Sie im Kanal-Menü den Eintrag »Magenta«. Ziehen Sie das schwarze Dreieck (die Schatten) nach rechts auf **34**. Ziehen Sie das weiße Dreieck (die Spitzlichter) nach links auf **243**. Durch das Erhöhen von Magenta in den Schatten werden die Rottöne im unteren Bereich des Bildes intensiver. Lassen Sie das Dialogfeld weiter geöffnet.

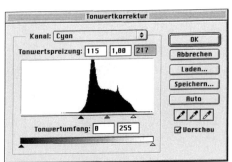 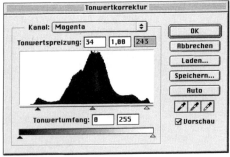

*Tonwertkorrektur im Kanal Cyan*     *Tonwertkorrektur im Kanal Magenta*

5 Wählen Sie schließlich im Kanal-Menü den Eintrag »Schwarz«. Das Histogramm reicht nur von den Spitzlichtern zu den Mitteltönen; die Schattenbereiche weisen gar kein Schwarz auf. Ziehen Sie das schwarze Dreieck (Schatten) nach rechts und achten Sie auf die Kontraständerung. Sie sollten das Bild allerdings nicht zu dunkel machen, ziehen Sie also auf **30**.

6   Klicken Sie auf OK, um die Korrekturen zuzuweisen.

*Vor der Tonwert-*   *Ergebnis*
*korrektur*

7   Doppelklicken Sie in der Ebenen-Palette auf die Ebenen-Miniatur (das kleine Histogramm), um das neue Histogramm im Dialogfeld »Tonwertkorrektur« zu betrachten. Die folgende Abbildung zeigt, dass die Farbverteilung von den Schatten zu den Spitzlichtern gleichmäßiger verläuft als im Original.

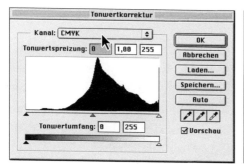
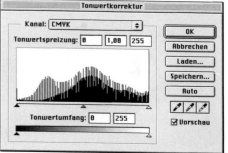

*Unretuschiertes CMYK-Histogramm*   *Korrigierte CMYK-Tonwerte*

8   Klicken Sie auf OK. Schalten Sie einmal zwischen Widerrufen und Wiederherstellen (Tastenkombinationen: Strg/Befehl+Z) hin und her, um die Verbesserungen zu vergleichen.

Diese Korrektur verbessert den Kontrast des gesamten Bildes und entfernt den Graustich des ursprünglichen Scans. Als Nächstes werden Sie mit der Farbbalance arbeiten, um das Bild noch ein wenig mehr zu ändern.

# LEKTION 1
## Bilder für den Druck und das Web vorbereiten

9   Wählen Sie **Ebene: Neue Einstellungsebene: Farbbalance**. Schalten Sie die Option »Mit darunterliegender Ebene gruppieren« ein und klicken Sie auf OK.

10  Achten Sie darauf, dass im Dialogfeld »Farbbalance« im Bereich »Farbtonbalance« die Option »Mitteltöne« ausgewählt ist. Verstärken Sie Rot, indem Sie das Dreieck Cyan/Rot nach rechts auf **+50** ziehen.

11  Klicken Sie auf die Option »Lichter« und verstärken Sie Gelb, indem Sie das Dreieck Gelb/Blau nach links auf **–10** ziehen. Klicken Sie auf OK.

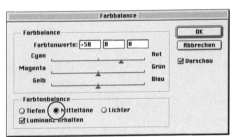

*Einstellungsebene Farbbalance, Mitteltöne ausgewählt*

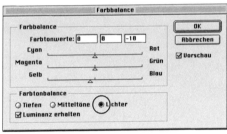

*Gelbe Lichter anpassen*

Der Vorteil dieser Änderungen in Einstellungsebenen liegt darin, dass Sie nach dem Probedrucken die zuletzt eingestellten Werte noch fein abstimmen können. Diese Werte ließen sich nicht mehr revidieren, wenn Sie die Einstellungen unmittelbar in der Bildebene vorgenommen hätten. Außerdem können Sie so einzelne Einstellungsebenen betrachten – dieses Vorgehen ist sehr hilfreich, um zu sehen, welche Effekte bestimmte Korrekturen auf das Gesamtbild haben.

💡 *Fotografien, die mit demselben Film aufgenommen und unter denselben Voraussetzungen gescannt wurden, weisen möglicherweise bei der Stapelverarbeitung ähnliche Farbprobleme auf. Um bei der Korrektur einzelner Bilder Zeit zu sparen, können Sie eine Reihe von Korrekturbefehlen und -werten mit Hilfe der Photoshop-Aktionenpalette aufzeichnen. Weitere Information finden Sie im Kapitel 15 im Adobe-Photoshop-6.0-Handbuch oder unter »Automatisieren von Aufgaben« in der Adobe-Photoshop-6.0-Online-Hilfe.*

## Retuschieren von Scan-Störungen

Vielleicht haben Sie den störenden Staubfaden auf der Schulter der Figur bemerkt. Dieses Stück Haar oder Staub befand sich beim Scannen auf dem Dia. Solche Störungen lassen sich zum einen mit Hilfe des Kopierstempels entfernen, indem Muster oder Farbe aus einem benachbarten Bereich zum Abdecken der Störung verwendet wird. In diesem Fall erzielt der Filter »Staub & Kratzer entfernen« allerdings bessere Ergebnisse, und Sie brauchen keine Pinselstriche in Ihrem Bild zu ändern.

*Das Retuschieren von vielen kleinen Staubflecken in einem Bild kann sehr zeitaufwendig sein. Wenn Sie Dias und Fotos bereits vor dem Scannen vorsichtig reinigen, werden die Störungen gar nicht erst auf dem digitalisierten Bild erscheinen. Verwenden Sie zu diesem Zweck einen kleinen Luftpinsel. Wenn Sie ein Dia anpusten, um es zu reinigen, kann dadurch Feuchtigkeit auf die Oberfläche gelangen und es dadurch nachhaltig beschädigen.*

1. Klicken Sie in der Ebenen-Palette auf den Hintergrund, um ihn zu aktivieren.
2. Vergrößern Sie die Störung im Bild.
3. Wählen Sie den Bereich der Störung aus. (Schauen Sie sich für Einzelheiten die folgende Abbildung an.)

Das Isolieren des Bereiches erzielt bessere Ergebnisse, weil die Retuschierung auf den problematischen Bildbereich begrenzt wird, statt das gesamte Bild detailliert zu bearbeiten, und verkürzt so auch die Rechenzeit für die Vorschau und das Ausführen der Filtereinstellungen.

4. Wählen Sie **Filter: Störungsfilter: Staub & Kratzer entfernen**. Achten Sie darauf, dass im Dialogfeld das Kontrollkästchen »Vorschau« eingeschaltet ist. Im Allgemeinen besteht ein Zusammenhang zwischen Radius- und Schwellenwert-Einstellungen. Experimentieren Sie mit anderen Bildern durch Anpassen der beiden Einstellungen, bis Sie das gewünschte Ergebnis erzielen. In diesem Bild funktionieren die Einstellungen »Radius« auf 7 und »Schwellenwert« auf 15 recht gut. Klicken Sie dann auf OK.

💡 *»Staub & Kratzer entfernen« zeichnet das Bild weich und verschlechtert so immer die Bildqualität. Daher sollten Sie den Filter in einer Auswahl in unkritischen Bildbereichen (etwa einem unscharfen, gleichmäßigen Hintergrund) und VOR dem Herunterrechnen der Bilddatenmenge einsetzen. Das Bild sollte in mindestens vierfacher Auflösung (etwa 1000 ppi statt später gedruckten 250 dpi) vorliegen – das Herunterskalieren schärft das Bild.*

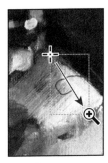 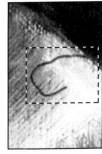 

*Vergrößern*    *Auswählen*    *Störungen entfernen*

5   Heben Sie die Auswahl im Bild auf.

6   Setzen Sie die Ansicht wieder auf 100% zurück, indem Sie in der Werkzeugpalette auf das Zoom-Werkzeug doppelklicken.

7   Speichern Sie Ihre Änderungen.

💡 *Ein hoher Schwellenwert kann Störungen in Ihren Bildern vielleicht besser beseitigen, führt aber wahrscheinlich zu einem harten Kontrast zwischen dem ausgewählten weichgezeichneten Bereich und dem übrigen nicht betroffenen Bereich. Tritt ein Kontrast auf, sollten Sie die Auswahl vor der Anwendung des Filters mit einer weichen Kante versehen, um einen abgestuften Übergang zu erzeugen.*

## Ein Bild für den Druck vorbereiten

Der Schlüssel zu qualitativ hochwertigen Drucken sind die Monitorkalibrierung und saubere Probedrucke. Wenn Sie bereits Ausdrucke von digitalen Bildern erstellt haben, wissen Sie bereits, dass ein Monitor Farben ganz anders als Tinte auf dem Papier anzeigen kann. Ersparen Sie sich diese frustrierende Erfahrungen für den Druck, indem Sie Ihre Vorlagen vor dem Drucken des endgültigen Films kalibrieren und proofen.

🅘 Um sicherzustellen, dass Ihr gedrucktes Bild möglichst so wie das aussieht, das Sie wochenlang an Ihrem Monitor bearbeitet haben, sollten Sie einen farborientierten Arbeitsablauf einrichten. Anweisungen dazu finden Sie in Kapitel 3, »Farbverwaltung und Verteilung«. Weitere Informationen finden Sie in Kapitel 4 im Adobe-Photoshop-6.0-Handbuch oder unter »Erzeugen konsistenter Farben (Photoshop)« in der Adobe-Photoshop-6.0-Online-Hilfe.

## Wiederherstellen von Oberflächendetails

Fotografierten Vorlagen fehlen typischerweise manche Detailmuster des Originals. Beim Scannen können noch mehr Einzelheiten verloren gehen, so wie es auch mit diesem Bild geschehen ist. Die zugrunde liegende Schärfe ist zwar in Ordnung, aber es fehlen die ursprünglichen Pinselstriche und die Oberflächenstruktur des Originals. Sie werden nun mit Hilfe des Filters »Unscharf maskieren« die Pinselstriche und die Struktur wiederherstellen.

1   Wählen Sie **Filter: Scharfzeichnungsfilter: Unscharf maskieren**. Achten Sie darauf, dass die Vorschau eingeschaltet ist. Setzen Sie die Stärke auf **100%** und den Radius auf **2** Pixel. Klicken Sie auf OK.

*Vor dem Schärfen*                                          *Ergebnis*

Sie können auch einzelne Kanäle schärfen. Je nach Art der in einem Kanal enthaltenen Details kann das Schärfen ein besser gesteuertes Ergebnis liefern.

2   Klicken Sie in der Kanäle-Palette auf den Cyan-Kanal, um ihn zu aktivieren. Standardmäßig wird nun eine Graustufenversion der Details im Cyan-Kanal aufgerufen. Um während der Bearbeitung des Cyan-Kanals das zusammengesetzte CMYK-Bild sehen zu können, klicken Sie in der linken Spalte neben dem CMYK-Kanal auf das Auge-Symbol (alle Farbkanäle werden eingeblendet). Der Cyan-Kanal bleibt hervorgehoben und aktiv.

   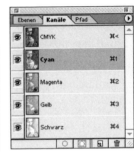

*Aktiver Cyan-Kanal in Cyan-Ansicht (links) und in zusammengesetzter CMYK-Ansicht (rechts)*

3   Öffnen Sie erneut das Dialogfeld »Unscharf maskieren«, indem Sie die Tasten Alt+Strg+F (Windows) bzw. Option+Befehl+F (Mac OS) drücken. Stellen Sie für die Stärke den Wert **100%** und für den Radius den Wert **2** ein.

Die Thumbnail-Vorschau im Dialogfeld zeigt nur die Auswirkung auf den Cyan-Kanal an, aber die Bildvorschau zeigt den zusammengesetzten CMYK-Kanal. Der Schärfe-Effekt ist geringer als in der vorigen Vorschau, aber die Pinselstriche werden besser hervorgehoben.

4   Schalten Sie die Vorschau-Option im Filter-Dialogfeld ein und aus, um den Unterschied zu betrachten. Vergleichen Sie die zusätzliche Schärfe im blauen Pinselstrich auf der Schulter; Sie können das Bild bei geöffnetem Dialogfeld vergrößern, indem Sie mit gedrückter Strg- bzw. Befehlstaste in das Bild klicken.

5   Klicken Sie auf OK, um das Schärfen zuzuweisen.

Schärfen sieht auf dem Monitor meist dramatischer aus als im Druck. Vermutlich werden Sie das Bild noch weiter schärfen wollen, nachdem Sie den ersten Proof gesehen haben. Außerdem werden Sie wahrscheinlich das Neuberechnen eines Bildes ausgleichen wollen, wobei auch Details weichgezeichnet werden. Später werden Sie den Filter »Unscharf maskieren« bei der Vorbereitung der Web-Version dieses Bildes noch einmal verwenden.

### Zusätzliche Farbkorrekturen für den Druck

Farbe ist ein Sinnesreiz, das Farbempfinden ist unter anderem stimmungs- und umgebungsabhängig. Daher sind auch Farbkorrekturen meist subjektiv und die Standardprozeduren zur Farb- und Kontrastverbesserung reichen vielleicht nicht aus. Dafür können Sie die Werkzeuge von Photoshop kreativ einsetzen – in den Tonwertkorrektur-Modi und Einstellungsebenen usw., um die ursprünglichen Farben wiederherzustellen oder sie nach Wunsch anzupassen. Um Farbänderungen zwischen der gedruckten Version und der Web-Version so konsistent wie möglich zu halten, sollten Sie zunächst mit der hoch aufgelösten CMYK-Druckversion arbeiten. Farben lassen sich mit geringeren Farbabweichungen von CMYK in den (insgesamt größeren) RGB-Modus konvertieren als umgekehrt.

### Hinzufügen eines Farbglanzes

Das ursprüngliche Gemälde wurde mit einem orange-gelben Untergrund begonnen, der allen darüber liegenden Farben einen warmen Glanz verliehen hat. Dieser Glanz ist beim Übergang von der Leinwand auf die Fotografie und schließlich zur digitalen Datei verloren gegangen. Ein wenig dieser Farbe lässt sich mit Hilfe einer neuen Ebene wiederherstellen, die mit einer Farbe gefüllt wird. Anstatt die Farbe unter das Bild zu legen, werden Sie sie darüber legen.

1 Klicken Sie in der Kanäle-Palette auf den Namen »CMYK«, um den zusammengesetzten CMYK-Kanal als aktiven Kanal zurückzusetzen. Dafür brauchen Sie nicht auf die Auge-Symbole zu klicken.

Als Nächstes erzeugen Sie eine neue Ebene, zu der die Farbe hinzugefügt wird.

2   Klicken Sie in der Ebenen-Palette auf die Ebene »Farbbalance 1« oben in der Palette; klicken Sie dann auf die Schaltfläche »Neue Ebene erstellen« unten in der Palette.

3   Mischen Sie in der Farbreglerpalette mit Hilfe der CMYK-Schieberegler ein Gelborange an, verwenden Sie hier 41% Magenta und 75% Yellow.

4   Drücken Sie die Tasten Alt+Backspace (Windows) bzw. Option+Delete (Mac OS), um die Ebene mit der Farbe zu füllen. Passen Sie in der Ebenen-Palette die Deckkraft auf etwa **30%** an und wählen Sie den Modus »Ineinanderkopieren«.

 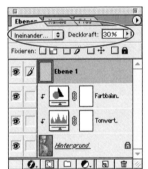

*Neue Ebene mit Farbglanz, 30% Ineinanderkopieren-Modus*

5   Speichern Sie Ihre Änderungen.

*Um dieselbe Farbkorrektur-Technik einer Reihe von Bildern zuzuweisen, können Sie diese Prozeduren mit Hilfe der Photoshop-Aktionenpalette aufzeichnen und die Aufgabe auf diese Weise automatisieren.*

## Wiederherstellen von Schatten-Details

Durch das Hinzufügen des Farbglanzes wurde der Kontrast im Bild ein wenig abgeschwächt. Um nur die dunkelsten Bereiche des Gemäldes abzudunkeln, ohne die übrigen Farben zu beeinflussen, werden Sie nun nur die Tonwerte im Schwarz-Kanal des Bildes anpassen.

1   Doppelklicken Sie in der Ebenen-Palette auf das Tonwertkorrektur-Symbol in der Ebene »Tonwertkorrektur 1«, um das Dialogfeld »Tonwertkorrektur« aufzurufen.

2   Wählen Sie im Popup-Menü »Kanäle« den Eintrag »Schwarz« (oder drücken Sie die Tastenkombination Strg/Befehl+4). Ziehen Sie das schwarze Dreieck, das sich noch von der vorigen Einstellung her auf 30 befinden sollte, auf **75**. Klicken Sie auf OK.

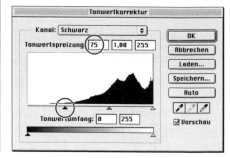

*Schatten im Schwarz-Kanal verstärken*

3   Speichern Sie Ihre Änderungen.

## Drucken und Proofen

Wenn Sie dieses Projekt in eine Druckerei geben möchten, ist der nächste Schritt das Drucken eines zusammengesetzten Farbbild-Proofs, auch als Composite-Proof bezeichnet, oder das Drucken von Farbauszügen für die Separation.

1   Speichern Sie Ihre Änderungen. Die Datei wird automatisch im Photoshop-Format gespeichert.

Durch Speichern der ursprünglichen Datei mit den Ebenen im Photoshop-Format bleiben die Ebenen für zukünftige Bearbeitungen erhalten. Die Dateiformate TIFF und EPS reduzieren die Datei auf eine einzelne Ebene.

Das Beispielbild auf der ersten Seite dieser Lektion zeigt eine Kopie des soeben von ihnen vorbereiteten Bildes, das im TIFF-Format gespeichert und in Adobe Illustrator 9 platziert wurde. In Illustrator wurde noch Schrift hinzugefügt, die Datei farbsepariert und anschließend als Einzelblatt gedruckt. Sie können die Schrift auch in Photoshop hinzufügen, indem Sie zunächst die Hintergrundfarbe auf Weiß setzen und dann die Arbeitsfläche auf die Ausmaße der Postkarte vergrößern. Allerdings erhöht das Vergrößern der Arbeitsfläche entsprechend die Dateigröße des Bildes.

Sie können die gleichen Schritte ausführen, um ein Farb-Proof vorzubereiten und anschließend wieder zur Photoshop-Version mit den Einstellungsebenen zurückkehren, sie bearbeiten und mit dem Befehl »Speichern als TIFF« das platzierte Bild in Illustrator ersetzen. Wenn Sie das Bild nicht in einem Layout- oder Illustrations-Programm zu platzieren brauchen, können Sie weiter in Photoshop arbeiten.

2   Wählen Sie zum Fortfahren mit der Lektion eine der folgenden Optionen aus:

- Um Ihr Gemälde zu drucken und zu proofen, fahren Sie mit Lektion 3 fort, »Farbverwaltung und Verteilung«.

Weitere Informationen zur Einrichtung einer Farbverwaltung in Photoshop finden Sie im Kapitel 4 im Adobe-Photoshop-6.0-Handbuch oder unter »Erzeugen konsistenter Farben (Photoshop)« in der Adobe-Photoshop-6.0-Online-Hilfe.

- Wenn Sie mit dieser Lektion fortfahren möchten, lassen Sie die Datei geöffnet und fahren mit dem nächsten Abschnitt fort, »Vorbereiten eines Bildes für das Web«. Sie werden dann lernen, wie sich Online-Bilder von denen für den Druck vorbereiteten Bildern unterscheiden.

## Vorbereiten eines Bildes für das Web

Ein Vorteil beim Vorbereiten eines Bildes für die Web-Darstellung ist, dass Sie Ihre Arbeit auf dem gleichen Medium zusammenstellen und bearbeiten, auf dem es später dargestellt wird – einem RGB-Monitor. Hier optimieren und proofen Sie das Bild für Variablen wie Betriebssysteme, Browser, Download-Geschwindigkeiten und Monitordarstellungen.

Das Vorbereiten eines Bildes für das Web beinhaltet die grundlegenden Schritte, die bereits im Abschnitt »Korrigieren der Tonwerte und der Farbbalance« auf Seite 26 behandelt wurden; anschließend wird mit Optimierungseinstellungen eine effizientere Datei erzeugt. *Optimierung* bezieht sich auf das Beeinflussen der Qualität und der Download-Geschwindigkeit eines Bildes durch die gewählten Dateiformat-, Farbpaletten- und Komprimierungseinstellungen.

Web-Bilder benötigen lediglich eine Auflösung von 72 ppi; daher lassen sie sich zu Anfang schneller bearbeiten und vorbereiten. Ist ein Bild erst einmal auf Ihre Website gestellt und wird für die Vorschau auf anderen Systemen heruntergeladen, kann es selbst bei kleinen Bildern lange dauern, bis sie angezeigt werden. (*Herunterladen* bzw. *Download* bezieht sich sowohl auf die Zeit, die benötigt wird, bis ein Bild beim Herunterladen Ihrer Webseite angezeigt wird, als auch auf die Zeit, die benötigt wird, um dieses Bild auszuwählen und auf einer Festplatte zu speichern.) Entscheidend ist es, diese Zeit beim Vorbereiten und Speichern Ihrer Dateien zu minimieren.

Im Allgemeinen besteht ein Zusammenhang zwischen der Download-(Render-) Geschwindigkeit und der Bildqualität. Manche Bilder, die beispielsweise Muster oder unebene Details enthalten, sind recht genügsam und werden auch unter den stärksten Komprimierungseinstellungen noch gut dargestellt. Das Foto eines Ölgemäldes in dieser Lektion umfasst einen breiten Bereich von Mustern und Farben ohne glatte Kanten oder Schrift. Die Optimierungseinstellungen für dieses Foto unterscheiden sich erheblich von denen für ein Logo, eine grafische Abbildung oder ein Bild mit weichen Farbverläufen.

Weitere Informationen zum Optimieren von Bildern finden Sie in Kapitel 12 im Adobe-Photoshop-6.0-Handbuch oder unter »Optimieren von Bildern für das Web« in der Adobe-Photoshop-6.0-Online-Hilfe. Bei Adobe Online unter www.adobe.com finden Sie außerdem die neuesten Informationen und Tipps zum Optimieren von Dateien.

Durch das Optimieren Ihrer Dateien für das Web wird der Farbbereich und die Farbdarstellung in Ihren Bildern verändert. Achten Sie auf diese Beschränkungen, bevor Sie viel Zeit für die Feinabstimmung von Farben aufwenden, die möglicherweise nicht mit der von Ihnen gewählten Komprimierung oder Farbpaletteneinstellung dargestellt werden kann. Sie können an einem optimierten Bild zusätzliche Korrekturen vornehmen, die allerdings durch das von Ihnen gewählte Dateiformat beschränkt werden. Das JPEG-Format unterstützt die meisten Farbbearbeitungen, das GIF-Format ermöglicht allerdings nur die für indizierte Farbbilder verfügbaren Einstellungen. Selbst wenn Ihr Bild genau wie gewünscht auf Ihrem System dargestellt wird, können Sie niemals alle Varianten kontrollieren, in denen andere dasselbe Bild auf anderen Systemen sehen.

*Hinweis: Auf einer Webseite lässt sich jedes Foto bzw. jedes digitale Bild darstellen. Für eine Abbildung, die mit einem vektorbasierten System wie Adobe Illustrator 9 erzeugt wurde, wählen Sie als Optimierungseinstellungen einfach den Menübefehl »Für Web speichern«.*

## Speichern des Bildes im RGB-Modus

Sie beginnen damit, das CMYK-Bild in den RGB-Modus zu konvertieren, das Format, in dem es im Web erscheinen wird.

1. Falls nötig, öffnen Sie die Datei *Paint.psd* mit allen bisher in dieser Lektion ausgeführten Farbkorrekturen.
2. Wählen Sie **Ebene: Auf Hintergrundebene reduzieren**.
3. Wählen Sie **Bild: Modus: RGB-Farbe**, um das Bild in den RGB-Modus zu konvertieren.
4. Wählen Sie **Datei: Speichern unter** bzw. **Sichern als**, nennen Sie die Datei **Paint_RGB.psd** und speichern Sie das Bild im Ordner *Lektion01*.

## Einstellen der Darstellungsoptionen für plattformübergreifende Ansicht

Windows und Mac OS stellen Farbbilder etwas unterschiedlich dar. Dasselbe Bild wird beispielsweise auf einem Windows-System dunkler als auf einem Mac-OS-System angezeigt. Photoshop besitzt eine Option, mit der beide Plattformen simuliert werden können, damit sie auch auf einem der Systeme austauschbar in der Vorschau betrachten können, wie das Bild auf beiden Systemen aussehen wird. Während Sie nun weiter grundlegende Korrekturen vornehmen, sollten Sie das Bild ohne eine besondere Kompensation in der Vorschau betrachten.

1   Wählen Sie **Ansicht: Proof einrichten: Windows-RGB** bzw. **Macintosh RGB**, um den Standard-Windows- bzw. -Mac-OS-Monitor zu simulieren. Diese Optionen sind für CMYK-Dokumente nicht verfügbar.

Bei der weiteren Vorbereitung des Bildes für das Web können Sie mit dem Menü-Eintrag »Proof einrichten« betrachten, wie das Bild plattformübergreifend aussehen wird.

2   Wählen Sie **Ansicht: Proof einrichten: Monitor-RGB**, um zurück zum gegenwärtigen Farbraum Ihres Monitors zu gelangen.

## Freistellen und Neuberechnen für das Web

Für dieses Projekt werden Sie zunächst Farb- und Komprimierungseinstellungen vornehmen und dann ein paar weitere Tricks in Photoshop anwenden, um etwas von der Intensität der Farben wiederzuerlangen, die in der gedruckten Version nicht nachgebildet werden kann.

Sie werden das Bild für die Webseite anders freistellen als für die gedruckte Postkarte. Da Bilder im Web lediglich eine Auflösung von 72 ppi benötigen, beginnen Sie damit, die Vorlage freizustellen und neuzuberechnen.

Sie werden das Bild auf Ihrer Webseite in einem vorgegebenen Bereich platzieren, seine Pixelausmaße bestimmen und das Bild anschließend passend freistellen.

# LEKTION 1
## Bilder für den Druck und das Web vorbereiten

1 Wählen Sie in der Werkzeugpalette das Freistellungswerkzeug aus. Geben Sie in der Optionsleiste **144 px** für die Breite, **432 px** für die Höhe und **72** Pixel/Inch für die Auflösung ein.

2 Ziehen Sie mit dem Freistellungswerkzeug über das Bild und passen Sie die Rahmen wie in der folgenden Abbildung gezeigt an. Sie können die Markierung auch mit Hilfe der Pfeiltasten anpassen. Wenn nötig, verkleinern Sie zuerst die Ansicht, um das ganze Bild sehen zu können.

3 Doppelklicken Sie in den aufgezogenen Rahmen, um das Bild freizustellen. Durch das Herunterrechnen der Auflösung werden die Details des Bildes schärfer gezeichnet.

*Bild mit 144 x 432 Pixel freistellen*   *Ergebnis*

4  Wählen Sie **Filter: Scharfzeichnungsfilter: Unscharf maskieren** und geben Sie für »Stärke« den Wert **31%** und für »Radius« den Wert **3** ein. Klicken Sie auf OK.

*Heruntergerechnetes Detail*     *Schärfung zugewiesen*

5  Speichern Sie Ihre Änderungen.

## Einstellen der Farbkomprimierung und Optimierung für das Web

Das Wichtigste bei der Vorbereitung von Bildern für das Web ist, die Dateigröße zu minimieren, ohne zu viel von der Bildqualität zu verlieren. Ihr Bild zu optimieren bedeutet, eine Komprimierungseinstellung zu wählen, die die Dateigröße, und damit die Zeit zum Herunterladen und Anzeigen möglichst gering hält, und Farbeinstellungen zu wählen, die für Ihr spezielles Bild am besten geeignet sind. Mit Photoshop können Sie mit zahlreichen Farb- und Komprimierungseinstellungen experimentieren und sie in der Vorschau mit dem ursprünglichen Bild vergleichen und betrachten, wie sich die Einstellungen auf unterschiedlichen Browsern und unterschiedlichen Plattformen auswirken.

1  Wählen Sie **Datei: Für Web speichern**. Mit diesem Fenster können Sie zahlreiche Farb- und Komprimierungseinstellungen in der Vorschau betrachten, bevor Sie Ihrem Bild die Optimierungskombination zuweisen.

*Hinweis: Um die Optionen »Für Web speichern« auf ihre Standardeinstellungen zurückzustellen, halten Sie die Alt-Taste (Windows) bzw. die Options-Taste (Mac OS) gedrückt und klicken auf die Schaltfläche »Abbrechen«. Durch Drücken von Alt/Option wird die Schaltfläche von »Abbrechen« auf »Zurück« umgeschaltet.*

2   Klicken Sie auf den Reiter »4fach«. Mit dieser Palette können Sie Ihr ursprüngliches Bild während des Experimentierens mit drei Variationen der Optimierungseinstellungen vergleichen.

Das Ton-in-Ton-Bild des Gemäldes eignet sich hervorragend für die JPEG-Komprimierung. Damit Sie den Grund nachvollziehen können, werden Sie sich zunächst ein paar GIF-Einstellungen ansehen.

3   Klicken Sie auf das zweite Bild von links, um es zu aktivieren.

4   Verwenden Sie das Popup-Menü »Einstellungen« auf der rechten Seite des Dialogfelds (unterhalb der Schaltfläche »Ausgabe-Einstellungen«), um den Eintrag »JPEG mittel« auszuwählen. Die aufgerufenen Optionen variieren abhängig von den gewählten Optimierungseinstellungen.

Die Vorschau sieht beinahe wie das Original aus, aber Sie werden noch ein paar Optionen mehr einstellen, bevor Sie vergleichen.

*Hinweis: Abhängig von Ihrer Monitorgröße und der gewählten Monitorauflösung werden die Vorschaubilder senkrecht oder waagerecht angezeigt.*

5   Klicken Sie auf das dritte Bild von links, um es zu aktivieren, und wählen Sie im Popup-Menü »Einstellungen« die Einträge »GIF« und »Web«. Sie sollten nun eine Verschiebung in der beschränkteren Farbpalette sehen können, wobei die Dateigröße immer noch höher als bei JPEG ist. (GIF ist allerdings für Bilder mit großen einheitlichen Farbflächen ein sehr effizientes Format, da es zeilenweise komprimiert.)

6   Klicken Sie schließlich auf das vierte Bild und wählen Sie im Popup-Menü »Einstellungen« den Eintrag »GIF 32 Dithering«. Selbst mit den wenigen verfügbaren Farben in dieser Palette sieht die Bildqualität wegen der Rasterungen besser aus.

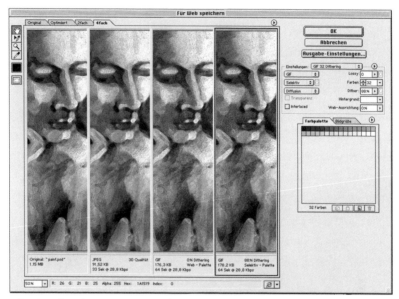

*4-Up-Vorschau im Fenster »Für Web speichern« mit JPEG- und GIF-Optimierungseinstellungen*

Jetzt sollte klar sein, dass das JPEG-Format hier das richtige Format für dieses Bild ist. Nachdem Sie einmal das Dateiformat festgelegt haben, können Sie die Dateigröße häufig noch ein wenig verringern, indem Sie die Einstellungen mit geringen Einbußen feinabstimmen. Für Web-Bilder ist die Dateigröße das Wichtigste, daher sollte die Optimierung so weit wie möglich vorangetrieben werden. Die Besucher Ihrer Website werden es Ihnen danken.

7   Klicken Sie auf das dritte Bild von links und wählen Sie im Popup-Menü »Einstellungen« den Eintrag »JPEG hoch«.

In der Vorschau werden einige Farbverschiebungen sichtbar, aber im Großen und Ganzen sieht sie beinahe wie das Original aus. Das Problem ist die Dateigröße. Vergleichen Sie die Dateigrößen am Fuß jedes Bildes. Diese Einstellung kann das Herunterladen verlangsamen, besonders, wenn sich noch zahlreiche andere Bilder auf der Seite befinden.

Die Gesamtgröße Ihrer HTML-Seite eignet sich gut als Ausgangspunkt für die Bestimmung der Art von Bildern und Komprimierungseinstellungen, die Sie Ihrer Seite hinzufügen können. Vermeiden Sie spätere Änderungen, indem Sie sich zuvor überlegen, wie Ihre Optimierungen wirken.

Wenn Sie sehr feine Änderungen an einem Bild vornehmen, können Sie es mit Hilfe des Popup-Menüs unten links in der Ecke vergrößern, um es genauer betrachten zu können und zu sehen, ob sich Pixel verändern. Im Allgemeinen gilt allerdings, dass das, was Sie bei 100% sehen können, auch das ist, was Sie später erhalten, weil eine Webseite nicht vergrößert werden kann.

8   Klicken Sie auf das rechte Bild und wählen Sie in dem Popup-Menü »Settings« die Einträge »JPEG« und »Low«. Das Bild scheint in einigen Bereichen weichgezeichnet zu werden, es wirkt aber nicht zu schlecht. Dies ist natürlich eine vollständig subjektive Empfindung. (Vielleicht mögen Sie das Gemälde sowieso nicht, dann ist »JPEG niedrig« völlig ausreichend.)

Um die Qualität der JPEG-Komprimierung feiner anzupassen, können Sie die Qualitäts-Schieberegler verwenden oder exakte Werte eingeben, bis Sie eine akzeptable Einstellung erreichen.

9   Geben Sie unter »Qualität« den Wert »**20**« ein, um dem Bild ein wenig mehr Details hinzuzufügen. Dieser Wert erhöht die Dateigröße nur wenig.

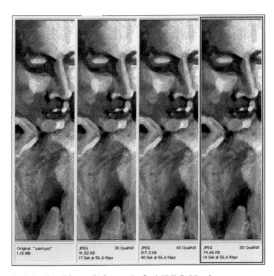

*Original-Bild verglichen mit drei JPEG-Versionen*

💡 *Wenn die Bildgröße in einem Projekt das wichtigste Ziel ist, Sie aber unsicher hinsichtlich der zahlreichen Optimierungseinstellungen sind, können Sie den Befehl »Auf Dateigröße optimieren« im Paletten-Menü des Fensters »Für Web speichern« ausprobieren. Zum Einblenden des Paletten-Menüs klicken Sie auf das kleine schwarze Dreieck im Kreis rechts im Popup-Menü »Einstellungen«.*

### Vorschau eines Bildes auf mehreren Plattformen und Browsern

Bilder werden auf Windows- und Macintosh-Systemen aufgrund von Unterschieden in der Farbskala der Betriebssystem unterschiedlich angezeigt. Wenn Sie Ihr Bild auf einem Macintosh vorbereiten, müssen Sie hauptsächlich darauf achten, dass Sie es nicht zu dunkel einstellen, weil es unter Windows noch dunkler angezeigt wird und umgekehrt. Sowohl Photoshop als auch ImageReady besitzen Optionen, mit denen sich jede Plattform simulieren lässt.

1   Klicken Sie auf die Schaltfläche »Menü Vorschau« (das kleine schwarze Dreieck) oben rechts über dem Bild ganz rechts, und wählen Sie aus dem Popup-Menü entweder »Windows-Standardfarbe« oder »Macintosh-Standardfarbe« . Mit demselben Popup-Menü können Sie die unterschiedlichen Ladezeiten entsprechend der Modemgeschwindigkeiten vergleichen.

*Monitorfarbe- und Download-Vorschauoptionen*

Die Anzeige der Bilder für die unterschiedlichen Plattformen beeinflusst nicht die Informationen in der Datei; es sind einfach nur Vorschau-Optionen. Außerdem beeinflussen auch die Browser-Einstellungen die Art und Weise der Bilddarstellung.

# LEKTION 1
## Bilder für den Druck und das Web vorbereiten

2  Schauen Sie sich das Bild bei einer Download-Geschwindigkeit von 56 Kbps an – dem verbreitetsten Standard.

3  Wenn Sie auf Ihrem System mehr als einen Browser installiert haben, schauen Sie sich in jedem einzelnen an, wie Ihr Bild aussehen würde, indem Sie die Browser im Popup-Menü am Fuß des Fensters wählen.

*Auswahl einer Browser-Vorschau*

### Speichern von Optimierungseinstellungen

Haben Sie eigene Optimierungseinstellungen erzeugt, die Sie auch anderen Bildern zuweisen möchten, können Sie sie speichern, so dass sie mit einem Namen für andere Bilder im Menü »Einstellungen« verfügbar sind.

1  Klicken Sie mit ausgewähltem vierten Bild auf das kleine schwarze Dreieck neben dem Popup-Menü »Settings«, um das Paletten-Menü einzublenden, und wählen Sie den Eintrag »Einstellungen speichern«.

2  Geben Sie Ihren Einstellungen einen Namen und klicken Sie auf »Speichern«. Die Einstellungen sind nun mit ihrem Namen im Menü »Settings« verfügbar.

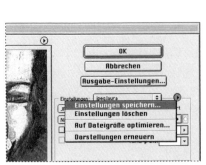 

*Speichern der Optimierungseinstellungen*

💡 *Um mehrere Bilder mit den gleichen Komprimierungseinstellungen zu optimieren, können Sie in ImageReady ein Droplet erzeugen, um diese Aufgabe zu automatiseren.*

Wenn Sie vorhaben, das Bild nach dem Speichern in einem optimierten Format noch zu bearbeiten, so wie in dieser Lektion, ist der nächste Schritt sehr wichtig.

3   Halten Sie die Alt-Taste (Windows) bzw. Options-Taste (Mac OS) gedrückt, um die Schaltfläche »OK« in »Merken« zu ändern, und klicken Sie auf »Merken«. Damit werden alle Optimierungseinstellungen in die Datei eingebettet; wenn Sie später Änderungen vornehmen wollen, wählen Sie einfach »Speichern« und umgehen so das Fenster »Speichern als«.

*Die gedrückte Alt-Taste (Windows) bzw. Options-Taste (Mac OS) zeigt die Schaltfläche »Merken«.*

4   Lassen Sie die Taste Alt/Option los, um wieder die Schaltfläche »OK« anzuzeigen. Klicken Sie auf OK. Geben Sie der Datei im aufgerufenen Dialogfeld den Namen **Figure.jpg**. Schalten Sie die Option »ICC-Profil« (Windows) aus und speichern Sie die Datei im Ordner *Lektionen/Lektion01/01PSD*.

## Erhöhen der Farbsättigung

Auch nach der Optimierung im JPEG-Format können Sie noch einige von Photoshops Farbbearbeitungswerkzeugen anwenden. Ein Vorteil der Darstellung eines Bildes auf einer Webseite besteht darin, dass Sie die Intensität von Farben so weit verstärken können, dass sie richtig knallig wirken – das können Sie mit den herkömmlichen Prozessfarben im Druck oder auf einem Farbdrucker nicht bewirken.

# LEKTION 1
## Bilder für den Druck und das Web vorbereiten

1. Öffnen Sie in Photoshop das Bild *Figure.jpg* aus dem Ordner *Lektionen/Lektion01/01PSD*, das Sie im vorigen Abschnitt gespeichert haben.
2. Wählen Sie **Bild: Einstellen: Farbton/Sättigung**.
3. Ziehen Sie bei ausgewähltem Standard-Kanal den Schieberegler »Sättigung« nach rechts auf **+36**. Die Farben werden intensiver, der Effekt ist beabsichtigt, aber die Gelbtöne sind zu stark.
4. Wählen Sie im Popup-Menü »Bearbeiten« den Kanal »Gelbtöne« und ziehen Sie die Sättigung nach links auf **-38**.

 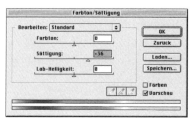 

*Anpassen der Sättigung*

5. Klicken Sie auf OK.
6. Speichern Sie Ihre Änderungen. Ihr Bild verbleibt im optimierten JPEG-Format und Sie brauchen nicht zum Fenster »Für Web speichern« zurückzukehren.

**Hinweis:** *Falls Sie vor dem Speichern der Datei im Dialogfeld »Für Web speichern« nicht auf die Schaltfläche »Merken« geklickt haben, wird das JPEG-Dialogfeld erneut aufgerufen und fordert Sie auf, neue JPEG-Einstellungen vorzunehmen. Folgen Sie den Anweisungen unter »Speichern von Optimierungseinstellungen« auf Seite 48.*

## Ersetzen von Farbe

In manchen isolierten Flecken im Bild erscheint die Farbe immer noch dunkler und stumpfer als im Original-Gemälde. Obwohl es vielleicht unmöglich ist, die gewünschten Farben für den Druck wiederherzustellen, ist die Web-Version die perfekte Spielwiese, um dies auszuprobieren, ohne die Ausgewogenheit der übrigen Farben im Bild zu beeinflussen.

1. Beginnen Sie damit, eine Rechteck-Auswahl um die Lippen aufzuziehen.
2. Vergrößern Sie auf eine 200%-Ansicht.
3. Wählen Sie **Bild: Einstellen: Farbe ersetzen**.
4. Klicken Sie mit der Pipette aus dem Dialogfeld »Farbe ersetzen« auf den dunkelrosafarbenen Bereich der Unterlippe im Bild. Passen Sie den Regler »Toleranz« so weit an, bis die Form der Unterlippe in der Vorschau im Dialogfeld erkennbar ist. Der Wert der Toleranz variiert in Abhängigkeit von der Stelle, auf die Sie mit der Pipette geklickt haben. Im Beispiel beträgt der Wert 40; Sie müssen ihn möglicherweise auf über 100 einstellen.
5. Um die ursprüngliche Farbe durch ein helleres Rosa zu ersetzen, ziehen Sie die Regler »Farbton« auf **+11**, »Sättigung« auf **+77** und »Helligkeit« auf **+26**. (Die erhaltene Farbe hängt vom genau ausgewählten Bereich ab.) Klicken Sie auf OK.

*Verwenden des Befehls »Farbe ersetzen«*

6. Verkleinern Sie wieder auf die 100%-Ansicht und heben Sie die Auswahl im Bild auf.
7. Speichern Sie die Änderungen im Bild.
8. Schließen Sie alle geöffneten Dateien und beenden Sie Photoshop.

Damit haben Sie diese Lektion erfolgreich abgeschlossen. Ihr Bild ist fertig und kann mit Hilfe von Adobe GoLive auf Ihrer Webseite veröffentlicht werden.

# Lektion 2

# 2 | Schattierung und Anpassung

**von Laura Dower**

*In dieser Lektion erhalten Sie einen Überblick über die sowohl in Adobe Illustrator als auch Adobe Photoshop zur Verfügung stehenden Schattierungs- und Anpassungswerkzeuge und -techniken. Sie werden lernen, welches Programm und welches Werkzeug für den von Ihnen gewünschten Effekt am besten geeignet ist.*

# LEKTION 2
## Schattierung und Anpassung

In dieser Lektion lernen Sie Folgendes in Adobe Illustrator:

- Hinzufügen von Tiefe und Schattierung zu flachen Objekten
- Erzeugen von Schatten und Schattierungen mit Hilfe von reflektiver Farbe
- Experten-Tipps zum Gebrauch der Verlaufs- und Verlaufsgitter-Werkzeuge
- Verwenden des Dialogfelds »Verlauf bearbeiten«, um einen eigenen Sechs-Farben-Verlauf zu erzeugen
- Erzeugen von Tiefe und Schattierung in flachen Bildern
- Erlernen des visuellen Anpassens von Elementen in einer Collage
- Verwenden von Malwerkzeugen und Verblassen-Optionen zum Anpassen von Rändern

Diese Lektion setzt Grundwissen über Verläufe, das Verlaufsgitter-Werkzeug und die Verlaufs- und Malwerkzeuge in Photoshop voraus.

Weitere Informationen über diese Werkzeuge finden Sie unter »Malen« in der Photoshop-6.0-Online-Hilfe, in Kapitel 8 im Illustrator-9.0-Handbuch und unter »Transparenz, Verläufe und Muster« in der Illustrator-9.0-Online-Hilfe.

Für diese Lektion werden Sie etwa eineinhalb Stunden benötigen.

Falls erforderlich, löschen Sie den auf Ihrer Festplatte vorhandenen Lektionsordner aus der vorherigen Lektion und kopieren stattdessen den Ordner *Lektion02* auf die Festplatte.

## Illustrator oder Photoshop?

Es ist wichtig, das richtige Werkzeug für die entsprechende Aufgabe zu verwenden. Manche Bildmaterialstile werden in der Regel entweder mit Illustrator oder mit Photoshop verbunden, manchmal werden aber Möglichkeiten und Effekte übersehen, die sich in beiden Anwendungen ausführen lassen. In dieser Lektion werden Sie mit ein paar Tricks experimentieren, mit denen Sie vielleicht noch nicht vertraut sind, und die erweiterten Fähigkeiten der Standardwerkzeuge erforschen.

Im Allgemeinen liegen die Stärken von Illustrator im Zeichnen und Bearbeiten individueller Formen. Wenn Sie knackige harte Ränder und die vollständige Bearbeitungskontrolle über Konturen und Skalierung wünschen, ist Illustrator wahrscheinlich die richtige Wahl. Manchmal werden die Fähigkeiten von Illustrator zum Speichern und Bearbeiten von Farben nach Namen übersehen, mit denen Sie eine einfache wirkungsvolle Möglichkeit zum Bearbeiten einer einzelnen Farbe in Ihrem gesamten Bildmaterial erhalten. Wenn Sie beispielsweise für Flächen und Schrift oder in Verläufen und Schatten ein dunkles Blau verwendet haben, können Sie durch Ändern der Farbzusammenstellung dieser einen blauen Farbe automatisch alle Objekte oder Verläufe ändern, die diese Farbe enthalten, ohne auch nur ein einziges Objekt oder einen Verlauf wählen oder neu erstellen zu müssen.

Photoshops Stärken liegen in seiner Fähigkeit, fotografische Bilder mit veranschaulichenden Elementen zu verbinden und sie durch Anpassen von Farbe, Schattierung, Transparenz und Beleuchtung visuell einzubinden. Wenn Sie Bilder aus verschiedenen Quellen kombinieren möchten oder komplexe zusammengesetzte Bilder oder Malerei-Effekte erzeugen möchten, ist Photoshop das richtige Werkzeug.

Sie können Ihr Bildmaterial jederzeit zwischen Illustrator und Photoshop tauschen und so die Vorteile der jeweils leistungsfähigsten Werkzeuge und Fähigkeiten jedes Programms nutzen. Die Abbildung »BBQ Betty« aus dieser Lektion wurde beispielsweise zunächst durch Zeichnen aller Formen in Illustrator erstellt und anschließend in Photoshop geladen, um die Formen mit gescannten Mustern zu füllen und durch Anpassen von Schattierungen Dimension und Beleuchtung zu erzeugen. (Mehr über das Erstellen dieses Bildmaterials erfahren Sie im letzten Abschnitt unter »Schattieren und Anpassen in Photoshop« in dieser Lektion.)

Einige allgemein verwendete Werkzeuge und Fähigkeiten sind in beiden Programmen verfügbar. In Photoshop können Sie mit Hilfe des Buntstift-Werkzeugs und seiner Pfad-Palette Formen zeichnen. In Illustrator lassen sich Photoshop-ähnliche Malereieffekte erzielen, ohne Photoshop starten zu müssen, indem Sie Ihre Zeichnung zunächst rastern und anschließend Photoshop-Filter wie zum Beispiel Verzerrungsfilter anwenden.

## Vorbereitungen

Bevor Sie mit dieser Lektion beginnen, müssen Sie die Voreinstellungen-Datei für Adobe Photoshop und Adobe Illustrator wiederherstellen. Entsprechende Hinweise finden Sie unter »Wiederherstellen der Standardeinstellungen« auf Seite 13.

Achten Sie außerdem darauf, zum Bearbeiten dieser Lektion genügend Arbeitsspeicher zur Verfügung zu haben. Weitere Informationen finden Sie unter »Kopieren der Advanced-Classroom-in-a-Book-Dateien« auf Seite 12.

Sie werden jetzt das fertige Bild für diese Datei öffnen, um eine Vorstellung von dem zu erhalten, was Sie erstellen werden.

1   Starten Sie Adobe Photoshop neu. Wenn Sie in einem Dialogfeld gefragt werden, ob Sie die Farbeinstellungen ändern wollen, ignorieren Sie die Frage.

2   Wählen Sie **Datei: Öffnen** und öffnen Sie die Datei *02End.psd* im Ordner *Lektionen/Lektion02/02PSD*.

Das Bild besteht aus vielen verschiedenen Formen in unterschiedlichen Ebenen. Den gezeichneten Formen wurden gescannte Muster und Fotos hinzugefügt. Als Hintergrund dient ein altes Foto eines Straßencafés. Noch wirken die Elemente flach und unzusammenhängend. Sie werden eine Reihe von Techniken in Photoshop anwenden, um diese Elemente zu mischen und Schatten und Tiefenschärfe hinzuzufügen.

Die End-Datei wurde auf die Hintergrundebene reduziert, so dass Sie den Schritten in dieser Lektion folgen müssen, um sehen zu können, wie jede Ebene und jeder Effekt erzeugt wurden.

*Start-Datei (links) im Vergleich mit dem fertigen Bild (rechts)*

3   Nachdem Sie die Grafik angesehen haben, können Sie die End-Datei geöffnet auf dem Bildschirm belassen oder sie ohne Speichern von Änderungen schließen.

Eine Abbildung der fertigen Grafik aus dieser Lektion finden Sie in der Galerie im Farbteil dieses Buches.

## Schattieren und Anpassen in Photoshop

Das erste Projekt in dieser Lektion wird in Photoshop ausgeführt. Die Grundelemente im Bildmaterial »BBQ Betty« wurden bereits gezeichnet bzw. gescannt. Sie werden Sie nun visuell integrieren.

Sie öffnen jetzt die Start-Datei und beginnen die Lektion mit Betrachten des Hintergrunds.

1   Wählen Sie **Datei: Öffnen** und öffnen Sie die Datei *02Start.psd* im Ordner *Lektionen/Lektion02/02PSD* auf Ihrer Festplatte. Wählen Sie im Dialogfeld »Abweichung vom eingebetteten Profil« die Option »Eingebettetes Profil verwenden (anstelle des Arbeitsfarbraums)« und klicken Sie auf OK. (Weitere Informationen finden Sie unter »Öffnen einer Datei mit eingebettetem Profil« auf Seite 117.)

2   Wählen Sie **Datei: Speichern unter**, nennen Sie die Datei neu **BBQ.psd** und speichern Sie die Datei im Ordner *Lektion02/02PSD*.

3   Rollen Sie in der Ebenenpalette unten an das Ende der Liste und klicken Sie auf die Spalte ganz links, um den Hintergrund (»background«) einzublenden. (Diese Ansicht wurde standardmäßig ausgeschaltet.) Sie beginnen damit, dieses Bild zu dämpfen, damit es nicht so aufdringlich wirkt. Dazu hellen Sie das Bild zuerst auf, indem Sie seine Deckkraft verringern.

4  Setzen Sie die Deckkraft in der Ebenenpalette bei ausgewähltem Hintergrund (»background«) auf **45%**.

*Hintergrund auf*  *Hintergrund auf*
*100% Transparenz*  *45% Transparenz*

Nun ist die unterste Ebene halbtransparent und lässt das Standard-Hintergrundmuster erkennen, eine Darstellungs-Option, die eine Ebenentransparenz anzeigt. Dies ist ein wenig störend.

5  Schalten Sie das Hintergrundmuster aus, indem Sie **Bearbeiten: Voreinstellungen: Transparenz & Farbumfang-Warnung** wählen und im Popup-Menü »Hintergrundmuster« den Eintrag »Ohne« wählen. Klicken Sie auf OK.

*Hintergrundmuster auf »Ohne« eingestellt*

## Erzeugen eines Verlaufs mit sechs Farben

Sie werden nun einen Verlauf erzeugen, den Sie über das Hintergrundfoto legen und dafür Farben aus Bereichen des Bildmaterials verwenden.

1 Achten Sie darauf, dass in der Ebenenpalette immer noch »background« aktiv ist. Erzeugen Sie eine neue Ebene, indem Sie unten in der Ebenenpalette auf die Schaltfläche »Neue Ebene erstellen« klicken.

2 Klicken Sie in der Werkzeugpalette auf das Verlaufswerkzeug.

3 Klicken Sie in der Optionsleiste auf den Pfeil neben der Verlaufsvorschau, um die Auswahlliste für Verläufe einzublenden. (Im Palettenmenü können Sie mit dem Eintrag »Kleine Miniaturen und Namen auswählen« die Verläufe mit Namen anzeigen zu lassen.) Klicken Sie anschließend auf den Verlauf »Gelb, Violett, Orange, Blau«, um ihn auszuwählen. Sie werden diesen Vierfarbverlauf als Grundlage nutzen und seine Farben durch solche aus dem Bildmaterial ersetzen.

4 Klicken Sie auf das Verlaufsbeispiel in der Optionsleiste, um das Dialogfeld »Verläufe bearbeiten« aufzurufen.

*Verläufe mit Namen anzeigen; Wählen eines Vierfarbverlaufs zur Anpassung im Dialogfeld »Verläufe bearbeiten«*

Lassen Sie das Dialogfeld »Verläufe bearbeiten« während der Arbeit geöffnet.

5 Platzieren Sie das Dialogfeld »Verläufe bearbeiten« so, dass Sie Ihr zu bearbeitendes Bild und das Dialogfeld gut sehen können.

6 Beginnen Sie, indem Sie unterhalb des Verlaufsbalkens auf den zweiten Farbverläufe-Reglerpunkt von links klicken. (Das kleine schwarze Dreieck oben auf dem Farbverläufe-Reglerpunkt ändert seine Farbe nach Schwarz, um anzuzeigen, dass es ausgewählt ist, und der Verlaufsname ändert sich in »Eigene«.)

7 Bewegen Sie Ihren Mauszeiger im Bild über ein dunkles Violett in Bettys Kleid (dabei ändert sich der Mauszeiger in eine Pipette); klicken Sie mit der Pipette auf die Farbe, um sie in den Farbverläufe-Reglerpunkt zu übertragen.

8 Klicken Sie nun im Dialogfeld »Farbverläufe bearbeiten« auf den Farbverläufe-Reglerpunkt ganz links und wählen Sie im Bild eine hellgrüne Farbe aus den Salatblättern in der Grillschale aus.

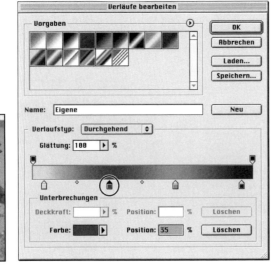

*Violett aus dem Bild dem Verlauf hinzugefügt*

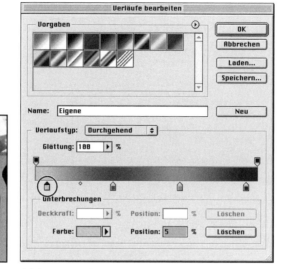

*Grün aus dem Bild dem Verlauf hinzugefügt*

Fahren Sie nun mit dem Hinzufügen von Farben aus den Bildelementen zum Hintergrundverlauf fort, um Bildvordergrund und -hintergrund zu integrieren.

# LEKTION 2
## Schattierung und Anpassung

**9** Klicken Sie auf den dritten Farbverläufe-Reglerpunkt von links und nehmen Sie ein Erdbeerrot aus Bettys Mund oder Haarschleife auf. Klicken Sie dann auf den Farbverläufe-Reglerpunkt ganz rechts und nehmen Sie ein Maisgelb von ihren Schuhen auf.

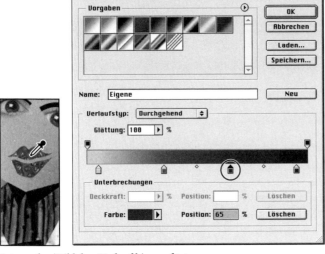

*Rot aus dem Bild dem Verlauf hinzugefügt*

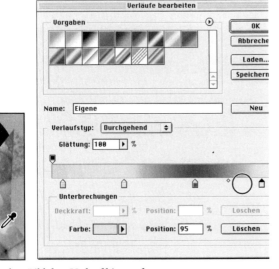

*Gelb aus dem Bild dem Verlauf hinzugefügt*

Als Nächstes werden Sie dem Verlauf zwei weitere Farben hinzufügen. Um sich vorzustellen, wie der Verlauf später im Bild aussehen wird, sollten Sie über die Reihenfolge der Farben im Verlauf nachdenken. Die Anfangsfarbe des Verlaufs ist die hellgrüne Farbe ganz links. Beim Erzeugen des Verlaufs beginnen Sie unten im Bild und ziehen nach oben, so dass sich unten im Bild die Farbe Grün und oben im Bild die Farbe Gelb befinden wird.

Die Positionen der Farben im Verlauf lassen sich ganz einfach anpassen, indem Sie die Farbverläufe-Reglerpunkte im Verlaufsbalken nach links oder rechts ziehen. Anstatt die Farben unabhängig voneinander zu platzieren, können Sie sie beispielsweise entsprechend den Einzelheiten des zugrunde liegenden Bildes platzieren. Häufig zeigt sich die Position von Farben erst richtig, nachdem der erste Verlauf dem Bild hinzugefügt wurde. Wenn Sie mit den ersten Ergebnissen nicht zufrieden sind, wählen Sie einfach **Bearbeiten: Widerrufen** oder löschen den Inhalt der Ebene; bearbeiten Sie anschließend den Verlauf und fügen Sie ihn erneut hinzu.

Machen Sie sich keine Sorgen, wenn Sie sich dies jetzt nur schwer vorstellen können. Im nächsten Abschnitt werden Sie Schritt für Schritt geführt.

10  Klicken Sie im Dialogfeld »Verlauf bearbeiten« unterhalb des Verlaufsbalkens zwischen die Farbverläufe-Reglerpunkte für Violett und Rot, um eine fünfte Farbe hinzuzufügen. Nehmen Sie mit ausgewähltem neuen Farbverläufe-Reglerpunkt ein helles Blau aus Bettys Grillhandschuh im Bild auf.

11  Um die sechste Farbe zu erzeugen, halten Sie die Alt/Option-Taste gedrückt und ziehen den Farbverläufe-Reglerpunkt für Violett im Verlaufsbalken ganz nach rechts (rechts vom Gelb).

# LEKTION 2
## Schattierung und Anpassung

Das Endbildmaterial weist noch einige Anpassungen der Positionen von Farb- und Mittelpunktschiebereglern auf. Wenn Sie den Effekt so ähnlich wie möglich gestalten möchten, können Sie sich an die folgende Abbildung halten.

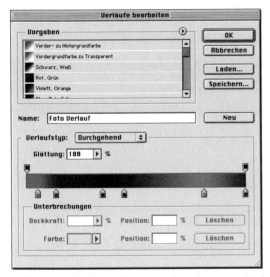

*Endgültige Verlaufseinstellungen und neu benannter Verlauf*

12  Wenn Sie mit dem Bearbeiten des Verlaufs fertig sind, klicken Sie auf OK, um das Dialogfeld »Verlauf bearbeiten« zu schließen. Der neue Verlauf wird als Verlaufsbeispiel in der Optionsleiste angezeigt.

Jetzt geben Sie dem neuen Verlauf einen Namen und fügen ihn der Verlaufspalette hinzu. Danach können Sie Ihren Verlauf jederzeit wieder über seinen Namen oder durch Anklicken seines Symbols in der Popup-Liste in der Verlaufs-Optionsleiste zuordnen.

13  Klicken Sie in der Optionsleiste auf das kleine schwarze Dreieck neben dem Verlaufsbeispiel, um die Verlaufspalette einzublenden. Wählen Sie aus dem Palettenmenü den Eintrag »Neuer Verlauf«; im aufgerufenen Dialogfeld »Verlauf benennen« wird der von Ihnen soeben angelegte Verlauf angezeigt. NennenSie den Verlauf **Foto Verlauf** und klicken Sie auf OK.

Um einen Verlauf zu duplizieren oder zu löschen, folgen Sie einer ähnlichen Technik: Wählen Sie zunächst den Verlauf in der Verlaufspalette aus und wählen Sie anschließend eine Option aus dem Verlaufspalettenmenü.

14   Speichern Sie die Änderungen in Ihrer Datei.

### Hinzufügen des Verlaufs zum Bild

Genug der Farbbearbeitung. Schauen Sie sich nun an, wie der Verlauf im Bild aussieht.

1   Vergewissern Sie sich, dass der gerade erzeugte Verlauf in der Verlaufspalettenliste ausgewählt ist. Setzen Sie den Modus in der Optionsleiste auf »Normal« und die Deckkraft auf **100%**. (Sie werden diese Einstellungen nach dem Erstellen des Verlaufs mit Hilfe von Ebenenoptionen noch anpassen.)

2   Ziehen Sie mit ausgewähltem linearen Verlaufswerkzeug mit gedrückter Maustaste im Bild von unten nach oben. Der Verlauf wird standardmäßig deckend sein und das Hintergrundbild verbergen.

3   Achten Sie darauf, dass die Verlaufsebene (Ebene 1) in der Ebenenpalette ausgewählt ist, und setzen Sie dort die Deckkraft auf **30%** und den Modus auf »Multiplizieren«.

*Sechs-Farben-Verlauf hinzugefügt; Deckkraft der Ebene auf »Multiplizieren« und 30% eingestellt*

Anstatt die Deckkraft und den Malmodus in der Verlaufspalette anzupassen, nehmen Sie die Einstellungen in der Ebenenpalette vor, um die Werte später noch bearbeiten zu können, ohne den Verlauf erst neu erzeugen zu müssen. Hätten Sie den Verlauf beispielsweise mit 30% angelegt, könnten Sie seine Deckkraft niemals darüber hinaus erhöhen.

4  Wenn Sie noch Farbpositionen im Verlauf anpassen möchten, bevor Sie fortfahren, wählen Sie bei ausgewählter Ebene 1 **Auswahl: Alles auswählen** und drücken die Löschtaste. Passen Sie die Verlaufseigenschaften mit Hilfe des Dialogfelds »Verlauf bearbeiten« (durch Anklicken des Verlaufsbeispiels in der Optionsleiste) an und ziehen Sie den Verlauf bei gedrückter Maustaste mit dem linearen Verlaufswerkzeug über die Ebene. Wenn Sie mit dem Effekt zufrieden sind, können Sie diesen Schritt überspringen.

> ***Verläufe in Photoshop und Illustrator***
>
> *Je nachdem, wie Sie Verläufe erzeugen, sehen sie in Illustrator nicht unbedingt so wie die in Photoshop erstellten aus. Auch Verläufe, die in Illustrator erzeugt und anschließend in Photoshop platziert werden, sehen meist anders aus. Damit Verläufe aus Illustrator (sowohl in Illustrator als auch in Photoshop) besser und einheitlicher aussehen, lassen sich zwei Techniken anwenden.*
>
> *Viele zweifarbige Verläufe gehen von Schwarz zu einer anderen Farbe über. In Illustrator sieht ein Verlauf von Schwarz nach (beispielsweise) Rot auf dem Bildschirm gut aus. Beim Drucken scheint der Verlauf zur Mitte allerdings heller zu werden. Gewünscht ist natürlich ein gleichmäßiger Übergang von Schwarz nach Rot. Wenn Sie genau darüber nachdenken, soll der Verlauf von einem sehr, sehr dunklen Rot zu Rot übergehen. Das Endergebnis ist dann gravierend anders; der Schwarz-nach-Rot-Verlauf weist einen sehr, sehr blässlichen rosagrauen Mittelpunkt auf, während der Schwarz-nach-»Dunkelrot«-Verlauf einen mittel-dunkelroten Mittelpunkt besitzt.*
>
> *Um den richtigen Dunkelrot-nach-Rot-Verlauf zu erzeugen, beginnen Sie mit einem Verlauf, der an beiden Enden Rot (oder welche Farbe auch immer Sie verwenden) ist. Fügen Sie dem Verlauf anschließend 100% Schwarz hinzu (falls Sie in RGB arbeiten, schalten Sie für diesen Schritt nach CMYK um, damit es einfacher wird, und nach der Farbänderung wieder zurück nach RGB). Damit erzielen Sie einen viel befriedigenderen Verlauf als mit dem Schwarz-nach-Rot-Verlauf. Durch Hinzufügen einer (oder mehrerer) Farbe(n) zu Schwarz wird ein »tiefes Schwarz« erzeugt, ein Ausdruck, mit dem ein Schwarz beschrieben wird, das durch Hinzufügen einer bestimmten Menge der übrigen CMY-Farben zu 100% Schwarz erzeugt wird.*
>
> *– Ted Alspach*

## Hinzufügen von Tiefenschärfe durch Abdunkeln der Ränder von Objekten

Jetzt wird beschrieben, wie Sie auf einfache Art und Weise nur die Umrandung eines Objekts wählen und die Ränder schattieren, um eine Tiefenwirkung zu erzeugen.

1   Wählen Sie die Ebene »skirt«.

2   Klicken Sie mit gedrückter Alt/Option-Taste auf das Auge-Icon neben der Ebene »skirt«, um nur diese Ebene anzuzeigen.

3   Wählen Sie **Auswahl: Auswahl laden**, und für »Kanal« wählen Sie »skirt Transparenz«.

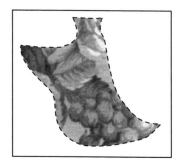

»skirt« ausgewählt

4   Wählen Sie nun **Auswahl: Auswahl verändern: Umrandung**, geben Sie im aufgerufenen Dialogfeld »Auswahl umranden« **10** Pixel ein und klicken Sie auf OK.

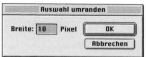

Umrandung ausgewählt

5 Machen Sie die Auswahl **3** Pixel weicher (wählen Sie **Auswahl: Weiche Auswahlkante**).

6 Blenden Sie die Auswahlkanten aus, indem Sie die Tasten Strg/Befehl + H drücken.

7 Wählen Sie in der Ebenenpalette die Option »Transparente Pixel fixieren« (das Kontrollkästchen links vom Schachbrett-Icon), um zu verhindern, dass transparente Pixel versehentlich bearbeitet werden. Mit dieser Option wird das Bearbeiten auf Ebenenbereiche beschränkt, die Pixel enthalten, wie durch das Sicherheitsschloss-Icon rechts vom Ebenennamen angezeigt wird.

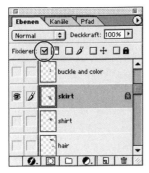

*Fixieren von transparenten Pixeln*

8 Wählen Sie **Bild: Einstellen: Tonwertkorrektur**, um den ausgewählten Bereich abzudunkeln. Passen Sie die Umrandung des Kleides (skirt) durch Ziehen des mittleren (Mitteltöne) Reglers nach rechts auf eine Tonwertspreizung von **0.15** an. Klicken Sie auf OK.

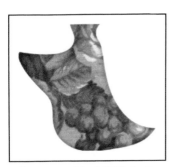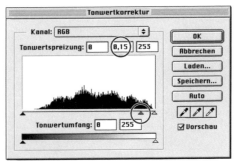

*Rahmenauswahl mit Hilfe der Tonwertkorrektur abgedunkelt*

Mit einer weichen Rahmenauswahlkante können Sie zahlreiche Werkzeuge und Befehle zum Abdunkeln der Ränder nutzen. Sie können den Bereich mit einer dunkleren Farbe füllen oder eines der Malwerkzeuge innerhalb der Auswahl anwenden, um einen weniger gleichförmigen Schatten zu erzeugen. Außerdem können Sie bei Ihren eigenen Bildern mit Ebeneneffekten experimentieren, da Sie gleichzeitig ein Spitzlicht und einen Schatten erzeugen. Für den hier gewünschten weicheren und Gemälde-ähnlichen Effekt funktioniert die Auswahl der Umrandung und Tonwertkorrektur allerdings am besten.

9   Speichern Sie Ihre Änderungen.

## Aufhellen des inneren Objektbereichs

Mit einer ähnlichen Prozedur können Sie eine Form noch weiter herausarbeiten, indem Sie ihren inneren Bereich aufhellen.

1   Wählen Sie mit folgendem Tastaturkommando erneut die »skirt«-Auswahl: Klicken Sie mit gedrückter Strg-/Befehl-Taste in der Ebenenpalette auf den Ebenennamen.

2   Wählen Sie diesmal **Auswahl: Auswahl verändern: Verkleinern**, geben Sie im aufgerufenen Dialogfeld »Auswahl verkleinern« **10** Pixel ein und klicken Sie auf OK. Die Auswahl schrumpft auf die inneren Kanten des Objekts.

# LEKTION 2
## Schattierung und Anpassung

**3** Machen Sie die Auswahl wieder mit einem Radius von **3** Pixel weicher (durch Drücken von Strg+Alt+D unter Windows bzw. Befehl+Option+D unter Mac OS). Hellen Sie den Bereich anschließend mit der Tonwertkorrektur auf (Strg/Befehl+L). Ziehen Sie den Mittelton-Regler diesmal auf **1,50**. Klicken Sie auf OK.

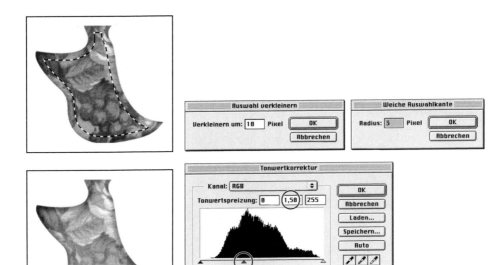

*Auswahl verkleinern und den Bereich mit Hilfe der Tonwertkorrektur aufhellen*

## Steigern des Kontrasts mit dem Schwamm

Zum Schluss dieser Modellierreihe werden Sie den Farbkontrast zwischen den soeben erzeugten dunklen Kanten und dem helleren Inneren mit Hilfe des Schwamms steigern.

1 Heben Sie die innere Auswahl auf.

2 Platzieren Sie den Mauszeiger in der Werkzeugleiste über dem Abwedler und klicken und ziehen Sie nach rechts, um aus den verborgenen Werkzeugen den Schwamm auszuwählen. Setzen Sie den Modus in der Optionsleiste auf »Sättigung erhöhen«.

3 Um die Größe des Schwamms in der Optionsleiste einzustellen, klicken Sie auf das kleine schwarze Dreieck neben dem Pinselmenü, um die Pinselpalette einzublenden. Wählen Sie einen großen weichen Pinsel aus (in diesem Beispiel »35«). Beginnen Sie, mit dem Schwamm entlang der Umrandung des Kleides am Übergang von Dunkel nach Hell zu malen.

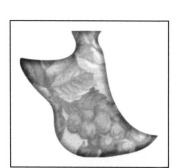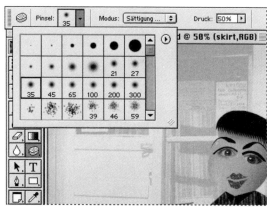

*Sättigungs-Schwamm an der Umrandung des Kleides angewandt*

4 Klicken Sie in der Ebenenpalette mit gedrückter Alt/Option-Taste auf das Auge-Icon neben der Ebene »skirt«, um alle übrigen Ebenen wieder einzublenden.

5  Wiederholen Sie die Schritte aus diesem und den beiden vorigen Abschnitten zum Abdunkeln der Umrandungen und Aufhellen und Verstärken der inneren Formen für andere Ebenen im Bildmaterial, wie Bettys Bluse, Schuhe, Gesicht und Grillschale.

6  Speichern Sie Ihre Änderungen.

## Schattieren von Objekten mit dem Nachbelichter und den Airbrush-Werkzeugen

Sie werden jetzt einige Techniken zum Hinzufügen von Schatten unterhalb von Objekten üben.

1  Wählen Sie in der Ebenenpalette die Ebene »background« (Hintergrund) aus.

2  Wählen Sie in der Werkzeugleiste den Abwedler aus und stellen Sie in der Optionsleiste den Bereich auf »Mitteltöne« und die Belichtung auf **100%**. Verwenden Sie einen großen weichen Pinsel (hier 45 Pixel) und ziehen Sie mit dem Abwedler bei gedrückter Maustaste um Betty herum, um einen Schatten zu erzeugen. Die ersten Markierungen, die Sie mit dem Pinsel erzeugen, werden sehr fein sein.

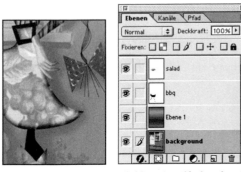

*Abdunkeln des Hintergrundbildes mit Hilfe des Abwedlers*

3  Fahren Sie fort, mit dem Abwedler über Bereiche zu streichen, bis Sie die gewünschte Abdunkelung erzielt haben. Nutzen Sie dabei die Ränder der zahlreichen Formen, wie z.B. die Fußbank, das Kleid usw., als Richtschnur. Tatsächlich bearbeiten Sie dabei das Hintergrundbild.

4  Speichern Sie Ihre Änderungen.

💡 *Da das Bild bereits viele Ebenen enthält, brauchen Sie für dieses Projekt keine Kopie des Hintergrunds zu erzeugen. Beim Arbeiten mit dem Abwedler ändern Sie allerdings ständig den Hintergrund. Daher sollten Sie für den Fall, dass Sie zur ursprünglichen Version zurückkehren möchten, eine Kopie des Originals erzeugen.*

### Erzeugen von Modelliereffekten mit Radial- und Linearverläufen

Nun fügen Sie dem Grill Tiefenschärfe mit Hilfe von Verläufen hinzu.

1 Aktivieren Sie in der Ebenenpalette die Ebene »bbq«. Klicken Sie mit gedrückter Alt/Option-Taste auf das Auge-Icon neben der Ebene »bbq«, um alle übrigen Ebenen auszublenden und nur diese Ebene sichtbar zu machen. Achten Sie darauf, dass die Option »Transparente Pixel fixieren« eingeschaltet ist.

2 Setzen Sie in der Werkzeugleiste die Vorder- und Hintergrundfarben auf ihre Standardwerte zurück. (Drücken Sie die Taste »D«.)

3 Wählen Sie das Verlaufswerkzeug. Klicken Sie in der Optionsleiste auf das Verlaufsbeispiel, um die Verlaufspalette einzublenden, und wählen Sie aus der Liste den Eintrag »Vorder- zu Hintergrundfarbe«. Wählen Sie in der Optionsleiste die Option »Radialverlauf«. Setzen Sie die Deckkraft auf **100%** und schalten Sie das Kontrollkästchen »Umkehren« ein, damit der Verlauf von Weiß nach Schwarz gefüllt wird (anstatt von Schwarz nach Weiß).

4 Platzieren Sie das Verlaufswerkzeug in der oberen linken Ecke des Grills. Ziehen Sie mit gedrückter Maustaste zur unteren rechten Ecke des Grills. Ziehen Sie dabei nicht bis zu den Füßen, sondern nur bis zum Rand der Grillschale.

Da die Option »Transparente Pixel fixieren« für diese Ebene eingeschaltet ist, werden nur Ebenenbereiche gefüllt, die bereits Bilddaten enthalten, der transparente Hintergrund wird nicht beeinflusst.

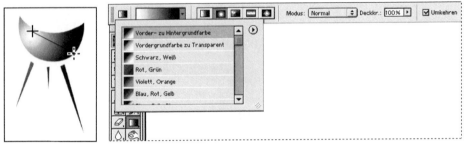

*Erzeugen eines Radialverlaufs für die Grillschale*

Sie werden nun lineare Verläufe für jeden einzelnen Grillfuß erzeugen. Dazu müssen Sie zunächst einen Fuß wählen, damit der Verlauf andere Objekte auf der Ebene nicht beeinflusst.

5   Wählen Sie einen der Füße mit Hilfe des Lasso-Werkzeugs grob aus. (Das Werkzeug erhalten Sie durch Drücken der Taste »L«.)

6   Wählen Sie das Verlaufswerkzeug. (Drücken Sie die Taste »G«.) Wählen Sie in der Optionsleiste die Option »Linearer Verlauf«. Verwenden Sie in der Palette die gleichen Einstellungen wie für den Radialverlauf (siehe Schritt 3).

7   Füllen Sie den Fuß, indem Sie mit dem Verlaufswerkzeug eine kurze horizontale Linie über den Fuß ziehen. Da die Form sehr dünn ist, sind Richtung und Entfernung beim Ziehen des Werkzeugs etwas knifflig. Vermutlich werden Sie ein paar Versuche benötigen, bis Sie den gewünschten Effekt erzielen.

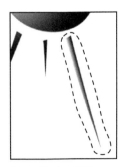
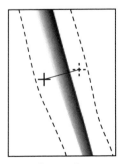

*Auswahl eines Fußes*   *Vergrößerung der Verlaufserstellung*

8  Wechseln Sie mit weiter ausgewähltem Fuß zum Bewegen-Werkzeug (drücken Sie Strg/Befehl) und verschieben Sie den Fuß wie in der Abbildung gezeigt zur Grillschale.

9  Wiederholen Sie die Schritte 5 bis 8 für die beiden übrigen Füße. Dabei können Sie mit Hilfe der Tastaturkommandos zwischen dem Lasso- und dem Verlaufswerkzeug umschalten. (Drücken Sie »L« für das Lasso-Werkzeug und »G« für das Verlaufswerkzeug.)

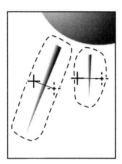

*Linearverlauf für jeden Fuß erzeugt*

10  Heben Sie die Auswahl des Bildes auf.

11  Speichern Sie Ihre Änderungen.

## Erzeugen von Schlagschatten mit dem Airbrush-Werkzeug

Mit Hilfe der Einstellung »Verblassen« im Airbrush-Werkzeug lassen sich schöne Schatteneffekte erzeugen, um Beleuchtungseffekte auf einem Objekt zu verstärken.

1. Blenden Sie alle Ebenen durch Klicken mit gedrückter Alt/Option-Taste auf das Auge-Icon neben der Ebene »bbq« ein.
2. Falls erforderlich, setzen Sie die Vordergrundfarbe auf Schwarz.
3. Achten Sie darauf, dass in der Ebenenpalette die Ebene »bbq« aktiv ist. Schalten Sie das Kontrollkästchen vor »Transparente Pixel fixiert« aus.
4. Wählen Sie das Airbrush-Werkzeug. Setzen Sie in der Optionsleiste den Modus mit Hilfe des Popup-Menüs auf »Dahinter auftragen«, um den Schatten nur hinter den Füßen zu malen, die sich bereits auf der Ebene befinden. Setzen Sie die Option »Druck« auf **40%**. Klicken Sie rechts in der Optionsleiste auf die Schaltfläche »Einstellungen«, um weitere Optionen einzublenden. Wählen Sie dort für »Druck« den Eintrag »Verblassen« und geben Sie unter »Stufen« **50** ein, damit der Pinselstrich von der Vordergrundfarbe (Schwarz) nach Transparent verblasst.
5. Wählen Sie in der Optionsleiste aus der Pinselpalette einen kleinen weichen Pinsel aus. Vergrößern Sie im Bild den Bereich der Füße.
6. Klicken Sie mit dem Airbrush-Werkzeug einmal auf das untere Ende eines Fußes; halten Sie anschließend die Umschalttaste gedrückt und zeichnen Sie eine Gerade nach rechts, bis der Pinselstrich nach Transparent verblasst ist.

**7** Wiederholen Sie Schritt 5 für die übrigen Füße.

*Schlagschatten mit Hilfe des Airbrush-Werkzeugs und der Einstellung »Verblassen« für die Füße erzeugt*

Ähnliche Schlagschatten lassen sich für die Füße der Fußbank erzeugen, indem Sie die Ebene »footstool« aktivieren, einen größeren Pinsel wählen, den Druck verringern und ein schwächeres Verblassen wählen. Das Bild in der End-Datei wurde mit Hilfe eines 45-Pinsels, mit 15% Druck und einem Verblassen in 10 Stufen erzeugt. Achten Sie darauf, dass die Option »Dahinter auftragen« ausgewählt ist, damit nicht versehentlich Schatten über Vordergrundelemente gemalt werden.

**8** Speichern Sie Ihre Änderungen. Schließen Sie Ihre Datei und beenden Sie Photoshop.

Damit ist der Photoshop-Teil dieser Lektion abgeschlossen. Gönnen Sie sich eine Pause; anschließend werden Sie sehen, wie sich Schattierungen und Anpassungen in Illustrator einsetzen lassen.

(Obwohl es über den Bereich dieser Lektion hinausgeht, ist die Entstehung dieser Malerei recht interessant. Dafür wurde zunächst eine handgezeichnete Skizze eingescannt und in Illustrator in einer Vorlagenebene platziert. Die einzelnen Formen wurden mit Hilfe des Buntstift-Werkzeugs direkt eingezeichnet und anschließend wie Puzzle-Teile getrennt und mit Schwarz gefüllt. Das Foto des alten Straßencafés wurde in Photoshop auf einer Hintergrundebene aufgebaut, und dann wurde jede Form aus Illustrator kopiert und in Photoshop auf einer eigenen Ebene eingefügt und wieder zusammengesetzt bzw. platziert, wobei er darauf geachtet hat, dass die Ebenen in einer ordentlichen Stapelreihenfolge bleiben. Die einzelnen Formen wurden anschließend mit Hilfe von Grafikgruppen mit gescannten Mustern und Fotos gefüllt.)

### Anpassen von Aktionen in Photoshop und Illustrator

*Illustrator und Photoshop enthalten viele Aktionen, die sich alle beliebig an Ihre Bedürfnisse anpassen lassen. Auf diese Weise können Sie sich besonders gut mit ihnen vertraut machen und lernen dabei außerdem, ihre Merkmale zu nutzen.*

*Eine nützliche Applikation, die mit Photoshop zusammen installiert wird, ist beispielsweise die Aktion »Schlagschatten (Schrift)«, mit der von der aktuellen Textebene ein Schlagschatten erzeugt wird. Mit dieser Aktion können Sie für jede Ebene Schlagschatten erzeugen, nicht nur für Textebenen (versuchen Sie es einmal mit einem einzelnen Pinselstrich oder einer einzelnen ungewöhnlichen Form auf einer Ebene). Zusätzlich können Sie die Richtung des Schlagschattens ganz einfach von der vorderen Position in die von Ihnen gewünschte Richtung ändern, indem Sie die Aktion an der richtigen Stelle unterbrechen. Öffnen Sie die Aktion (klicken Sie in der Aktionenpalette auf das Dreieck links von der Aktion »Schlagschatten (Schrift)« und klicken Sie bei »Transformieren aktueller Ebene« in die zweite Spalte von links. Wenn Sie nun die Aktion ablaufen lassen, wird sie mit geöffneter Transformationsmatrix anhalten, so dass Sie Ihre Anpassungen vornehmen können. Wenn Sie mit Ihren Anpassungen fertig sind, drücken Sie die Eingabetaste. Die Aktion wird weiter ausgeführt, allerdings befindet sich der Schlagschatten nun in der von Ihnen eingestellten Position.*

*Die Aktion »Schlagschatten (Schrift)« kann auch in Illustrator verändert werden. Klicken Sie in die Spalte links neben den Aktionen »Skalieren« und »Schnittmenge bilden (Auswahl)«, so dass ein Dialogfeld aufgerufen wird, wenn diese Einstellungen geändert werden müssen. Achten Sie beim Ändern der Skalieren-Werte darauf, nur »Vertikal« zu ändern, nicht »Gleichmäßig« oder »Horizontal«.*

*– Ted Alspach*

## Schattierung und Anpassen in Illustrator

Den zweiten Teil der Lektion werden Sie in Illustrator vervollständigen. Vielleicht möchten Sie jetzt noch einmal die Einleitung »Illustrator oder Photoshop?« auf Seite 56 lesen, um die Vorteile des Schattierens und Anpassens in Illustrator bzw. Photoshop zu vergleichen. Stellen Sie nun die Standardeinstellungen von Illustrator wieder her, wenn das nicht bereits geschehen ist. Weiter gehende Informationen finden Sie unter »Wiederherstellen der Standardeinstellungen« auf Seite 13.

1   Starten Sie Illustrator neu.

2   Wählen Sie **Datei: Öffnen** und öffnen Sie die Datei *02End.ai* im Ordner *Lektionen/Lektion02/02AI*.

3   Nachdem Sie sich das Bild angesehen haben, schließen Sie die End-Datei ohne Speichern von Änderungen.

Da Illustrator-Dateien viele Verläufe und Verlaufsgitterobjekte enthalten, die sehr speicherintensiv sein können, sollten Sie diese Datei beim Arbeiten mit dieser Lektion schließen.

Eine Abbildung der fertigen Grafik finden Sie im Farbteil dieses Buches.

## Erzeugen von reflektierenden Farbeffekten mit dem Verlaufsgitter-Werkzeug

Eine bereits lange in Photoshop enthaltene Funktion, die in Illustrator manchmal übersehen wird, ist die Fähigkeit, mit Hilfe des Pipette-Werkzeugs Farben unmittelbar aus Ihrem Bildmaterial zu entnehmen. Durch das Wählen von Farben aus der bereits vorhandenen Farbpalette können Sie Gemälde-ähnliche realistischere Effekte erzielen.

*Datei* 02Start.ai

*Datei* 02End.ai

1 Wählen Sie **Datei: Öffnen** und öffnen Sie die Datei *02Start.ai* im Ordner *Lektionen/Lektion02/02AI*.

2 Wählen Sie **Datei: Speichern unter** und navigieren Sie zum Ordner *Lektionen/Lektion02/02AI*. Nennen Sie die Datei **Bee.ai** (Biene) und klicken Sie auf »Speichern«. Wählen Sie im Dialogfeld »Illustrator-Format-Optionen« unter »Kompatibilität« (Windows) bzw. »kompatibel mit« (Mac OS) den voreingestellten Eintrag »Illustrator 9.0« und klicken Sie auf OK.

3 Wählen Sie die runde Kopf-Form und füllen Sie die Fläche mit Schwarz und die Kontur mit »Ohne«.

**4** Wählen Sie **Objekt: Verlaufsgitter erstellen**. Geben Sie sowohl für »Reihen« als auch für »Spalten« **6** ein. Für »Aussehen« wählen Sie »Zur Mitte« und unter »Spitzlicht« geben Sie **35%** ein. Schalten Sie das Kontrollkästchen für »Vorschau« ein und klicken Sie auf OK.

*Verlaufsgitter für den Kopf*

**5** Vergrößern Sie stark und heben Sie die Objektauswahl auf. Wählen Sie anschließend mit dem Direktauswahl-Werkzeug einen Ankerpunkt am unteren Rand aus. Sie werden dem Punkt ein türkisfarbenes Spitzlicht hinzufügen, damit es so aussieht, als würde der türkise Blumenstempel vom Kinn der Biene reflektiert.

**6** Klicken Sie auf die Farbfelderpalette, um sie in den Vordergrund zu bringen. Wählen Sie anschließend im Farbfelderpalettenmenü den Eintrag »Namen«, um die Farbfelder nach Namen aufzulisten.

# LEKTION 2
## Schattierung und Anpassung

**7** Klicken Sie bei ausgewähltem Punkt mit dem Pipette-Werkzeug in der Farbfelderpalettenliste auf »turquoise«.

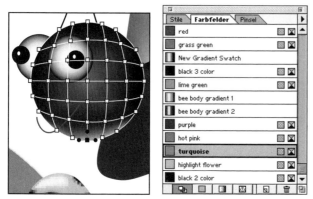

*Gitterpunkt ausgewählt und Farbe »turquoise« aus der Farbfelderpalette ausgewählt*

Der Vorteil beim Wählen der Farbe nach Namen ist, dass beim späteren Ändern der Farbe »turquoise« in Ihrem Bildmaterial alle Punkte und Formen, die mit dem gleichen Namen gemalt wurden, automatisch geändert werden.

**8** Halten Sie die Alt- (Windows) bzw. Option-Taste (Mac OS) gedrückt, um den Mauszeiger in das Füllwerkzeug zu ändern. Klicken Sie auf ein paar mehr Punkte, um die Farbe »turquoise« am Rand ein wenig weiter zu verteilen.

Wiederholen Sie die Schritte 6 und 7 weiter oben links am Kopf des Falters und nehmen Sie dafür mit Hilfe des Pipette-Werkzeugs die Farbe »hot pink« aus einem der Blütenblätter auf.

Mit der gleichen Technik können Sie die Ränder der Flügel mit reflektierender Farbe vom Körper der Biene bemalen.

*Wenn sich in Ihrem Bildmaterial ein platziertes Foto befindet, können Sie auch daraus Farben entnehmen und mit ihnen Bildelemente visuell besser anpassen. Mit dieser Technik können Sie Farben beim Hinzufügen von Illustrator-Schriftzügen zu Photoshop-Bildern sehr gut angleichen.*

## Verwalten von Farbänderungen auf Verlaufsgitter-Objekten

Eine echte Stärke in Illustrator ist die Fähigkeit, Farben im gesamten Bildmaterial zu bearbeiten, ohne auch nur eine einzige Form bemalen oder neu erzeugen zu müssen. Damit erhalten Sie eine unglaubliche Steuerungsmöglichkeit über Änderungen in letzter Minute, z.B. völlig falsches Gelb in einem zurückerhaltenen Proof oder Ändern der Firmenfarben Ihres Kunden von Grün nach Rot.

1   Achten Sie darauf, dass kein Objekt in Ihrem Bildmaterial ausgewählt ist. (Drücken Sie die Tastenkombination Strg/Befehl+Umschalt+A.)

2   Doppelklicken Sie in der Farbfelderpalette auf den Namen »turquoise«. Diese Farbe wurde als globale Prozessfarbe gespeichert und mit ihr wurden unterschiedliche Objekte im Bildmaterial gemalt. Wenn Sie Farben einheitlich mit Namen wählen, können Sie ganz einfach leichte Farbverschiebungen vornehmen, auf die Sie anderenfalls wahrscheinlich verzichten würden.

# LEKTION 2
## Schattierung und Anpassung

3   Passen Sie die CMYK-Farbschieberegler an, indem Sie den Regler Cyan auf 100% und den Regler Magenta auf 20% ziehen. Schalten Sie das Kontrollkästchen »Vorschau« ein, damit Sie die Auswirkungen Ihrer Farbverschiebungen in Ihrem Bildmaterial bereits vor der Änderung betrachten können. Klicken Sie auf OK.

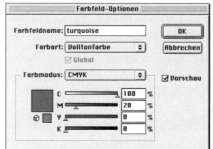

*Farbe im Bildmaterial automatisch durch Bearbeiten ihrer Farbzusammensetzung ändern*

**Hinweis:** *Wenn Sie Farben aufnehmen möchten, von denen Sie wissen, dass sie mit genau demselben Namen referenziert werden, sollten Sie die Farben in der Farbfelderpalette nach Namen wählen. Falls Sie hier nicht die Farbfelderpalette verwenden, kann es vorkommen, dass Sie eine gemischte CMYK-Farbe und nicht die bestimmte Farbe bearbeiten, wenn die aufgenommenen Punkte ursprünglich mit dem Pipette-Werkzeug in einem Farbübergang (beispielsweise durch Klicken zwischen die Gitterlinien in einem Objekt) oder in einem Farbverlauf aufgenommen wurden.*

4   Um den violetten Schatten entlang der Umrandung des Blumenstempels abzudunkeln, ohne dabei Punkte auszuwählen, doppelklicken Sie auf den Namen »purple« in der Farbfelderpalettenliste und bearbeiten die Farbe mit Hilfe des Reglers K durch Hinzufügen von 30% Schwarz. Klicken Sie auf OK.

## Erzeugen von Formen entlang eines Pfads mit dem Befehl »Aufteilen«

Sie werden nun den Körper der Biene mit Hilfe des Befehls »Aufteilen« erzeugen.

1 Verkleinern Sie wieder die Ansicht und scrollen Sie im Hauptbildmaterial nach rechts zu der Kopie des Bienenkörpers und den Kurvenpfaden. Mit ihnen werden Sie einzelne Segmente erstellen, die der Kurve des Bienenkörpers folgen und diese anschließend abwechselnd mit einem Verlauf füllen.

2 Wählen Sie die Kurven und die Körper-Form aus.

3 Wählen Sie **Fenster: Pathfinder einblenden**. Klicken Sie in der Pathfinder-Palette auf die Schaltfläche »Aufteilen«. Mit diesem Befehl wird ein Satz von zehn einzelnen gruppierten Formen erzeugt, die der Kontur des Bienenkörpers folgen.

*Wählen von Linien und der Pathfinder-Option »Fläche aufteilen«; Ergebnis*

4 Speichern Sie Ihre Arbeit.

## Erzeugen eigener linearer Verläufe

Um den gebogenen Körpersegmenten eine Tiefe hinzuzufügen, werden Sie jedes Segment mit einem eigenen Verlauf füllen und anschließend die Richtung des Verlaufs anpassen. Damit lässt sich die Illusion einer Rückgratkrümmung und neckischer grüner und violetter Streifen erzielen. Sie werden damit beginnen, die Segmente anzuordnen, damit sie leichter ausgewählt und bearbeitet werden können.

1   Klicken Sie bei gedrückt gehaltener Umschalttaste mit dem Direktauswahl-Werkzeug auf jedes zweite Körpersegment und schneiden Sie sie aus. Das Direktauswahl-Werkzeug verwenden Sie, weil die Segmente bei der Anwendung des Befehls »Fläche aufteilen« gruppiert waren.

2   Markieren Sie die verbleibenden Segmente durch Wählen und füllen Sie sie mit »bee body gradient 1« aus der Farbfelderpalettenliste. Die Formen werden mit einem linearen Grün-nach-Weiß-Verlauf gefüllt.

3   Wählen Sie **Bearbeiten: Davor einfügen**. Füllen Sie diese Segmente mit »bee body gradient 2«, indem Sie in der Farbfelderpalettenliste auf diesen Namen klicken.

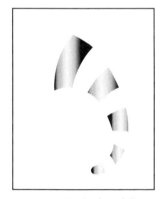

*Formen mit Verlauf 1 gefüllt*    *Formen mit Verlauf 2 gefüllt*

**4** Klicken Sie mit dem Direktauswahl-Werkzeug auf ein Segment, um es auszuwählen. Ziehen Sie dann mit dem Verlaufswerkzeug (Drücken der Taste »G«), um die Richtung seines Verlaufs zu ändern. Wiederholen Sie dies für die verbleibenden Segmente, indem Sie mit gedrückt gehaltener Strg/Befehl-Taste ein Segment anklicken, um es auszuwählen, und anschließend die Richtung und Länge durch Ziehen entsprechend der Breite der Form und der zu erzeugenden Krümmung anpassen.

*Richtung der Verlaufsfüllung einiger Formen*

**5** Speichern Sie Ihre Änderungen.

# LEKTION 2
## Schattierung und Anpassung

## Verwalten von Farbbearbeitungen in Verlaufsfüllungen

Manchmal ist es schwierig, zu wissen, wie Bearbeitungen im benannten Farbfeld gespeichert werden sollen, damit die Objekte im Bildmaterial auch tatsächlich bei Änderungen aktualisiert werden. Gehen Sie dazu folgendermaßen vor:

1. Achten Sie darauf, dass die Farbenpalette, die Farbfelderpalette und die Verlaufspalette eingeblendet und sichtbar sind. Wählen Sie im Palettenmenü der Verlaufspalette den Eintrag »Optionen einblenden«.

2. Heben Sie die Auswahl aller Objekte im Bildmaterial auf.

3. Klicken Sie in der Farbfelderpalette auf das Farbfeld mit Namen »bee body gradient 2« (führen Sie keinen Doppelklick aus; es soll nicht das Dialogfeld geöffnet werden). Die Verlaufspalette zeigt den gegenwärtigen Verlauf an.

4. Klicken Sie in der Verlaufspalette auf einen der violetten Farbverläufe-Reglerpunkte. Alle Farben in diesen Verläufen wurden mit benannten Farben erzeugt, damit sich Farben einfacher im gesamten Bildmaterial bearbeiten lassen. Um nun die Verlaufsfarbe durch eine neue zu ersetzen, ziehen Sie die Farbe »turquoise« aus der Farbfelderpalettenliste und lassen sie über dem violetten Reglerpunkt in der Verlaufspalette los.

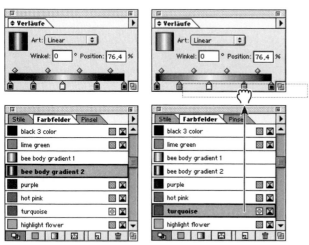

*Verlauf 2 nach Name ausgewählt*

*Farbfeld auf Farbverläufe-Reglerpunkt ziehen*

**5** Wiederholen Sie Schritt 4 für den anderen violetten Regelerpunkt und ersetzen Sie ihn durch »turquoise«. Ziehen Sie die Farbe auf keinen Fall aus der Farbenpalette. Sie müssen die tatsächliche Farbe mit ihrem *Namen* aus der Farbfelderpalettenliste ziehen.

Jetzt folgt der wichtigste Teil. Sie sehen, dass in Ihrem Bildmaterial noch nichts aktualisiert wurde, obwohl Sie bereits die Farbe im Verlauf geändert haben. (Bis zu diesem Zeitpunkt sollte auch noch kein Bildmaterial ausgewählt sein.)

**6** Speichern Sie die Farbänderung, indem Sie die Alt-/Option-Taste gedrückt halten und das Verlaufsfarbfeld aus der Verlaufspalette auf den ursprünglichen Namen in der Farbfelderpalette ziehen. Vergewissern Sie sich, dass der Name »bee body gradient 2« hervorgehoben ist, bevor Sie die Maustaste loslassen.

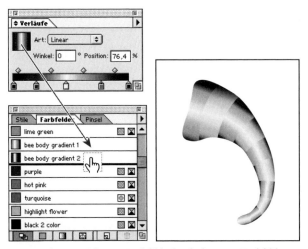

*Ersetzen des gespeicherten Farbfelds durch das neue Farbfeld aktualisiert das Bildmaterial.*

Nun sollten alle Formen, die mit diesem Verlaufsnamen gemalt wurden, mit der neuen Farbe aktualisiert werden.

**7** Experimentieren Sie mit unterschiedlichen Farbverläufen und wiederholen Sie die Schritte 2 bis 5 für jeden Bienenkörper-Verlauf (»bee body gradient«). Abhängig von Ihren verwendeten Farbkombinationen kann Ihre End-Datei von der originalen Grün-nach-Violett-Kombination abweichen.

8  Wählen Sie den blauen Original-Körper aus und löschen Sie ihn.

9  Wählen Sie alle neuen Verlaufsformen aus und ziehen Sie sie auf die richtige Position unter dem Bienenkopf. Wählen Sie **Objekt: Anordnen: Nach hinten stellen**, um den Körper hinter die übrigen Teile zu platzieren.

10 Heben Sie die Auswahl des Bildmaterials auf. Speichern Sie Ihre Änderungen.

11 Schließen Sie alle geöffneten Dateien und beenden Sie Illustrator.

Das war's. Nun können Sie Schattierungen und Anpassungen auf eigene Faust vornehmen.

Lektion 3

# 3 | Farbmanagement und Veröffentlichung

von Rita Amladi

*Adobe Photoshop und Adobe Illustrator ermöglichen das Bestimmen von Farben auf viele verschiedene Arten. In der Produktion können mehrere Faktoren dazu führen, dass Farben nicht immer einheitlich wiedergegeben werden. In dieser Lektion werden Sie lernen, wie Sie die Farbdarstellung über Anwendungs- und Mediengrenzen hinweg erzeugen und beibehalten können.*

# LEKTION 3
## Farbmanagement und Veröffentlichung

In dieser Lektion folgen Sie einem Farbmanagement-Workflow (Arbeitsablauf), um zwei Projekte für eine Kräutertee-Firma zu realisieren: eine gedruckte Postkarte, die über ein jahreszeitliches Ereignis informieren soll, und eine begleitende Startseite für die Website der Firma. Dazu werden Sie ein Farbmanagement für Ihre Dateien über mehrere Anwendungen hinweg einrichten, vom Scanner über Bildschirm-Softproofing, zwischen Anwendungen und für zahlreiche Ziele einschließlich Digitalfarb-Proofs, Druckmaschinen und Webseiten.

Für einen flexiblen und wirkungsvollen Druck- und Webveröffentlichungs-Workflow sollten Quellbilder in einem umfassenden Farbraum erzeugt und gespeichert werden, der groß genug ist, um alle Medien ansprechen zu können, in denen Sie Ihr Bildmaterial ausgeben wollen. Im Allgemeinen erfordert die Ausgabe in ein Druckmedium einen viel breiteren Farbbereich als für die meisten webbasierten Materialien. Bei der Produktion können Sie Ihr Dokument in seinen Zielfarbraum speichern – in dieser Lektion ist das der in Nordamerika gebräuchliche Standardfarbraum »CMYK U.S. Sheetfed Coated v2« für die gedruckte Postkarte und der Farbraum »sRGB« für das Startseiten-Bildmaterial. In Europa ist die Euroskala (Euroscale Coated/Uncoated) gebräuchlich, die jedoch wie jede andere Voreinstellung viel zu ungenau ist. Sie sollten sich aber unbedingt rechtzeitig von Ihrem Drucker/Auftraggeber die exakten Separationseinstellungen erfragen und grundsätzlich eigene Profile verwenden. Eigene Profile kann Illustrator nicht selbst erzeugen, ünernimmt aber die etwa in Photoshop erzeugten Profile. Durch das Arbeiten mit Bildern mit einem großen Farbbereich können Sie die ursprünglichen Bilder in zahlreichen Zusammenhängen wiederverwenden – ein großer Vorteil gegenüber dem herkömmlichen bewährten geräteabhängigen Workflow für Farbanpassung und Farbmanagement.

Ihre Projektziele und Ihr Workflow mögen vom Workflow in dieser Lektion abweichen, aber wenn Sie diese Lektion erfolgreich abgeschlossen haben, werden Sie die Prinzipien des Farbmanagements in den zahlreichen Adobe-Anwendungen besser verstehen.

In dieser Lektion lernen Sie Folgendes:

- Einrichten eines Farb-Workflow für jedes beteiligte Projekt, das sich mit Druck- und webbasierter Veröffentlichung befasst

- Einrichten entsprechender Farbräume in jeder Anwendung und sauberes Konvertieren von einem Farbraum in einen anderen
- Importieren von Farbmanagement-Scans in Adobe Photoshop und Adobe Illustrator
- Speichern von Dateien im korrekten Format mit allen notwendigen Informationen für richtiges Farbmanagement zwischen Anwendungen und Ausgabemedien
- Anpassen der Farbdarstellung von Objekten, die in unterschiedlichen Anwendungen erzeugt wurden

Für diese Lektion werden Sie etwa eineinhalb Stunden benötigen.

Falls erforderlich, löschen Sie den auf Ihrer Festplatte vorhandenen Lektionsordner aus der vorherigen Lektion und kopieren stattdessen den Ordner *Lektion03* auf die Festplatte.

**Wichtig:** Damit Sie die gleichen Ergebnissen wie in dieser Lektion erzielen, müssen Sie mit den neuesten Programmversionen arbeiten.

## Aufbau einer Farbanpassungsstrategie

In einem typischen Entwurfs- und Produktions-Workflow werden Farbbilder von Eingabe- oder digitalen Erfassungsgeräten an zahlreiche Anwendungen und den Monitor zur Anzeige übergeben. Von hier aus lassen sich die elektronischen Dokumente drucken oder auf zahlreiche andere Medien ausgeben. Ohne ein Farbmanagement lässt sich unmöglich voraussehen, wie die Farbe des endgültigen Bildes aussehen wird, wenn sie gescannt, auf dem Bildschirm angezeigt oder gedruckt wird.

Das Einrichten einer Farbanpassungsstrategie in Adobe Photoshop und Adobe Illustrator ist normalerweise ein dreiteiliger Vorgang.

**Kalibrierung und Eigenschaftenermittlung Ihres Monitors.** Da die Farbdarstellung auf Monitoren sehr unterschiedlich ist, ist es äußerst wichtig, Ihren Monitor zu kalibrieren. Beim *Kalibrieren* wird Ihr Monitor oder ein anderes Gerät ausgehend von bekannten Farbbedingungen eingestellt. Sie könnten Ihren Monitor beispielsweise auf den Standard für Tageslicht in den USA einstellen, 5000 K, oder die etwas kühleren 6500 K in Europa. Einige der Kalibrierungs-Programmpakete stellen Hardware- und Software-Kalibrierungsgeräte zur Verfügung, mit denen Sie Ihrem Monitor zur optimalen Farbdarstellung verhelfen können.

Bei der *Eigenschaftenermittlung* bzw. beim Profilieren wird für das Gerät ein ICC-Farbprofil (= Gerätebeschreibung) erstellt, das beschreibt, wie Farben zur Zeit auf dem Gerät dargestellt werden. Allgemeine Profile bieten Anhaltspunkte, sind aber recht ungenau. Besser sind individuell erstellte Profile für jedes Gerät der digitalen Kette (etwa Scanner-Monitor-Belichter). Diese Kalibrierung sollten Sie mindestens halbjährlich wiederholen, da etwa Monitore ihre Eigenschaften im Laufe der Zeit ändern können. Die Software Adobe Gamma für die Kalibrierung und Profilerstellung gehört zum Lieferprogramm von Adobe-Anwendungen. Dennoch arbeiten Hardware-basierte Dienstprogramme sehr viel genauer und hängen nicht von der individuellen Farbwahrnehmung des Kalibrierenden ab. Das für Ihren Monitor erstellte ICC-Profil wird von der Anwendung benutzt, um die Farbdarstellung auf Ihrem Bildschirm auszugleichen, damit ein Bild in einem vorgegebenen Farbraum auf unterschiedlichen Monitoren einheitlich dargestellt wird. So wird der Monitor wirksam in den Farbmanagementausgleich einbezogen. Daher ist es wichtig, dass Sie das beste Profil für Ihren Monitor zur Verfügung haben. Sie sollten sogar ein neues Monitorprofil auf einer Standardgrundlage erstellen, das den gegenwärtigen Zustand des Monitors genau wiedergibt.

**Einrichten der Option »Farbeinstellungen«.** Im Dialogfeld »Farbeinstellungen« werden die entscheidenden Farbmanagementeinstellungen vorgenommen. Hier weisen Sie Farbprofile neuen Dokumenten oder solchen ohne Profil zu, wählen bei abweichenden Farbprofilen das passende aus oder schalten das Farbmanagement ganz aus.

Das Dialogfeld »Farbeinstellungen« ermöglicht bezeichnenderweise auch das Einrichten eines Farbraums für jeden Farbraum – RGB, CMYK, Graustufen und Volltonfarbe. (Graustufen und Volltonfarbmodus sind nur in Photoshop, nicht aber in Illustrator verfügbar.) Ein Arbeitsfarbraum ist nicht unbedingt notwendig, hilft aber beim Einrichten einer Arbeitsumgebung, wenn Sie bereits wissen, wie ein Dokument ausgegeben werden wird. Sie werden zum Beispiel in einer RGB-Umgebung arbeiten, die mehr Farben enthält und anzeigen kann als Ihr eigener Monitor, wenn das zu erzeugende Farbbild auf unterschiedlichen Monitoren mit wechselnden Farbbereichen angezeigt werden oder auf unterschiedlichen Druckmedien ausgegeben werden soll. Arbeitsfarbräume sind im Allgemeinen auf bestimmte Ausgabemedien ausgerichtet, wie zum Beispiel den Ektachrome-Farbbereich oder die für »U.S. Sheetfed Coated v2« verfügbaren Farben für das Drucken auf beschichtetes Papier.

Sowohl Photoshop als auch Illustrator ermöglichen das Wählen eines Farb-Workflow auf der Grundlage von Dokumenten. So können Sie Dateien in einem Farbraum bearbeiten, der vom Standard-Arbeitsfarbraum des Farbmodus abweicht, ohne die Dokumente erst in den beschriebenen Arbeitsfarbraum des Farbmodus konvertieren zu müssen.

**Einbetten von Farbprofilen in Dokumente.** Der letzte Teil einer Farbanpassungsstrategie umfasst das Speichern des Dokuments mit eingebettetem Profil. Dadurch wird der Dokumentdatei Code hinzugefügt, der die Farben im zugeordneten Farbraum genau beschreibt, damit sie im gesamten Workflow einheitlich dargestellt und verarbeitet werden können. Im Allgemeinen sollten Sie Profile beim Speichern in die Datei einbetten, besonders, wenn sie in einer anderen farbsicheren Anwendung platziert werden oder in einer solchen geladen werden sollen.

## Vorbereitungen

Bevor Sie mit dieser Lektion beginnen, müssen Sie die Adobe-Photoshop- und Adobe-Illustrator-Voreinstellungen-Dateien löschen, um die Standardeinstellungen der beiden Programme wiederherzustellen. Dadurch werden auch die Einstellungen im Dialogfeld »Farbeinstellungen« zurückgesetzt. Eine Schritt-für-Schritt-Anleitung dazu finden Sie unter »Wiederherstellen der Standardeinstellungen« auf Seite 13.

Vergewissern Sie sich außerdem, dass Sie über genügend Speicher verfügen, um diese Lektion durchzuführen. Windows-Rechner sollten über mindestens 64 MB RAM verfügen. Auf Macintosh-Rechnern sollte die »Bevorzugte Größe« in der Speicherzuteilung mindestens 40 MB betragen. Weitere Informationen dazu finden Sie unter »Kopieren der Advanced-Classroom-in-a-Book-Dateien« auf Seite 12.

In dieser Lektion werden Sie zunächst die Farbeinstellungen für das Bildmaterial einrichten, bevor Sie ein Bild öffnen.

Eine Abbildung der fertigen Grafik aus dieser Lektion finden Sie am Anfang des Farbteils.

## Produktions-Workflow für eine zu druckende Postkarte

Im ersten Teil der Lektion werden Sie eine zu druckende Postkarte erstellen, die auf ein jahreszeitliches Ereignis aufmerksam machen soll, und dabei sowohl Adobe Photoshop als auch Adobe Illustrator benutzen. Beide Anwendungen verwenden ein beinahe identisches Farbmanagement.

Zum Zusammenstellen des Bildmaterials für die Postkarte werden Sie Ton-in-Ton-Material in Photoshop importieren, dabei auf das Farbmanagement achten und das Material bearbeiten sowie einen Farbverlauf als Teil des Postkartenentwurfs erzeugen. Dann werden Sie jedes einzelne Bild in den Zielfarbraum, U.S. Sheetfed Coated Standard, konvertieren. In Illustrator lässt sich derselbe Farbraum einstellen, wodurch das Bild in beiden Anwendungen das gleiche visuelle Erscheinungsbild haben wird.

In Illustrator werden Sie die Farbe der Schrift dem Verlauf anpassen und eine Vektor-basierte Abbildung hinzufügen. Schließlich werden Sie das Composite-Bild zur Ausgabe als CMYK-Farbseparation und eine PDF-Datei zum Herunterladen und Drucken vorbereiten. Beim Aufbau dieses Projekts werden Sie lernen, wie Sie jede Anwendung so einstellen können, dass während des gesamten Projekts ein einheitliches Farbmanagement gewährleistet ist.

Sie werden dabei nach folgendem Workflow vorgehen:

- Standardisieren eines umfassenden Arbeitsraums zur Aufnahme und Bearbeitung von Bildern für alle nachfolgenden Verwendungen der Bilder
- Zusammensetzen des Bildmaterials und Ausführen aller notwendigen Bearbeitungen
- Konvertieren in den gewählten Ausgabe-Farbraum
- Einbetten der Farbraumprofile in die gespeicherten Bilder

## Einrichten des Farbmanagements in Adobe Photoshop

Ihre erste Aufgabe ist das Erzeugen eines ICC-konformen Profils für Ihren Monitor. Falls Sie das Profil mit Hilfe der Software »Adobe Gamma« erzeugen wollen, sehen Sie in der Adobe-Photoshop-6.0- bzw. Adobe-Illustrator-9.0-Online-Hilfe nach und folgen der Anleitung zum Kalibrieren und zur Eigenschaftenermittlung Ihres Monitors.

**Hinweis:** Adobe Gamma kann Monitore unter Windows NT® nur kalibrieren, keine Eigenschaftenermittlung durchführen. Zusätzlich kann das mit Adobe Gamma erzeugte ICC-Profil als Systemebenenprofil in Windows NT dienen. Der Umfang der Kalibrierungseinstellungen von Adobe Gamma in Windows 98 hängt von der verwendeten Grafikkarte und deren Software ab.

## Wählen eines entsprechenden Arbeitsumfangs

Ihre zweite Aufgabe ist das Wählen von Arbeitsfarbumfängen – Farbumfänge, die groß genug sind, um darin Ihre Dokumente bearbeiten zu können. Auf der Grundlage der Verwendung eines multifunktionalen Farbbearbeitungsumfangs für dieses Projekt werden Sie zu Beginn im Dialogfeld »Farbeinstellungen« einen entsprechenden RGB-Farbumfang wählen. Danach stellen Sie den Zielfarbumfang zum Drucken der Postkarte ein – dafür brauchen Sie lediglich das ICC-Profil für das zu verwendende Medium auszuwählen.

Sie sollten zunächst die Farbumfänge für alle notwendigen Ausgabeformate einstellen, bevor Sie mit dem Projekt beginnen. Auf diese Weise können Sie beim Bearbeiten jederzeit einen Softproof des Dokuments durchführen.

1   Starten Sie Adobe Photoshop neu.

2   Wenn Sie in einem Dialogfeld gefragt werden, ob Sie die Farbeinstellungen ändern wollen, klicken Sie auf »Ja«. Das Dialogfeld »Farbeinstellungen« wird aufgerufen.

In diesem Dialogfeld stellen Sie die Arbeitsfarbräume und zusätzliche Optionen zum Anpassen von Farben und Farbmanagement ein. Die vielen Optionen beziehen sich auf Aspekte Ihres Farb-Workflows. Nachdem Sie diese Optionen für alle zu erwartenden Workflows eingestellt haben, brauchen Sie diese Einstellungen vermutlich nicht wieder aufzurufen, wenn Ihre Farb-Workflows sich nicht anderweitig ändern.

Sie beginnen damit, vordefinierte Einstellungen auszuwählen, mit denen alle übrigen am Workflow beteiligten Elemente im Dialogfeld konfiguriert werden.

**3** Wählen Sie mit Hilfe des Popup-Menüs »Einstellung« den Eintrag »Standard für Druckvorbereitung – Europa« aus. Diese Option eignet sich anfangs gut für ein Druckprojekt und wählt automatisch die besten Arbeitsfarbumfänge für RGB, CMYK, Graustufen und Volltonbilder.

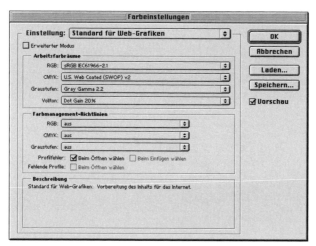

*Optionen für die Farbeinstellung »Standard für Web-Grafiken«*

Andere Optionen umfassen Folgendes:

- Wählen einer der vordefinierten Einstellungen: »ColorSync Workflow«, »Photoshop 4 emulieren«, »Standard für Druckvorbereitung – Europa«, »Standard für Druckvorbereitung – Japan«, »Standard für Druckvorbereitung – U.S.« und »Standard für Web-Grafiken«.

- Wählen von »Farbmanagement aus«, um das Farbmanagement ganz auszuschalten.

- Wählen von »Eigene«, um für jeden Workflow eigene Einstellungen vorzunehmen und zu speichern; anschließend lässt sich beim Arbeiten an unterschiedlichen Projekten leicht zwischen den verschiedenen Einstellungen umschalten.

4   Sie sehen, dass für den RGB-Arbeitsfarbraum automatisch »Adobe RGB (1998)« ausgewählt wurde. Dieser Farbraum eignet sich gut zur Ausführung von Farbkorrekturen; er umfasst eine breite Palette von Farben für die Betrachtung von 24-Bit-RGB-Bildern und enthält die meisten der Farben eines Drucker-CMYK-Umfangs.

Als Nächstes stellen Sie den Zielfarbraum zum Drucken der Postkarte ein.

5   Für den CMYK-Arbeitsfarbraum wählen Sie »U.S. Sheetfed Coated v2«. Dieser Farbraum spiegelt den ausgewählten Prozess für die Ausgabe der Postkarte wider und ändert die Einstellung in »Eigene«.

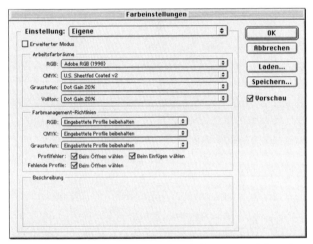

*Einstellen der RGB- und CMYK-Arbeitsfarbräume* – Adobe RGB *und* U.S. Sheetfed Coated v2 *(CMYK)*

Falls Sie mit einer Druckerei zusammenarbeiten, die mit dem Farbmanagement vertraut ist, können Sie von dort möglicherweise ein für deren Druckmaschine oder Digitaldrucker erzeugtes ICC-Profil erhalten. Wenn Sie keinen Zugriff auf ein bestimmtes ICC-Profil des Druckers haben, können Sie eines aus der Liste der voreingestellten CMYK-Profile im CMYK-Arbeitsfarbraummenü wählen.

6   Belassen Sie die Farbmanagement-Richtlinien auf ihren Standardeinstellungen. Weitere Informationen zu diesen Optionen finden Sie unter »Über Farbmanagement-Richtlinien und -Warnungen« im nächsten Abschnitt.

7   Klicken Sie auf OK, um die Einstellungen zu übernehmen, oder klicken Sie auf »Speichern«, um eine eigene Farbeinstellungs-Datei für Ihr Projekt zu speichern.

Nun sind Sie für das Öffnen der Postkartenabbildungen und das Farbmanagement bereit.

## Über Farbmanagement-Richtlinien und -Warnungen

Sie können einstellen, wie Photoshop eine Datei behandeln soll, deren eingebettetes Profil verloren gegangen ist bzw. nicht dem im vorigen Abschnitt voreingestellten Arbeitsfarbraum entspricht. Ist der RGB-Arbeitsfarbraum beispielsweise auf »Adobe RGB« eingestellt, wird ein RGB-Bild mit einem eingebetteten Scanner-Profil als abweichendes Profil behandelt.

Wie Photoshop und Illustrator in Dokumente eingebettete Profile interpretieren, hängt von den von Ihnen im Dialogfeld »Farbeinstellungen« eingestellten Farbmanagement-Richtlinien ab. Die Richtlinien beziehen sich auf RGB-, CMYK- und Graustufen(Photoshop)-Dateien, die Sie öffnen oder kopieren und einfügen. Sie können im Dialogfeld »Farbeinstellungen« zwischen folgenden Richtlinien wählen:

**aus**  Stellt so gut wie kein Farbmanagement zur Verfügung und bettet beim Speichern kein Profil in die Datei ein. Beim Öffnen einer Datei, deren eingebettetes Profil vom voreingestellten Arbeitsfarbraum abweicht, wird das Profil verworfen und die Datei unverändert übernommen. Öffnen Sie allerdings eine Datei, deren Arbeitsfarbraum mit dem voreingestellten Arbeitsfarbraum für diesen Modus übereinstimmt, wird das Profil beibehalten und die Farbdarstellung der Datei bleibt bestehen.

Diese Option wird nicht für RGB- und CMYK-Dateien empfohlen, sie kann aber für Graustufen-Dateien sinnvoll sein – von denen nur wenige mit Profilen abgespeichert werden. Außerdem kann die Farbverwaltung in Bildern, die nur aus 256 Graustufen bestehen, recht kompliziert sein, so dass es meist einfacher ist, solche Bilder einzeln manuell zu korrigieren.

**Eingebettete Profile beibehalten**  Damit lassen sich Dateien in einem Farbraum bearbeiten, der vom voreingestellten Arbeitsfarbraum für den entsprechenden Modus abweicht. Wenn Sie diese Option wählen, wird das eingebettete Profil einer Datei beibehalten und mit der Datei gespeichert. Durch Wählen dieser Option für RGB- und CMYK-Bilder erlangen Sie alle Vorteile des Farbmanagements in Illustrator und Photoshop.

**In RGB/CMYK/Graustufen-Arbeitsfarbraum konvertieren**  Konvertiert eine Datei, deren eingebettetes Profil nicht mit dem aktuellen Arbeitsfarbraum übereinstimmt, in diesen Farbraum. Sie könnten diese Option wählen, wenn Sie gescannte oder überlassene Dateien öffnen, die keine eingebetteten Profile enthalten. Durch Konvertieren in den voreingestellten RGB-Arbeitsfarbraum wird die Farbdarstellung der Datei beibehalten, aber die numerischen Werte, die für die Farbe stehen, werden an den neuen Farbraum angepasst. Konvertieren in den voreingestellten CMYK-Arbeitsfarbraum behält die numerischen Werte bei, führt aber möglicherweise zu Farbverschiebungen.

Warn-Dialogfelder fragen beim Öffnen von Dateien bzw. beim Einfügen einer Datei in eine andere nach der Neubewertung des Farbraums, wenn ein eingebettetes Profil abweicht oder fehlt. Dabei können Sie zwischen folgenden Optionen für »Profilfehler« und »Fehlende Profile« wählen:

**Beim Öffnen wählen**  Übergeht die Farbmanagement-Richtlinien der Datei und wertet sie für jedes Bild neu aus.

**Beim Einfügen wählen**  Lässt Sie beim Importieren von Farben in ein Dokument (durch Einfügen, Drag&Drop, Platzieren usw.) wählen, wie abweichende Farbprofile behandelt werden sollen. Dabei haben Sie die Wahl zwischen Beibehalten der numerischen Farbwerte für denselben Farbmodus (wobei die Farben beim Einfügen anders aussehen können) oder Beibehalten der Farbdarstellung des eingefügten Bildmaterials. Durch das Beibehalten der numerischen Werte kann das Aussehen der Farben verändert werden, weil dieselben Farbwerteinstellungen in zwei verschiedenen Farbräumen unterschiedlich dargestellt werden können. Eine Grafik, die beispielsweise mit den RGB-Werten R=150, B=15 und G=200 gefüllt wird, erscheint im Adobe-RGB-Raum als Violett-Rosa, während die gleichen Werte im sRGB-Raum als Dunkelviolett dargestellt werden.

**Fehlende Profile** Lässt Sie beim Öffnen der Datei wählen, ob ihr unbezeichnet der aktuelle Arbeitsfarbraum oder ein anderes Profil zugewiesen werden soll.

Wenn Sie zum Beispiel mit unterschiedlichen RGB-Dateien aus zahlreichen Quellen arbeiten, die entweder gedruckt oder im Web veröffentlicht werden sollen, könnten Sie »Eingebettete Profile beibehalten« wählen und für den Fall von Profilfehlern bei abweichenden Profilen »Beim Öffnen wählen« einschalten. Wenn dann das Warn-Dialogfeld aufgerufen wird, könnten Sie als zusätzliche Kontrollmöglichkeit beim Umgang mit Dateien eine zum aktuellen Workflow passende Aktion wählen. Wenn Sie andererseits ausschließlich mit CMYK-Bildern arbeiten und sie immer mit den Profilen der Ausgabeziele abspeichern, könnten Sie für »CMYK« die Option »Eingebettete Profile beibehalten« wählen und für Profilfehler »Beim Öffnen wählen« ausschalten. Mit diesen Einstellungen wird sichergestellt, dass das ursprüngliche Profil beibehalten und die Datei ohne Warn-Dialogfeld geöffnet wird.

### Zuweisen eines Farbraumprofils zu einem Bild

Sie werden nun das erste Bild für die Postkarte öffnen, eine ältere Datei, die in einer älteren Version von Photoshop ohne Farbprofil gespeichert wurde.

1   Wählen Sie **Datei: Öffnen** und öffnen Sie die Datei *03Start.psd* im Ordner *Lektionen/Lektion03/03PSD*. Das Dialogfeld »Fehlendes Profil« wird aufgerufen.

Damit das Bild in Ihrem Farbmanagement-Workflow verwendet werden kann, müssen Sie es in den gewählten RGB-Arbeitsfarbraum konvertieren.

2   Wählen Sie im Dialogfeld »Fehlendes Profil« die Option »RGB-Arbeitsfarbraum zuweisen: Adobe RGB (1998)«.

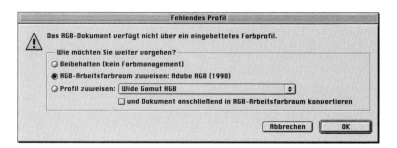

Diese Option weist der Datei das aktuelle Arbeitsfarbraumprofil zu, womit auch die Bedeutung der Farbwerte in der Datei geändert werden. Photoshop interpretiert die Daten nun anders; das Erscheinungsbild der Datei könnte nun leicht verändert sein. Von nun an wird Photoshop diese Datei beim Farbmanagement so behandeln, als gehörte sie zum Adobe-RGB-Farbraum.

Alternativ dazu können Sie die Option »Profil zuweisen:« wählen und ein passendes Profil aus dem zugehörigen Popup-Menü wählen, wenn Sie die Dateiquelle kennen, beispielsweise ein Scanner, der sein Scanprofil beim Scannen nicht mit abgespeichert hat. Durch das Zuweisen eines Profils wird die Datei gekennzeichnet, wodurch sich Ihnen die Möglichkeit eröffnet, sie in den aktuellen Arbeitsfarbraum zu konvertieren, wenn Sie die Datei noch weiter bearbeiten wollen.

Sie können das Farbmanagement für eine Datei auch durch Wählen von »Beibehalten (kein Farbmanagement)« ausschalten. Dann wird der voreingestellte Arbeitsfarbraum als Referenzfarbraum zur Darstellung von Farben im Bild benutzt. Wenn Sie dann den Farbraum des Bildes ändern, ändert sich entsprechend die Darstellung.

**Hinweis:** Das Farbmanagement kann auch im Dialogfeld »Farbeinstellungen« durch Wählen von »aus« für alle Farbmanagement-Richtlinien ausgeschaltet werden. Weitere Informationen finden Sie unter »Über Farbmanagement-Richtlinien und -Warnungen« auf Seite 105.

3   Klicken Sie auf OK.

Das Hintergrundbild wird im RGB-Modus geöffnet. (Machen Sie sich keine Sorgen, wenn Ihnen das Bild sehr dunkel vorkommt; es wurde absichtlich so entworfen.)

4   Wählen Sie **Datei: Speichern unter**, navigieren Sie zum Ordner *Lektion03/ 03PSD* und nennen Sie die Datei **Backgrnd.psd**. Wählen Sie als Format »Photoshop«, schalten Sie das Kontrollkästchen vor »Farbprofil einbetten: Adobe RGB (1998)« ein und klicken Sie auf »Speichern«.

Damit haben Sie den ersten Schritt im Farbmanagement Ihres Projekts erfolgreich abgeschlossen.

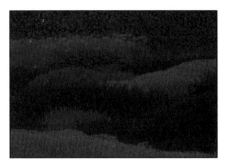

*Hintergrundbild (Backgrnd.psd)*

## Bearbeiten des Postkartenbilds

Als Nächstes werden Sie ein paar Bildbearbeitungen für die Produktion der Postkarte vornehmen. Diese Aufgaben haben zwar wenig mit Farbmanagement zu tun, sind aber trotzdem in jedem Projekt erforderlich.

Sie beginnen damit, die Größe des Bildes so anzupassen, dass es als Hintergrund der Postkarte verwendet werden kann. Die Abmessungen der Postkarte sollen etwa 6,5 Inch mal 4,5 Inch (also etwa 10 cm mal 15 cm) betragen.

1   Passen Sie die Größe des Bildes mit **Bild: Bildgröße** an. Schalten Sie »Bild neuberechnen mit:« aus, um eine Änderung des Pixelmusters im Bild zu vermeiden. Geben Sie als Dokumentgröße eine Breite von **6,5** Inch an; die Höhe wird automatisch angepasst.

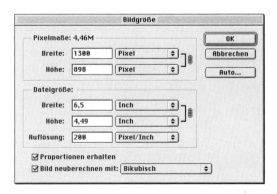

2   Klicken Sie auf OK.

Als Nächstes werden Sie einen farbigen Verlauf hinzufügen, den Sie mit einer Hilfslinie platzieren werden.

3   Wählen Sie **Ansicht: Lineale einblenden**. Ziehen Sie eine senkrechte Hilfslinie aus dem Lineal und platzieren Sie sie 1 Inch vom rechten Rand der Postkarte.

4   Klicken Sie in der Ebenenpalette auf die Schaltfläche »Neue Ebene erstellen«, um eine neue leere Ebene zu erzeugen.

5   Ziehen Sie mit Hilfe des Auswahlrechtecks in der neuen Ebene (Ebene 1) eine Auswahl in dem Raum auf, der durch die Hilfslinie und die Bildränder bestimmt wird.

6   Wählen Sie in der Werkzeugleiste das Verlaufswerkzeug aus und klicken Sie in der Optionsleiste auf »Linearer Verlauf«. Klicken Sie in das Verlaufsbeispiel, um das Dialogfeld »Verläufe bearbeiten« aufzurufen, und wählen Sie in der Liste »Vordergrund nach Transparent«. Klicken Sie auf OK. Wählen Sie in der Optionsleiste den Modus »Normal«.

Sie werden nun eine Farbe aus einer eigenen Farbbibliothek wählen.

Mit eigenen Farbbibliotheken lässt sich im RGB- und CMYK-Modus ebenfalls eine Farbe wählen. Wenn Sie zum Beispiel eine Farbe aus einer eigenen PANTONE®-Bibliothek wählen wollen, während Sie sich im RGB-Modus befinden, verwenden Sie einfach ein Tastaturkommando, um aus der großen Vielfalt der verfügbaren RGB-Farben auszuwählen. Die resultierende Farbe wird wie jede andere Farbe im RGB-Modus durch Rot-, Grün- und Blauwerte bestimmt.

7   Klicken Sie in der Werkzeugleiste auf die Schaltfläche »Vordergrundfarbe einstellen«, um den Farbwähler aufzurufen. Klicken Sie darin auf die Schaltfläche »Eigene« und wählen Sie in der Popup-Liste den Eintrag »PANTONE Coated«. Geben Sie schnell die Zahl **165** ein (die Pantone-Farbfeldnummer), um ein Orange auszuwählen. Klicken Sie auf OK.

8   Ziehen Sie mit gedrückter Umschalttaste im Bild innerhalb des Auswahlrechtecks einen linearen Verlauf von oben nach unten auf.

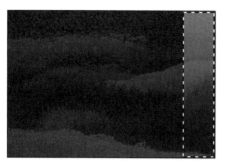

*Linearer Vordergrund-nach-Transparent-Verlauf zur Ebene hinzugefügt*

*Verlaufswerkzeugoptionen*

9   Heben Sie die Bildauswahl auf.

10  Speichern Sie Ihre Änderungen.

Damit haben Sie die Bearbeitung des Bildes abgeschlossen und sind nun bereit, es in den CMYK-Modus zu konvertieren.

## Softproof eines Bildes

Sie sollten vor der Farbseparation oder dem Konvertieren eines Bildes in den Ausgabefarbraum die Umsetzung auf Ihrem Monitor prüfen – auch *Softproof* (simulierter Ausdruck) genannt – um die Wiedergabe der Dokumentfarben beurteilen zu können. Sowohl Photoshop als auch Illustrator besitzen Werkzeuge, mit denen Sie Ihr Dokument softproofen können, um seine Farbwiedergabe in jedem Gerätefarbraum mit einem entsprechenden ICC-Profil beurteilen zu können. Jedes Werkzeug, dass Ihnen bei der Vermeidung von Farbanpassungsproblemen im Produktionsablauf hilft, ist es wert, genauer betrachtet zu werden!

Sie lernen nun das Einrichten der Proof-Optionen in Photoshop.

1   Blenden Sie die Lineale wieder aus und löschen Sie die Hilfslinie, indem Sie die Tasten Strg/Befehl+R drücken sowie **Ansicht: Hilfslinien löschen** wählen.

2 Wählen Sie **Ansicht: Proof einrichten: Eigene**.

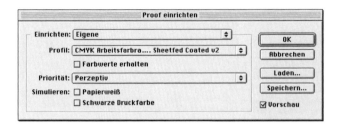

3 Platzieren Sie das Dialogfeld »Proof einrichten« so auf dem Monitor, dass Sie das Bild beim Ausprobieren von verschiedenen Einstellungen in der Vorschau betrachten können.

Standardmäßig ist das Profil »CMYK Arbeitsfarbraum U.S.-Sheetfed Coated v2« als Zielfarbraum ausgewählt. Diesen Farbraum haben Sie beim Einrichten Ihrer Farbeinstellungen unter »Einrichten des Farbmanagements in Adobe Photoshop« auf Seite 101 ausgewählt.

4 Um ein ICC-Ausgabe-Profil für den Softproof eines Druckergebnisses für ein Gerät auszuwählen, klicken Sie auf »Laden« und wählen das entsprechende Geräteprofil im Dialogfeld aus. Sie könnten das Bild beispielsweise in einem anderen Druckstandard proofen, etwa »U.S. Web Coated (SWOP)«. Vielleicht besitzen Sie auch ein Profil für Ihren RGB-Fotodrucker.

Mit der Option »Farbwerte erhalten« können Sie Ihr Bild ohne eine Farbumwandlung in der Vorschau betrachten, wenn die Farbmodi des Bildes und des im Menü »Profil« gewählten Ausgabegerätes übereinstimmen.

5 Falls die Option »Farbwerte erhalten« auswählbar ist, können Sie mit ihrer Hilfe simulieren, wie das Dokument ohne eine Farbkonvertierung in den Proof-Profilfarbraum aussehen wird. Diese Option eignet sich für die Vorschau von CMYK- nach CMYK-Konvertierungen, ist aber für RGB-Bilder nicht wichtig.

6 Wählen Sie unter »Priorität« eine Render-Methode aus, um die Konvertierung vom Quellfarbraum in der Zielfarbraum besser steuern zu können. Schalten Sie zwischen »Perzeptiv« und »Relativ farbmetrisch« um, damit Sie den Unterschied in der Vorschau betrachten können.

Im Allgemeinen ist »Perzeptiv« besser für Fotografien geeignet, obwohl die Unterschiede bei den meisten Bildern kaum auffallen.

7   Schalten Sie unter »Simulieren« die Optionen »Papierweiß« und »Schwarze Druckfarbe« ein, um das Ergebnis einer besonders gefärbten Papiersorte bzw. einer Druckfarbenkombination beim Drucken in der Vorschau betrachten zu können.

Damit diese Optionen in der Vorschau korrekt wiedergegeben werden können, müssen Sie unbedingt genau das richtige Profil für die von Ihnen gewählte Druckumgebung besitzen.

8   Klicken Sie auf OK.

Im Bildfenster wird nun neben dem aktuellen Farbmodus (RGB) der für den Softproof der Farben im Dokument verwendete Profilname angezeigt.

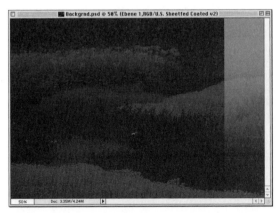

*Softproof der Dokumentfarben im Farbraum »U.S. Sheetfed Coated v2«*

9   Wählen Sie **Ansicht: Farb-Proof**, um das Softproofing auszuschalten.

Sie können eigene Proof-Einstellungen laden und speichern, um einen Softproof für unterschiedliche Bilder durchzuführen, die auf demselben Gerät gedruckt werden. Sauberes Softproofing erfordert nicht nur gute Profile zum Erzielen von guten Ergebnissen, sondern auch beinahe ideale Beleuchtungs- und Betrachtungsbedingungen am Arbeitsplatz. Außerdem benötigen Sie für die Genauigkeit ein aktualisiertes Monitorprofil, weil Photoshop dieses Monitorprofil für die einheitliche Darstellung der Farben im Zielfarbraum verwendet.

💡 *Sie können gleichzeitig in der Vorschau betrachten, wie ein Dokument bei der Reproduktion für zahlreiche Ausgabegeräte oder bei der Anwendung unterschiedlicher Konvertierungsvarianten aussehen wird. Öffnen Sie dafür je ein neues Fenster für das Bild und jede gewünschte Proof-Einstellung. Nehmen Sie beispielsweise ein Fenster, um die Ergebnisse Ihres Vierfarb-Tintenstrahldruckers betrachten zu können, und ein weiteres für das Ergebnis des RGB-Fotoqualitätsdruckers Ihrer Druckerei. Auf diese Weise können Sie Druckergebnisse auf unterschiedlichen Papiersorten betrachten, ohne Geld für Probedrucke bezahlen zu müssen. Denken Sie einmal an all die Kosten sparenden Aufgaben in der Druckvorstufe, die sich mit dieser Möglichkeit eröffnen!*

## Farbseparation eines Bildes

Ein Bild lässt sich auf mehrere Arten vom RGB-Farbraum in den CMYK-Zielfarbraum konvertieren. Das Wählen von **Bild: Modus: CMYK-Farbe** konvertiert die Farben einfach mit Hilfe der voreingestellten Priorität in den gewählten CMYK-Farbraum. Sie werden nun eine flexiblere Möglichkeit ausprobieren, bei der Sie den Zielfarbraum und die Priorität noch wählen können.

Eine *Render-Priorität* ist die verwendete Umwandlungsmethode, mit der die Quellfarben beim Konvertieren in einen anderen Farbraum angepasst werden, beispielsweise beim Drucken. Dabei nutzen Render-Prioritäten unterschiedliche Regeln, um das Anpassen der Quellfarben zu bestimmen; Farben, die zum Beispiel in die Ziel-Skala (Gamut) fallen, bleiben vielleicht unverändert oder werden angepasst, um den ursprünglichen Bereich der visuellen Beziehungen beim Wandeln in eine kleinere Ziel-Skala beizubehalten.

1   Wählen Sie **Bild: Modus: In Profil konvertieren**.

Hier können Sie jeden Quell- und Zielfarbraum einstellen, für den Sie ein Profil besitzen. Außerdem können Sie aus der Liste der Konvertierungsoptionen eine Priorität und eine Farbabstimmungs-Engine (oder CMM) wählen, sie sind ein wichtiger Bestandteil eines Farbmanagement-Systems.

2   Schalten Sie das Kontrollkästchen vor »Vorschau« ein, um die Auswirkungen der verschiedenen Einstellungen im geöffneten Dokument beobachten zu können.

3   Sie sehen, dass im Zielfarbraum »CMYK Arbeitsfarbraum U.S.-Sheetfed Coated v2« ausgewählt ist. Das ist der von Ihnen beim ersten Wählen der Farbräume eingestellte Farbraum für den Druck der Postkarte.

4   Wählen Sie unter »Konvertierungsoptionen« das Modul »Adobe (ACE)« und unter Priorität »Perzeptiv«. Schalten Sie das Kontrollkästchen vor »Tiefenkompensierung verwenden« ein, damit Details in den Schatten erhalten bleiben.

5   Schalten Sie »Dither verwenden« aus. Diese Option fügt den zusammengesetzten 8-Bit-Kanälen im Farbbild ein leichtes zufälliges Raster hinzu, um auftretende harte Übergänge (»Nähte«) nach der Farbumwandlung zu vermeiden, allerdings kann dies zur Erhöhung der Dateigröße führen.

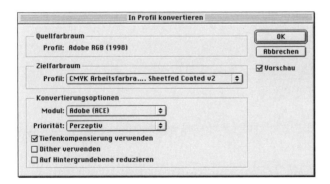

6   Klicken Sie auf OK. Das Bild wird nun in den CMYK-Modus konvertiert.

7   Speichern Sie Ihre Änderungen.

## Anpassen von Farben in unterschiedlichen Anwendungen

Um den orange-farbenen Teil des Verlaufs an andere dem Entwurf in Adobe Illustrator hinzuzufügende Elemente anzupassen, müssen Sie zunächst den Verlauf auslesen.

1 Klicken Sie auf den Reiter der Infopalette, um sie in den Vordergrund zu bringen. (Falls die Palette auf dem Bildschirm nicht zu sehen ist, wählen Sie **Fenster: Informationen einblenden**, um sie anzeigen zu lassen.)

2 Klicken Sie in der Werkzeugleiste auf die Pipette.

3 Bewegen Sie den Mauszeiger im Verlauf im Bild nach ganz oben, wo die orangene Farbe die höchste Sättigung besitzt. Klicken Sie mit gedrückter Umschalttaste, um ein Farbziel einzustellen. Betrachten Sie die CMYK-Farbwerte des Ziels (#1) in der Infopalette. (Im Beispiel C=1, M=72, Y=93 und K=1.)

4 Notieren Sie sich diese Werte für den späteren Gebrauch im Abschnitt »Matching color und assembling artwork« auf Seite 52.

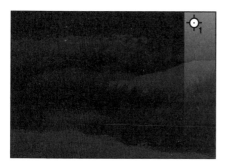
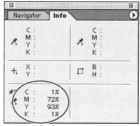

*Farbziel zeigt CMYK-Werte.*

5 Wählen Sie anschließend **Datei: Speichern unter** und navigierern Sie zum Ordner *Lektion03/03PSD*. Nennen Sie die Datei **Backgrnd_CMYK.psd**. Schalten Sie die Option »Farbprofil einbetten« ein, um das Zielfarbraumprofil mit der Datei zu speichern und klicken Sie auf »Speichern«.

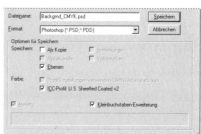

*Dialogfeld »Speichern unter« im Detail*

Um ein Profil mit einem Bild speichern zu können, müssen Sie ein Dateiformat wählen, das eingebettete Profile unterstützt. Dazu gehören folgende Formate: das native Photoshop-(PSD)-Format, TIFF, JPEG, EPS und PICT. Auch die beiden DCS-Formate speichern Profile mit Dateien im CMYK-Modus ab. Falls Sie ein Format wählen, das keine eingebetteten Profile unterstützt – etwa GIF, PNG und BMP – ist die Option »Farbprofil einbetten« nicht auswählbar.

## Öffnen einer Datei mit eingebettetem Profil

Sie werden nun ein gescanntes Bild mit einem eingebetteten Profil öffnen. Dann konvertieren Sie das Bild in den CMYK-Modus, damit Sie es später dem Seitenlayout in Illustrator hinzufügen können.

1   Wählen Sie **Datei: Öffnen** und öffnen Sie die Datei *Lotus.tif* im Ordner *Lektionen/Lektion03/03PSD* auf Ihrer Festplatte. Das Dialogfeld »Abweichung vom eingebetteten Profil« wird aufgerufen.

Das Dokument wurde mit dem Farbraum-Profil eines Scanners gespeichert, der vom aktuellen RGB-Arbeitsfarbraum abweicht.

Es ist wichtig, das eingebettete Quellprofil beizubehalten, weil in einer farbsicheren Anwendung wie Photoshop das Quellprofil die ursprünglichen Farben beschreibt, um sicherzustellen, dass Farben im gesamten Workflow korrekt dargestellt und verwaltet werden. Manche Scanner können allerdings eine Farbverschiebung aufdrängen. Wenn eine Datei stark nachbearbeitet werden muss, sollte sie für die Farbkorrekturen in den Arbeitsfarbraum konvertiert werden (beispielsweise in den viel umfangreicheren Adobe-RGB-Farbraum). In diesem Fall braucht die Datei keine zusätzliche Farbkorrektur.

2 Wählen Sie »Eingebettetes Profil verwenden (anstelle des Arbeitsfarbraums)«. Klicken Sie auf OK.

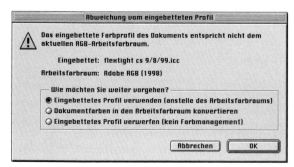

Warn-Dialogfeld »Abweichung vom eingebetteten Profil« Lotus-Bild im RGB-Modus

3 Passen Sie die Größe des Bildmaterials mit **Bild: Bildgröße** an die Auflösung der übrigen in der Postkarte verwendeten Bilder durch Eingeben von **200 ppi** an, der gleichen Auflösung wie der Hintergrund. Klicken Sie auf OK.

Werfen Sie nun einen Blick auf den Farbraum des Dokuments. Photoshop bietet einige Hinweise, mit dem sich schnell sowohl der Farbraum einer Datei als auch der aktuelle Arbeitsfarbraum ermitteln lässt.

4 Wählen Sie in der Datei-Informationsleiste unten im Dokumentfenster den Eintrag »Dokumentprofil«, um den Dateifarbraum anzuzeigen. (Falls notwendig erweitern Sie das Bildfenster, damit Sie die Datei-Informationsleiste sehen können.)

Falls der Farbraum eines Dokuments wie im Beispiel gezeigt vom Standard-Arbeitsfarbraum abweicht, wird in der Informationsleiste ein Sternchen-Symbol (*) angezeigt. Ein Doppelkreuz (#) in der Informationsleiste zeigt an, dass das Bild kein Farbprofil besitzt.

*Dokumentprofil in der Datei-Informationsleiste*

5  Wenn Sie möchten, können Sie einen Softproof des Bildes durchführen. Eine Anleitung dazu finden Sie unter »Softproof eines Bildes« auf Seite 111.

6  Konvertieren Sie das Bild in den CMYK-Farbraum, indem Sie die Schritte 1 bis 6 unter »Farbseparation eines Bildes« auf Seite 114 befolgen.

7  Wählen Sie **Datei: Speichern unter** und navigieren Sie zum Ordner *Lektion03/03PSD*. Wählen Sie als »Format« den Eintrag »Photoshop« und schalten Sie »Farbprofil einbetten« ein. Geben Sie der Datei den Namen **Lotus_CMYK.psd** und klicken Sie auf »Speichern«.

8  Schließen Sie die Datei.

Sie werden nun mit dem Projekt in Illustrator fortfahren und später noch einmal zu Photoshop zurückkehren, um das Bildmaterial zur Verwendung auf einer Webseite vorzubereiten.

9  Wenn Sie möchten, können Sie Photoshop jetzt beenden oder zum späteren Gebrauch in der Lektion geöffnet lassen.

## Farbmanagement in Adobe Illustrator

Der nächste Teil des Projekts muss in einem Illustrationsprogramm wie Adobe Illustrator erzeugt werden, weil Sie der Postkarte Vektor-basiertes Bildmaterial und Schrift hinzufügen werden. Dort werden Sie auch die Schrift einfärben, damit Sie der orangenen Farbe entspricht, die Sie im ersten Bild festgelegt haben.

Adobe Illustrator umfasst wie viele andere Adobe-Produkte wie Adobe InDesign® und Adobe Acrobat® mehrere Farbmanagement-Möglichkeiten. In alle diese Anwendungen ist die Adobe CMS (Farbmanagement-System)-Technik mit einer ähnlichen Bedieneroberfläche integriert.

Insbesondere Photoshop und Illustrator behandeln das Farbmanagement beinahe identisch, so dass das Anpassen von Farben zwischen ihnen unkompliziert und einfach ist. Allerdings unterscheiden sie sich dahingehend, dass Illustrator 9.0 das Farbmanagement nur für Dateien im RGB- und CMYK-Farbmodus unterstützt. Graustufen- bzw. Volltonfarben-Dateien werden in Illustrator nicht vom Farbmanagement umfasst, so dass ihr Aussehen sich beim Öffnen ändern kann.

### Einrichten von Illustrator-Farbeinstellungen

In diesem Teil der Lektion werden Sie Farbeinstellungen wählen. Sind sie erst einmal eingestellt, wird das Farbmanagement-System in Adobe Illustrator für Bilder im RGB- und CYMK-Modus korrekt durchgeführt.

Falls nicht bereits geschehen, vergewissern Sie sich jetzt, dass die Standardeinstellungen in Adobe Illustrator wiederhergestellt sind. Eine Anleitung dazu finden Sie unter »Wiederherstellen der Standardeinstellungen« auf Seite 13.

1   Starten Sie Adobe Illustrator.

Sie können dieselben Farbeinstellungen, die Sie in Photoshop eingestellt haben, auf zwei Wegen verwenden. Zum einen können Sie das Dialogfeld »Farbeinstellungen« in Illustrator aufrufen und die gleichen Einstellungen wie in Photoshop vornehmen. Sie können aber auch die Farbeinstellungen in beiden Anwendungen synchronisieren, indem Sie eine Farbeinstellungskonfigurationsdatei speichern und dann wieder laden. Weitere Information finden Sie unter »Synchronisieren des Farbmanagements in Adobe Illustrator« auf Seite 122.

2   Wählen Sie **Bearbeiten: Farbeinstellungen**.

3   Wählen Sie im Dialogfeld »Farbeinstellungen« aus dem Popup-Menü »Einstellungen« den Eintrag »U.S. Prepress Defaults«. Damit werden mit Ausnahme des CMYK-Arbeitsfarbraums die von Ihnen bereits definierten Farbeinstellungen und Richtlinien übernommen, die Sie vorher in Photoshop konfiguriert haben.

4   Wählen Sie für den CMYK-Arbeitsfarbraum »U.S. Sheetfed Coated v2«.

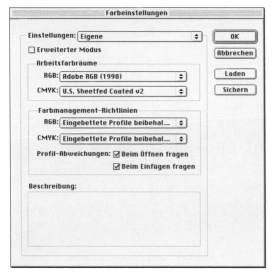

*Dialogfeld »Farbeinstellungen« in Illustrator*

5   Klicken Sie auf OK.

Nachdem Sie nun Ihre Farbeinstellungen konfiguriert haben, werden Sie das Postkartenbild öffnen, um zu sehen, was Sie erzeugen werden.

6   Wählen Sie **Datei: Öffnen**, und öffnen Sie die Datei *03End.ai* im Ordner *Lektionen/Lektion03/03End* auf Ihrer Festplatte.

Nachdem Sie sich das Bild angesehen haben, können Sie die Datei *03End.ai* entweder als Referenz geöffnet auf dem Bildschirm belassen oder sie ohne Speichern von Änderungen schließen.

### Synchronisieren des Farbmanagements in Adobe Illustrator

Das Dialogfeld »Farbeinstellungen« ist der Schlüssel zum Farbmanagement in Photoshop und besitzt in Illustrator die gleichen Funktionen. Sie können eigene Farbeinstellungen in Photoshop speichern und dieselbe Konfiguration anschließend in das entsprechende Dialogfeld in Illustrator laden. Synchronisierte Farbeinstellungen helfen bei der einheitlichen Farbwiedergabe in Adobe-Anwendungen. Damit die eigenen Farbeinstellungen von den Programmen auch genutzt werden können, müssen Sie die Einstellungsdatei immer im Dialogfeld »Farbeinstellungen« der gewünschten Anwendung speichern und laden.

**Synchronisieren einer Farbeinstellungskonfiguration:**

1. Wählen Sie in Photoshop Bearbeiten: Farbeinstellungen. Wählen Sie eine eigene Farbeinstellung aus und klicken Sie auf »Speichern«.

2. Geben Sie der Datei einen Namen und fügen Sie die Dateinamenserweiterung ».csf« wie etwa in »Postkarte.csf« hinzu. Speichern Sie die Einstellungsdatei im Pfad Programme/Gemeinsame Dateien/Adobe/Color/Settings (Windows) bzw. Systemordner/Application Support/Adobe/Color/Settings (Mac OS).

3. Geben Sie im Dialogfeld »Farbeinstellungen: Anmerkung« eine beliebige Anmerkung für die eigene Konfiguration ein und klicken Sie auf OK. Die Anmerkungen werden in Photoshop im Dialogfeld »Farbeinstellungen« im Bereich »Beschreibung« angezeigt, wenn der Mauszeiger auf der Konfiguration im Menü »Einstellungen« platziert wird.

**Laden der Konfiguration in Photoshop oder Illustrator:**

1. Wählen Sie Bearbeiten: Farbeinstellungen.

2. Klicken Sie im Dialogfeld »Farbeinstellungen« auf die Schaltfläche »Laden«.

3. Suchen Sie nach der gewünschten Farbeinstellungsdatei, wählen Sie sie aus und klicken sie auf »Laden«. Jetzt wird Ihre eigene Farbeinstellung als aktive Auswahl im Menü »Einstellungen« angezeigt.

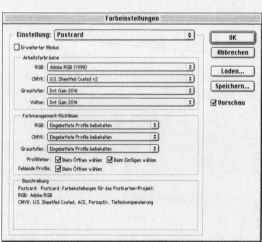

Hinzufügen von Anmerkungen zu einer Farbeinstellungskonfiguration und Ergebnis

## Fertigstellen des Bildmaterials in Illustrator

Jetzt sind Sie vorbereitet, um Ihre Abbildung für den Postkartenentwurf zu öffnen. Wie in Photoshop müssen Sie das Bild zunächst noch ein wenig bearbeiten.

1   Wählen Sie **Datei: Öffnen** und öffnen Sie die Datei *Teapot.ai* im Ordner *Lektionen/Lektion03/03AI* auf Ihrer Festplatte. Das Warn-Dialogfeld »Fehlendes Profil« wird aufgerufen. Das Bild wurde in einer älteren Illustrator-Version ohne Farbraum gespeichert.

2   Wählen Sie »Den aktuellen Arbeitsfarbraum zuweisen: U.S. Sheetfed Coated v2« und klicken Sie auf OK. Die Dateifarben werden nun durch den von Ihnen in Photoshop für das Projekt ausgewählten CMYK-Arbeitsfarbraum bestimmt.

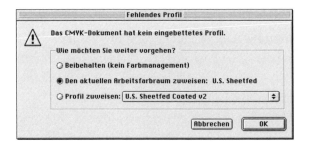

3   Wählen Sie **Datei: Speichern unter** und navigieren Sie zum Ordner *Lektion03/03PSD*. Nennen Sie die Datei **Teapot1.ai**. Wählen Sie als Format »Illustrator (*.AI)« (Windows) bzw. »Adobe Illustrator® 9.0.2 Dokument« und klicken Sie auf »Speichern«. Im Dialogfeld »Illustrator-Format-Optionen« wählen Sie unter »Kompatibilität« (Windows) bzw. »Kompatibel mit« (Mac OS) den Eintrag »Illustrator 9.0«. Schalten Sie das Kontrollkästchen vor der Option »ICC-Profil einbetten: U.S. Sheetfed Coated v2« ein und klicken Sie auf OK.

*Bild der Teekanne*

**124** | LEKTION 3
Farbmanagement und Veröffentlichung

Färben Sie nun die Abbildung der Teekanne hellgrün.

4   Wählen Sie die Abbildung der Teekanne aus.

5   Füllen Sie die Auswahl entweder mit einer Prozessfarbe oder einer eigenen Farbe oder geben Sie CMYK-Werte in der Farbpalette ein. Im Beispielbildmaterial wurden die CMYK-Werte C=75, M=5, Y=100 und K=0 eingestellt.

6   Speichern Sie Ihre Änderungen. Lassen Sie die Datei *Teapot1.ai* geöffnet, damit Sie die Abbildung in die nächste Datei ziehen können, mit der Sie arbeiten werden.

Jetzt können Sie alle Bilder, mit denen Sie bisher gearbeitet haben, im Postkarten-Layout zusammensetzen.

7   Wählen Sie **Datei: Öffnen** und suchen Sie nach der Datei *Postcard.ai* im Ordner *Lektionen/Lektion03/03AI* auf Ihrer Festplatte.

8   Wählen Sie **Datei: Speichern unter** und navigieren Sie zum Ordner *Lektion03/03PSD*. Nennen Sie die Datei **Postcard1.ai**. Wählen Sie als Format »Illustrator (*.AI)« (Windows) bzw. »Adobe Illustrator® 9.0.2 Dokument« und klicken Sie auf »Speichern«. Im Dialogfeld »Illustrator-Format-Optionen« wählen Sie unter »Kompatibilität« (Windows) bzw. »Kompatibel mit« (Mac OS) den Eintrag »Illustrator 9.0«. Schalten Sie das Kontrollkästchen vor der Option »ICC-Profil einbetten: U.S. Sheetfed Coated v2« ein und klicken Sie auf OK.

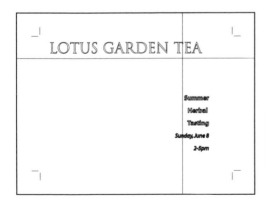
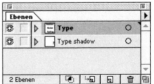

*Pfadansicht des Bildes* Postcard1

9   Erzeugen Sie in der Ebenenpalette eine neue Ebene und nennen Sie sie **Background**. Ziehen Sie die Ebene »Background« in der Ebenenliste ganz nach unten.

10  Wählen Sie bei ausgewählter Ebene »Background« **Datei: Plazieren** und suchen und platzieren Sie die Datei *Backgrnd_CMYK.psd*. Die Datei wird im Modus »Pfadansicht« geöffnet, platzieren Sie die Umrahmung im Mittelpunkt des durch die Schnittmarken geformten Rechtecks. Drücken Sie die Eingabetaste, um die Datei zu platzieren.

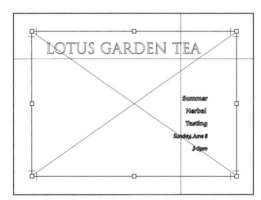
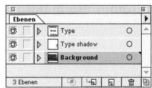

*Platziertes Bild* Backgrnd_CMYK

11  Schauen Sie sich die Datei in der Vorschau an (**Ansicht: Pixel-Vorschau**).

*Vorschau des platzierten Hintergrunds*

Als Nächstes werden Sie das Bild *Lotus_CMYK.psd* im Layout platzieren.

12 Erzeugen Sie in der Ebenenpalette eine neue Palette und nennen Sie sie **Lotus**. Platzieren Sie die Ebene »Lotus« unmittelbar über der Ebene »Background«.

13 Wählen Sie bei ausgewählter Ebene »Lotus« **Datei: Plazieren** und suchen und platzieren Sie die Datei *Lotus_CMYK.psd*.

14 Richten Sie die obere linke Ecke des Lotus-Bildes wie in der folgenden Abbildung gezeigt an den Hilfslinien aus.

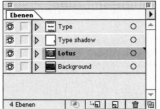

*Platzieren des Bildes* Lotus_CMYK

Zur Vervollständigung der Komposition fügen Sie dem Layout nun noch die Abbildung *Teapot.ai* hinzu.

15 Erzeugen Sie in der Ebenenpalette eine neue Ebene und nennen Sie sie **Teapot**. Platzieren Sie die Ebene »Teapot« ganz oben in der Ebenenliste und klicken Sie auf sie, um sie zu aktivieren.

16 Aktivieren Sie das Bild *Teapot1.ai*. Drücken Sie die Tasten Strg/Befehl+A, um alles auszuwählen, und ziehen Sie die Abbildung mit Hilfe des Auswahlwerkzeugs auf die Datei *Postcard1.ai*.

17 Wählen Sie **Objekt: Transformieren: Skalieren**. Wählen Sie die Option »Gleichmäßig« und geben Sie **80%** ein. Klicken Sie auf OK und zentrieren Sie die Abbildung unten links im durch die Hilfslinien geformten Rechteck.

*Bild* Teapot1 *80% skaliert*

## Anpassen von Farben und Zusammenfügen des Bildmaterials

Als Nächstes werden Sie die Schrift in der Ebene »Type« an die orangene Farbe des Verlaufs anpassen. Farbanpassung ist eine der Möglichkeiten, um Elemente eines Farbraums (beispielsweise Firmenlogos), der vom Farbraum des Dokuments abweicht, zu vereinheitlichen.

1 Klicken Sie in der Ebenenpalette auf die Ebene »Type«, um sie zu aktivieren. Klicken Sie mit gedrückt gehaltener Alt/Option-Taste auf das Auge-Icon dieser Ebene, um alle übrigen Ebenen auszublenden.

2 Drücken Sie die Tasten Strg/Befehl+A, um ihren Ebeneninhalt auszuwählen. Geben Sie in der Farbpalette die CMYK-Werte der orangenen Farbe ein, die Sie sich im Abschnitt »Anpassen von Farben in unterschiedlichen Anwendungen« auf Seite 115 in Adobe Photoshop notiert hatten. (Im Beispiel wurde C=1, M=72, Y=93 und K=1 verwendet.) Die orangene Farbe der Schrift sollte nun an die am meisten gesättigte Farbe im Verlauf angepasst sein.

3   Heben Sie die Auswahl der Schrift auf. Klicken Sie mit gedrückt gehaltener Alt/Option-Taste auf das Auge-Icon der Ebene »Type«, um wieder alle Ebenen einzublenden.

*Bild* Postcard1 *mit farbangepasster Schrift und Lotus-Bild*

4   Speichern Sie die Datei.

Jetzt können Sie die mit einem durchgehenden Farbmanagement versehene Postkarte nach dem von Ihnen gewählten CMYK-Standard (U.S. Sheetfed Coated) drucken.

## Einrichten von Separations-Optionen

Die von Ihnen eingestellten Farbseparations-Optionen werden zusammen mit der farbseparierten Datei gespeichert und enthalten Drucker-bezogene Einstellungen, wie zum Beispiel Halbtonrasterverhalten und Überdrucken-Einstellungen.

1 Wählen Sie **Datei: Separationseinstellungen**. (Wenn Sie das Bild direkt drucken möchten, können Sie auch **Datei: Drucken** wählen und im Dialogfeld »Drucken« auf die Schaltfläche »Separationseinstellungen« klicken.)

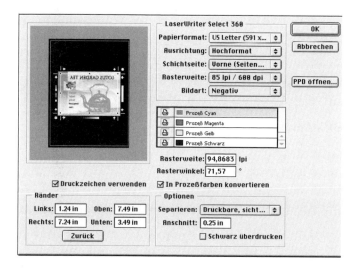

2 Klicken Sie auf die Schaltfläche »PPD öffnen« und wählen Sie die entsprechende PPD-Datei Ihres Druckers oder Ihrer Bild-Druckmaschine aus.

Weitere Informationen zum Wählen von PPD-Dateien finden Sie im Kapitel 16 im Illustrator-9.0-Handbuch oder unter »Auswählen einer PPD-Datei« in der Illustrator-9.0-Online-Hilfe.

3 Um zu bestimmen, welche Ebenen separiert werden sollen, wählen Sie im Abschnitt »Optionen« des Dialogfelds aus dem Popup-Menü »Separieren« den Eintrag »Druckbare, sichtbare Ebenen«.

4 Achten Sie darauf, dass neben den Farbnamen für jede CMYK-Farbe ein Drucker-Icon angezeigt wird. Illustrator erzeugt für jede CMYK-Farbe im Bildmaterial standardmäßig eine Separation.

5 Bestimmen Sie aufgrund der Vorgaben Ihrer Druckerei bzw. Ihres Dienstleisters die Einstellungen für Schichtseite, Bildart (Negativ oder Positiv) und Rasterweite.

6   Klicken Sie auf OK.

Jetzt können Sie Ihre mit einem durchgehenden Farbmanagement versehenen Separationen drucken oder als PDF-Dokument speichern.

7   Wählen Sie **Datei: Speichern unter** und wählen Sie einen Ort zum Speichern der Datei aus. Wenn Sie an einem rechnerfernen Ort drucken wollen, etwa bei Ihrem Vorstufen- oder Druckdienstleister, müssen Sie das Kontrollkästchen vor der Option »Mit verbundenen Dateien« einschalten. Dadurch wird allerdings eine deutlich größere Datei erzeugt. Klären Sie zuvor mit Ihrem Dienstleister, ob verbundene oder eingebettete Dateien bevorzugt werden.

8   Klicken Sie auf »Speichern«.

Damit haben Sie die Aufgaben des Farbmanagements, die mit dem Erzeugen der Postkarte verbunden waren, erfolgreich abgeschlossen.

### Vorbereiten von Adobe-Illustrator-Grafiken für rechnerfernes Drucken

Um das Farbmanagement beim rechnerfernen Drucken zu unterstützen (zum Beispiel bei einem außerhalb befindlichen Druck-Dienstleister), können Sie Ihre Illustrator-9.0-Datei als PDF-Datei speichern. Später können Sie diese Datei dann wieder als Illustrator-Datei öffnen, ohne viele Dateimerkmale wie Zeichensätze, Farbcharakteristiken und Muster zu verlieren.

Außerdem können Sie auch Ihre Illustrator-Grafiken für rechnerfernes Drucken vorbereiten. Wenn Sie dieses Verfahren überspringen möchten und gleich mit dem Erzeugen des webbasierten Materials für die Postkarte fortfahren wollen, speichern und schließen Sie Ihre Datei jetzt. Fahren Sie anschließend mit »Erzeugen von webbasiertem Material« auf Seite 134 fort.

1   Wählen Sie **Datei: Speichern unter**. Als Format wählen Sie »Adobe PDF (PDF)«; speichern Sie die Datei als **Postcard_final.pdf**.

2   Im aufgerufenen Dialogfeld »Adobe-PDF-Format-Optionen« wählen Sie im Popup-Menü »Optionen-Set« den Eintrag »Eigene«.

3  Achten Sie darauf, dass das Popup-Menü »Allgemeine« unterhalb des Optionen-Set angezeigt wird. Mit diesen Optionen lassen sich Schriften und ICC-Profile einbetten und die Kompabilität mit bestimmten Acrobat-Versionen herstellen.

4  Wählen Sie die Optionen »Allgemeine« entsprechend der folgenden Abbildung aus:

- Unter »Dateikompatibilität« wählen Sie die Acrobat-Version aus, die Ihnen zur Verfügung steht und mit der Sie die PDF-Datei voraussichtlich öffnen werden.

- Schalten Sie das Kontrollkästchen vor »Illustrator-Bearbeitungsfunktionen erhalten« ein, um in einem PDF-Format zu speichern, das Sie wieder in Illustrator öffnen und bearbeiten können.

- Schalten Sie im Abschnitt »Optionen« das Kontrollkästchen »Alle Schriften einbetten« aus. Da die Postkarten-Datei keine Schriften enthält (nur Schriftpfade), werden in diese Datei keine Schriften eingebettet.

- Schalten Sie das Kontrollkästchen vor »ICC-Profil einbetten: U.S. Sheetfed Coated v2« ein, um dieses ICC-Profil in die zu speichernde Datei einzubetten. Dieses Farbprofil wird der Datei anschließend wieder zugewiesen, wenn sie wieder in Illustrator geöffnet wird. Schließen Sie das Dialogfeld noch nicht.

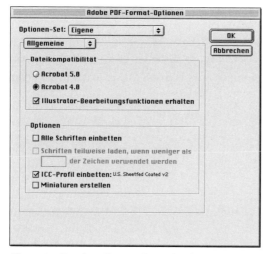

*Allgemeine Druckqualitätsoptionen für das PDF-Format*

5   Wählen Sie im Popup-Menü unterhalb des Optionen-Set den Eintrag »Komprimierung«.

6   Wählen Sie im Abschnitt »Farb-Bitmap-Bilder« die Komprimierung »JPEG« und die Qualität »Hoch«.

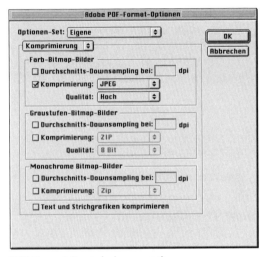

*PDF-Format-Komprimierungsoptionen*

Das JPEG-Komprimierungsformat eignet sich am besten für Fotos. Falls das Illustrator-Dokument überwiegend Vektor-Bildmaterial enthält, könnten Sie bei der Komprimierung den Eintrag »Automatisch« wählen, damit Illustrator die bestmögliche Komprimierung und Qualität für das Bildmaterial der Datei selbst auswählt.

7   Belassen Sie die übrigen Optionen, wie sie sind, und klicken Sie auf OK. Jetzt ist die PDF-Datei bereit, um an einem rechnerfernen Ort gedruckt zu werden.

8   Beenden Sie Illustrator.

### Erzeugen von Digitalfarb-Poofs in einem Farbmanagement

Zu einem der Hauptziele beim Digitalfarb-Proof gehört das Simulieren des endgültigen CMYK auf einem Composite-Farbdrucker.

**Erzeugen eines Farbmanagement-Farb-Proof aus Adobe Photoshop:**

1. Wählen Sie **Bild: Bild duplizieren**. Geben Sie der duplizierten Datei einen neuen Namen und klicken Sie auf OK. Sie werden das Profil der duplizierten Datei konvertieren.

2. Wählen Sie **Bild: Modus: In Profil konvertieren**.

3. Stellen Sie im Dialogfeld »In Profil konvertieren« folgende Optionen ein:

   - Als Zielfarbraum wählen Sie den Composite-Farbdrucker, den Sie als Digital-Proof-Gerät verwenden.
   - Bei den Konvertierungsoptionen wählen Sie als Modul den Eintrag »Adobe (ACE)«.
   - Unter Priorität wählen Sie »Absolut farbmetrisch«.
   - Schalten Sie die Option »Tiefenkompensierung« aus.

Mit der Option »Absolut farbmetrisch« wird versucht, die Farben im Quellfarbraum so genau wie möglich wiederzugeben, daher ist sie die bessere Wahl zum Proofen. Die Tiefenkompensierung versucht, den Schwarzpunkt des Quellfarbraums an den Schwarzpunkt des Zielfarbraums anzupassen. Beim Proofing ist es besser, die Schattenzeichnung zu sehen, die das End-CMYK-Gerät vermutlich erzeugen wird, als die von einem Composite-Farbdrucker erzeugten knackigeren Schwarzanteile.

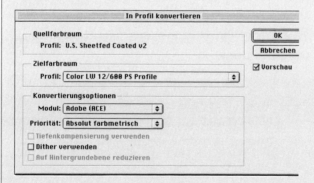

4. Klicken Sie auf OK.

Das Ergebnis-Bild kann auf Ihrem Monitor vollkommen anders aussehen. Wenn es allerdings auf dem Composite-Drucker ausgedruckt wird, entspricht es beinahe dem CMYK-Druck.

# Erzeugen von webbasiertem Material

Sie werden nun etwas über die Ausgabe von webbasierter Farbe lernen und wie Sie Bilder für Webmaterial optimieren. Das Hauptziel dieses Workflow ist das Optimieren und Wiederverwenden von Quellbildern zur Bildschirmdarstellung. Mit Hilfe eines Farbmanagement-Workflows erhalten Sie die Flexibilität, die ursprünglichen Scans auf vielfältige Weise einzusetzen.

## Farbmanagement mit webbasiertem Material

In einem idealen Workflow könnten Sie Quellbilder mit eingebetteten ICC-Profilen wiederverwenden. Webbrowser würden die Farben mit Hilfe der Farbmanagement-Technik über kalibrierte und eigenschaftsermittelte Monitore im gesamten Web darstellen. Leider ist dieses Szenario ein wenig voreilig. Gegenwärtig sind nur eine Hand voll Browser wie zum Beispiel Internet Explorer® 4.0 oder neuer in der Lage, eingebettete ICC-Profile auszuwerten und zu verwenden.

Selbst wenn eine Browser-Unterstützung durch ICC-Profile in naher Zukunft weiter verbreitet wird und weitere Browser ICC-konform werden, steht dem eine weitere Hürde in Gestalt der Monitore entgegen, die in der Lage sein müssen, diese gekennzeichneten Bilder sauber anzuzeigen. Jedes Darstellungssystem müsste für das Farbmanagementsystem peinlich genau profiliert werden, um den Monitorfarbraum zur Anzeige gekennzeichneter Bilder zu bestimmen.

## Bestimmen einer Webfarbenstrategie

Ähnlich wie bei der Postkarte soll die Strategie dafür sorgen, dass das Quellbild bis zum Ende des Produktionsablaufs im größtmöglichen RGB-Farbraum verbleibt. Anschließend werden Sie eine Kopie der Datei in den kleineren sRGB-Farbraum konvertieren, der für den beschränkt verfügbaren Farbbereich mancher Monitore im Web steht.

Der erste Schritt bei der Wiederverwendung des ursprünglichen RGB-Bildes ist die Entscheidung für die Strategie zur Anzeige von einheitlichen Farben auf allen Monitoren. Eine Strategie ist, die Farben für alle Logos, Schrift und Abbildungen aus der websicheren Farbpalette zu entnehmen, sehr zum Vorteil der wenigen Webanwender (etwa 8%), die über einen niedrig auflösenden 8-Bit-Farbmonitor verfügen. (Weitere Informationen über die websichere Farbpalette finden Sie unter »Farben websicher machen« auf Seite 136.) Eine andere Strategie, die im folgenden Grauabsatz ausführlich beschrieben wird, ist, die Datei einfach gar nicht ins Farbmanagement einzubeziehen und jeden Monitor das Bild anders anzeigen zu lassen.

---

*Speichern einer nicht gekennzeichneten Datei in Adobe Photoshop*

*Eine andere Farbmanagementstrategie für webbasiertes Material ist, die Datei einfach überhaupt nicht in das Farbmanagement mit einzubeziehen! Das bedeutet, dass in die Datei kein ICC-Profil eingebettet wird. Das kann dazu führen, dass das Bild auf jedem Monitor anders angezeigt wird, selbst wenn die Anwender das Farbmanagement in ihren Browsern eingeschaltet haben. Mit dieser Strategie werden außerdem kleinere Dateien erzeugt, weil eingebettete Profile die Dateigröße erhöhen.*

*Um das Farbmanagement auszuschalten und die Dateigröße zu verringern, können Sie ein eingebettetes Profil aus einer Datei entfernen, die für das Web bestimmt ist.*

*Entfernen eines eingebetteten Profils:*

*1. Wählen Sie **Datei: Öffnen** und öffnen Sie das Photoshop-Bild, dessen eingebettetes Profil Sie entfernen wollen.*

*2. Wählen Sie **Bild: Modus: Profil zuweisen**.*

*3. Wählen Sie im Dialogfeld »Profil zuweisen« die Option »Farbmanagement auf dieses Dokument nicht anwenden« und klicken Sie auf OK.*

*Die geöffnete Datei zeigt dann in der Datei-Informationsleiste, dass es sich um eine Datei ohne Tags handelt, wenn dort die Option »Dokumentprofil« ausgewählt ist; in der Titelzeile der Datei wird nach dem Dateinamen das Doppelkreuz (#) angezeigt, um auf das fehlende Profil hinzuweisen.*

Sie sollten die Tonwert- und Farbkorrekturen im Material, das für das Web oder die Bildschirmdarstellung bestimmt ist, hauptsächlich in der Anwendung durchführen, in der das Bildmaterial ursprünglich erzeugt wurde, wie zum Beispiel Illustrator oder Photoshop.

Die Webstartseite für Lotus Garden Tea wurde bereits entworfen. Sie werden das Startbild in Adobe Photoshop öffnen, um zunächst ein paar Farbbearbeitungsaufgaben auszuführen. Anschließend werden Sie die Farben optimieren und die Datei für die Veröffentlichung im Web speichern.

## Farben websicher machen

Die Startseite wurde in Adobe Photoshop unter Verwendung von Elementen des Postkartenentwurfs gestaltet. Die Farben im Bild wurden dabei ohne Rücksicht auf Websicherheit bestimmt. Sie werden die Farben mit Ausnahme einzelner Elemente wie Schrift und Abbildungen für die endgültige Startseite so, wie sie sind, übernehmen. Wenn Sie die Farben der Schrift und der Abbildung nicht bearbeiten, werden sie in einem Webbrowser in der 8-Bit-Anzeige gedithert (gerastert) angezeigt. Während eine gerasterte Abbildung noch anstandslos hingenommen werden kann, verschlechtert sich das Aussehen von gerasterter Schrift auf dem Bildschirm deutlich und kann bei kleiner Schriftgröße häufig unlesbar sein.

1   Falls notwendig starten Sie Adobe Photoshop neu.

Sie werden nun eine Composite-Datei öffnen, die bereits für Sie zum Optimieren für die Veröffentlichung im Web vorbereitet wurde.

2   Wählen Sie **Datei: Öffnen** und öffnen Sie die Datei *Splash.psd* im Ordner *Lektionen/Lektion03/03PSD* auf Ihrer Festplatte.

*Bild* Splash.psd

3   Wählen Sie **Datei: Speichern unter** und navigieren Sie zum Ordner *Lektion03/03PSD*. Nennen Sie die Datei **Splash_CMYK.psd**. Als Format wählen Sie »Photoshop«, und schalten Sie die Option »Farbprofil einbetten: Adobe RGB (1998)« ein, um das Profil des Zielfarbraums mit der Datei zu speichern. Klicken Sie dann auf »Speichern«.

Um die Farben websicher zu machen, werden Sie die einzelnen Ebenen bearbeiten.

4   Wählen Sie in der Ebenenpalette die Ebene »Type 2« (die orange-farbene Schrift); nehmen Sie mit der Pipette die Farbe der Schrift im Bild auf.

Sie werden nun eine websichere Farbe wählen, die der ursprünglichen Farbe sehr nahe kommt. Dafür können Sie entweder die Farbpalette oder den Farbwähler verwenden.

5   Falls notwendig klicken Sie auf den Reiter der Farbreglerpalette, um sie in den Vordergrund zu bringen (falls die Farbreglerpalette nicht angezeigt wird, wählen Sie **Fenster: Farbregler einblenden**.) Wählen Sie im Farbreglerpalettenmenü den Eintrag »Webfarbenregler«. In den Reglerbalken werden Skalenmarkierungen angezeigt, die auf websichere Farben hinweisen.

6   Wählen Sie mit Hilfe der Regler eine alternative Webfarbe aus oder klicken Sie auf das Warnkästchen, um die ähnlichste websichere Farbe auszuwählen. Das Warnkästchen-Icon zeigt an, dass die aufgenommene Farbe keine websichere Farbe ist.

*Webfarbenregler und Warnkästchen*

Obwohl Sie in dieser Palette mit RGB-Reglern arbeiten, wählen Sie die Farben tatsächlich nach ihren Hexadezimalwerten aus. Im Gegensatz zu Illustrations- und Malprogrammen, die Ihnen das Wählen von Farben nach Gefühl aus Farbmodellen wie RGB, CMYK, HSB und anderen ermöglichen, ist für das Entwerfen von Webseiten in HTML nur das Hexadezimal-Farbmodell verfügbar. RGB-Werte werden in Hexadezimal-Werte konvertiert, damit HTML die von Ihnen gewählten Farben verwenden kann.

Ein Beispiel: Eine lachsfarbene RGB-Farbe mit den RGB-Werten R=204, G=51 und B=51 würde als Hexadezimal-Wert CC3333 ergeben. Ab der HTML-Version 3.2 können Sie einige Farben nach Namen wählen, dazu gehören Aqua, Schwarz, Blau, Fuchsia, Grau, Grün, Hellgrün, Braun, Navy, Oliv und Violett.

Alternativ dazu können Sie zum Wählen von websicheren Farben den Farbwähler verwenden, indem Sie auf das Vordergrundfarbfeld klicken, um den Farbwähler aufzurufen. Klicken Sie anschließend entweder in die obere rechte Ecke, um die ähnlichste websichere Farbe auszuwählen, oder schalten Sie die Option »Nur Webfarben« ein, um die Anzeige von Farben auf die Webfarbenpalette zu beschränken, wählen Sie die ähnlichste Farbe aus und klicken Sie auf OK.

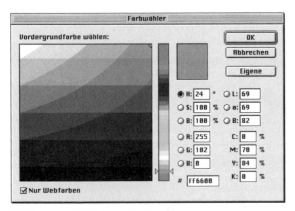

*Wählen einer Webfarbe im Farbwähler*

7   Nachdem Sie die websichere Farbe ausgewählt haben, drücken Sie die Tasten Umschalt+Alt+Entfernen (Windows) bzw. Umschalt+Option+Entfernen (Mac OS), um die Ebene mit der Vordergrundfarbe zu füllen und dabei die Ebenentransparenz zu erhalten.

8   Wiederholen Sie die Schritte 4 bis 7 für die Ebenen »Teapot« und »Background«.

9   Speichern Sie Ihre Arbeit.

Nachdem Sie nun mit dem Bearbeiten der websicheren Farben fertig sind, können Sie mit dem Optimieren des Bildes zur Veröffentlichung im Web beginnen.

> **Websichere Farben**
>
> Jedes Betriebssystem verfügt über 256 Farben, auch als Systempalette bekannt, mit denen Anwendungen ein Bild darstellen können. Von diesen 256 Farben teilen die Windows- und Mac OS-Systempalette 216 Farben. Webbrowser-Anwendungen, die auf allen Computer-Plattformen funktionieren sollen, haben diese 216 Farben in einer Farbpalette namens „Websicher" untergebracht.
>
> Lässt sich eine Farbe eines Bildes nicht auf einem 8-Bit-Farb- oder Graustufenmonitor darstellen, rastert der Browser die Farben oder teilt sie mit Hilfe von ähnlichen Farben aus seiner Systempalette in ein Muster mit vielen kleinen Farbpunkten auf. Beim Rastern werden Pixel von unterschiedlicher Farbe gemischt, um die Illusion einer anderen Farbe zu erzeugen, was zu auffälligen und störenden Moirée-ähnlichen Mustern auf dem Bildschirm führen kann.
>
> Webdesigner versuchen alles, um das Rastern von farbkritischen Grafiken wie Logos, Firmenfarben und Katalogabbildungen zu verhindern, da es die Farbtreue dieser Grafiken beeinflusst. Auf der anderen Seite sorgt das Verwenden von Farben aus der websicheren Farbpalette dafür, dass die Farbe bei keiner Farbdarstellung gerastert wird (selbst auf 8-Bit-Bildschirmen nicht!), weil die Farbe zum allgemein verfügbaren Farbsatz aller Plattformen und Bildschirme gehört. Sie sollten also wann immer möglich die Farben von flächigen Bildern, Abbildungen und Text auf Farben aus der websicheren Farbpalette beschränken.
>
> Allerdings kann das Rastern im Zusammenhang mit Verläufen eine Herausforderung sein. Manchmal versuchen Designer, das Verwenden von Verläufen in Webseiten zu vermeiden, weil sie nicht so flüssig gerendert werden wie eine ungerasterte GIF-Datei und die eingeschränkte Anzahl von zur Verfügung stehenden Farben (256) der GIF-Datei ein Treppenstufen-Aussehen verleiht. Ein gerastertes GIF-Bild kann zwar die Originalfarben im Verlauf simulieren, wird aber auf dem Bildschirm auch das störende Rastermuster darstellen. Außerdem kann die Dateigröße eines gerasterten GIF-Bildes wesentlich größer als die einer nicht gerasterten GIF-Version sein. Für das Entwerfen von Webseiten bietet das JPEG-Format die besten Optionen zur Komprimierung und gefälligen Darstellung auf dem Monitor.

## Konvertieren des Farbraums nach sRGB

Nachdem Sie mit dem Bearbeiten des Bildes fertig sind, können Sie den Farbraum der Startdatei in den kleineren sRGB-Farbraum konvertieren. Dazu werden Sie mit dem Befehl »In Profil konvertieren« eine Kopie der Datei in den sRGB-Farbraum konvertieren, damit das ursprüngliche Bildmaterial im Adobe-RGB-Farbraum verbleibt.

1 Wählen Sie **Bild: Bild duplizieren**. Geben Sie für das Duplikat den Namen **Splash_sRGB.psd** ein und klicken Sie auf OK.

2 Wählen Sie **Bild: Modus: In Profil konvertieren**.

3 Wählen Sie als Zielfarbraum den Eintrag »sRGB IEC61966-2.1«.

4 Schalten Sie das Kontrollkästchen vor der Option »Tiefenkompensierung verwenden« ein.

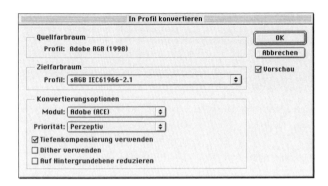

5 Klicken Sie auf OK.

Die Startdatei wurde in den viel kleineren sRGB-Farbraum konvertiert und kann nun optimiert werden.

## Optimieren von webbasiertem Material

Die Slicing-Funktion in Adobe Photoshop und Adobe ImageReady ermöglicht das Aufteilen in kleinere Datein, die unabhängig voneinander optimiert werden können. Ein Slice ist ein rechteckiger Bereich des Bildes, der zu einer Zelle innerhalb einer Tabelle in der HTML-Datei des Bildes wird. Jeder Slice kann eigene Farbpaletten und Referenzen, URLs, Rollover- und Animationseffekte besitzen. Mit Slices lässt sich die Ladezeit verkürzen und die Bildqualität in Bildern mit vielen verschiedene Materialstilen verbessern.

### Optimieren von JPEG-Slices

Das Bild **Splash1.psd** wurde mit Slices gespeichert, wodurch Sie die verschiedenen Farbelemente im Bild einzeln optimieren können. Das Lotus-Material und der Verlauf müssen als JPEG-Slices optimiert werden, um die feinen Farbtöne und -variationen zu erhalten.

1  Wählen Sie **Datei: Für Web speichern**.

2  Klicken Sie auf den Reiter »Optimiert«. Falls notwendig, erweitern Sie das Dialogfeld, damit Sie die Bildvorschau vollständig sehen können.

3  Klicken Sie mit dem Slice-Auswahlwerkzeug auf den Verlaufs-Slice und dann mit gedrückter Umschalttaste auf den Lotus-Slice. Damit werden die Slices 02 und 04 ausgewählt. Sie werden diese beiden nun zusammen als JPEG-Dateien optimieren.

4  Wählen Sie auf der rechten Seite des Dialogfelds aus dem Popup-Menü »Einstellungen« den Eintrag »JPEG mittel«. Unterhalb des Menüs werden die entsprechenden Voreinstellungen angezeigt.

5  Klicken Sie auf den Reiter »4fach«.

6  Lassen Sie die Vorschau jeweils mit 100% anzeigen. Scrollen Sie mit Hilfe des Hand-Werkzeugs in jedem der Bild-Vorschau-Fenster, um die Lotusblüte und den Verlauf klar sehen zu können. Die Bildqualität ist auf 30 eingestellt, was rechts von der Originalansicht angezeigt wird. Unterhalb werden zwei weitere niedrigere Qualitätsvariationen angezeigt.

7  Vergrößern Sie das Bild, um das Lotus-Bildmaterial und den Verlauf auf Artefakte und Pixelstörungen zu untersuchen. Sie sehen, dass in den beiden unteren Qualitätsvorschaufenstern Qualitätsminderungen und Pixelanhäufungen im Lotus-Bildmaterial und Artefakte im Verlauf sichtbar sind.

8  Experimentieren Sie ein wenig mit den Qualitätswerten bzw. Reglern der Palette. Im Beispiel wurden folgende Optionen für die JPEG-Slices verwendet:

   - »Optimiert«, um eine etwas kleinere Datei zu erzeugen.
   - »Weichzeichnen« 0,15. Funktioniert etwa wie der Filter »Gaußscher Weichzeichner« und verringert durch Weichzeichnen der ausgewählten Slices die Dateigröße.

- »ICC-Profil« eingeschaltet. Diese Option bettet das RGB-Farbraumprofil in die Slice-Bilder ein. Nur sinnvoll in einem Workflow, der von einem Browser mit Web-Farbmanagement ausgeht.

*JPEG Medium-Einstellungsoptionen im Dialogfeld »Für Web speichern«*

## Optimieren von GIF-Slices

Die Abbildung der Teekanne, die Schrift und der einfarbige Hintergrund werden als GIF-Slices optimiert, weil deren exakte Form und Farbe für die Betrachtung auf dem Bildschirm unbedingt beibehalten werden soll. Das GIF-Format ist für plakatives Material, Schrift und einzelne Farben besser geeignet als das JPEG-Format.

1   Klicken Sie auf den Reiter »Original«.
2   Wählen Sie die übrigen Slices mit Hilfe des Slice-Auswahlwerkzeugs und gedrückter Umschalttaste aus.

**3** Klicken Sie auf den Reiter »Optimiert«. Die Palette »Einstellungen« enthält einige GIF-Einstellungen.

**4** Wählen Sie dort den Eintrag »Web« (Windows) bzw. »GIF Web-Palette« (Mac OS). Unterhalb des Menüs werden die Voreinstellungsoptionen angezeigt. Passen Sie nun diese Optionen wie folgt an:

- Wählen Sie die Palette »Web«, weil alle Bildelemente in den Slices websichere Farben enthalten. Die kleine weiße Raute in der Mitte der Farbfelder zeigt an, dass es sich um websichere Farben handelt.
- Geben Sie unter »Farben« **22** ein. Damit bleibt die Bildqualität gut. Sie können auch mit diesem Wert experimentieren.
- Schalten Sie die Option »Kein Dithern« (Windows) bzw. »Kein Dither« (Mac OS) ein. Da Sie für alle Bildelemente der ausgewählten Slices websichere Farben ausgewählt haben, ist kein Rastern (Dithern) notwendig. Würde das Bildmaterial nicht-websichere Farben enthalten, müssten Sie das Bild mit webkompatiblen Farben aus der Webfarbenpalette rastern lassen.

# LEKTION 3
## Farbmanagement und Veröffentlichung

- Wählen Sie für »Hintergrund« den Eintrag »Ohne«.

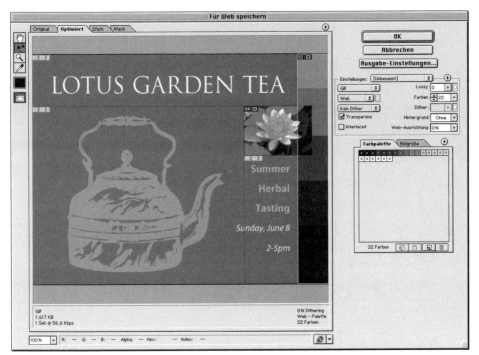

*Optimierte GIF-Slices*

### Speichern von optimierten Bildern

Nachdem Sie das Bild optimiert haben, können Sie die Datei nun zur Veröffentlichung im Web speichern.

1. Klicken Sie im Dialogfeld »Für Web speichern« auf OK.
2. Nennen Sie die Datei **Splash_final.html** und wählen Sie den Ordner *Lektion03/03PSD* zum Speichern aus.
3. Als Format wählen Sie »HTML und Bilder«, um eine HTML-Datei zu erzeugen und jedes Slice als einzelne Bilddatei zu speichern. Wählen Sie »Alle Slices«, um alle Slices im Bild zu speichern.

**4** Klicken Sie auf »Speichern«.

*Speichern von optimiertem Webmaterial*

Schließlich werden Sie noch prüfen, dass ein Browser die Datei auch lesen kann.

**5** Starten Sie Ihren Webbrowser und öffnen Sie die Datei *Splash_final.html*. Alle optimierten Elemente sollten geladen und auf dem Bildschirm angezeigt werden.

Damit haben Sie erfolgreich ein Farbmanagement für zwei Projekte für Druck und Webveröffentlichung aufgebaut und durchgeführt.

Lektion 4

# 4 | Fortgeschrittene Masken

**von Luanne Seymour Cohen**

*Beim Maskieren werden unerwünschte Bildteile weggeschnitten – wie beim Ausstechen von Plätzchen. Masken erzielen in Adobe Illustrator und Adobe Photoshop ähnliche Ergebnisse, folgen aber unterschiedlichen Methoden. In Illustrator ist das Erstellen einer Maske unkompliziert und die Maske lässt sich jederzeit bearbeiten. In Photoshop kann das Erstellen von Masken komplizierter sein – insbesondere, wenn Sie etwas mit gemusterten Kanten maskieren wollen.*

In dieser Lektion werden Sie zwei einzelne Bildmaterialien erzeugen und Masken ausprobieren.

In Adobe Photoshop lernen Sie Folgendes:

- Duplizieren eines Kanals, um eine Grundlage für eine Maske zu erzeugen
- Kombinieren von Auswahlmethoden zum Vervollständigen von Masken
- Verwenden des Zeichenstift-Werkzeugs zum Erstellen einer Ebenenmaske
- Erstellen einer Ebenenmaske aus einer Auswahl
- Erstellen einer Aussparungsmaske mit Hilfe von Schriftpfaden
- Zusammensetzen des Bildes aus Ebenen, Transformationen und Text

In Adobe Illustrator lernen Sie Folgendes:

- Verwenden von verknüpften Pfaden mit Masken
- Bearbeiten einer Maske
- Kombinieren einer Deckkraftmaske mit einer verknüpften Maske

Für diese Lektion werden Sie etwa eineinhalb Stunden benötigen.

Falls erforderlich löschen Sie den auf Ihrer Festplatte vorhandenen Lektionsordner und kopieren stattdessen den Ordner *Lektion04* auf die Festplatte.

## Masken in Photoshop

Masken werden für viele verschiedene Bildmaterialien in Photoshop verwendet. Masken werden von Künstlern, die Composite-Bilder erstellen, zum Wählen, Kopieren und Positionieren von Bildteilen verwendet. Künstler, die Fotos retuschieren oder Malereien erzeugen, verwenden Masken zum Freistellen bestimmter Bereiche und weisen ihnen Farbe, Filter oder Effekte zu.

Der zeitaufwändigste und schwierigste Teil beim Erstellen von Masken in Photoshop ist das Erzeugen einer genauen Maske für komplexe bzw. stark gemusterte Formen. Am besten werden dabei die Informationen genutzt, die sich bereits in den Kanälen befinden. Häufig erhalten Sie schon durch das Verwenden eines duplizierten Kanals als Grundlage viele Kanteninformationen, ohne ein Auswahlwerkzeug benutzen zu müssen. Das Erstellen von Masken umfasst beinahe immer auch ein wenig Malen und Retuschieren, aber die Anfangsarbeit lässt sich automatisieren.

## Vorbereitungen

Bevor Sie mit dieser Lektion beginnen, müssen Sie die Adobe-Photoshop- und Adobe-Illustrator-Voreinstellungen-Datei wiederherstellen. Entsprechende Hinweise finden Sie unter »Wiederherstellen der Standardeinstellungen« auf Seite 13. Achten Sie außerdem darauf, genügend Speicher zur Durchführung dieser Lektion zur Verfügung zu haben. Weitere Informationen finden Sie unter »Kopieren der Advanced-Classroom-in-a-Book-Dateien« auf Seite 12.

Sie werden jetzt die fertige Lektionsdatei öffnen, um eine Vorstellung von dem zu erhalten, was Sie erstellen werden.

1   Starten Sie Adobe Photoshop. Wenn Sie in einem Dialogfeld gefragt werden, ob Sie die Farbeinstellungen ändern wollen, ignorieren Sie die Frage.

2   Wählen Sie **Datei: Öffnen** und öffnen Sie die Datei *04End.psd* im Ordner *Lektionen/Lektion04/04PSD* auf Ihrer Festplatte. Wählen Sie im Dialogfeld »Abweichung vom eingebetteten Profil« die Option »Eingebettetes Profil verwenden (anstelle des Arbeitsfarbraums)« und klicken Sie auf OK. (Weitere Informationen finden Sie unter »Öffnen einer Datei mit eingebettetem Profil« auf Seite 117.)

3   Nachdem Sie sich die Datei angesehen haben, können Sie sie geöffnet auf dem Bildschirm belassen oder sie ohne Speichern von Änderungen schließen.

Eine Abbildung der fertigen Grafik aus dieser Lektion finden Sie im Farbteil dieser Lektion.

## Erstellen einer Maske aus einem vorhandenen Kanal

Um eine Maske aus einem Kanal zu erstellen, werden Sie zunächst jeden der drei Kanäle untersuchen, um festzustellen, welcher die meisten Einzelheiten und Definitionen enthält. Anschließend wählen Sie den Kanal, der für Ihre Zwecke am besten geeignet ist, und passen seinen Kontrast so an, dass so viel Grau wie möglich entfernt wird und trotzdem eine weiche Kante erhalten bleibt.

1. Wählen Sie **Datei: Öffnen** und öffnen Sie die Datei *04Start.psd* im Ordner *Lektionen/Lektion04/04PSD* auf Ihrer Festplatte. Wählen Sie im Dialogfeld »Abweichung vom eingebetteten Profil« die Option »Eingebettetes Profil verwenden (anstelle des Arbeitsfarbraums)« und klicken Sie auf OK.

2. Wählen Sie **Datei: Speichern unter**, geben Sie der Datei den Namen **Jardin.psd** und speichern Sie sie im Ordner *Lektion04/04PSD*.

3. Wählen Sie **Datei: Öffnen** und öffnen Sie die Datei *Leaf.psd* im Ordner *Lektionen/Lektion04/04PSD* auf Ihrer Festplatte. Wählen Sie im Dialogfeld »Abweichung vom eingebetteten Profil« die Option »Eingebettetes Profil verwenden (anstelle des Arbeitsfarbraums)« und klicken Sie auf OK.

4. Wählen Sie **Datei: Speichern unter**, geben Sie der Datei den Namen **Leaf2.psd** und speichern Sie sie im Ordner *Lektion04/04PSD*.

5. Klicken Sie auf den Reiter »Kanäle«, um die Kanäle-Palette einzublenden.

6. Klicken Sie in der Kanäle-Palette jeweils auf die Namen der Kanäle Rot, Grün und Blau, um ihre Inhalte zu betrachten.

Bei der Untersuchung von Kanälen auf ihre mögliche Tauglichkeit als Maske sollten Sie nach Formen suchen, die entweder aus überwiegend weißen oder überwiegend schwarzen Pixeln besteht. Hier bietet der Kanal »Blau« die dunkelste Blattform und ist daher für Ihre Blattmaske am besten geeignet.

7. Klicken Sie auf den Namen des Blau-Kanals und ziehen Sie ihn auf die Schaltfläche »Neuen Kanal erstellen« unten in der Kanäle-Palette, um eine Kopie zu erzeugen. Der duplizierte Kanal ist tatsächlich ein Alpha-Kanal (mit Grauwerten) und beeinflusst im Gegensatz zu den Kanälen Rot, Grün und Blau nicht die Dokumentfarben.

8   Doppelklicken Sie auf den Namen »Blau Kopie«, um das Dialogfeld »Kanal-Optionen« aufzurufen. Ändern Sie dort den Namen des Kanals in **Leaf Maske** (Blattmaske), stellen Sie die Deckkraft auf 20% ein und klicken Sie auf OK.

Sie werden die Maske später in dieser Lektion mit dem Pinsel bearbeiten. Bei manchen Bildern lassen sich Einzelheiten besser erkennen, wenn die Deckkraft der Maske auf eine niedrige Prozentzahl eingestellt ist.

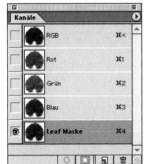 

*Duplizieren des Blau-Kanals, Neubenennen und Einstellen der Deckkraft auf 20%*

Sie werden nun den Kontrast des neuen Kanals mit dem Befehl »Gradationskurven« anpassen.

9   Wählen Sie mit sichtbarem Kanal »Leaf Mask« **Bild: Einstellen: Gradationskurven**.

10  Klicken Sie im Dialogfeld »Gradationskurven« auf die Schaltfläche »Tiefe setzen« (die schwarze Pipette). Der Mauszeiger ändert sich in eine schwarz gefüllte Pipette. Platzieren Sie das Dialogfeld »Gradationskurven« wenn notwendig so, dass Sie auch das Bild vom Blatt sehen können.

*Sie können in einem Bild auch dann vergrößern bzw. verkleinern, wenn die Dialogfelder »Gradationskurven« oder »Tonwertkorrektur« eingeblendet und sichtbar sind. Bewegen Sie einfach dem Mauszeiger vom Dialogfeld weg auf das Bild. Halten Sie die Leertaste gedrückt und drücken Sie die Strg/Befehl-Taste, um das Zoom-Werkzeug auszuwählen. Zum Verkleinern halten Sie die Alt/Option-Taste zusammen mit den beiden übrigen Tasten gedrückt.*

11 Achten Sie darauf, dass die Option »Vorschau« eingeschaltet ist. Platzieren Sie die schwarze Pipette über dem hellgrauen Bereich in der unteren rechten Ecke des Blattes und klicken Sie einmal.

12 Falls innerhalb des Blattes immer noch graue Bereiche sichtbar sind, klicken Sie so lange darauf, bis das Blattinnere vollständig schwarz ist. Klicken Sie nicht außerhalb des Blattes.

13 Wenn das Blatt vollständig schwarz ist, klicken Sie auf OK.

  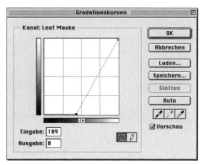

*Mit dem schwarzen Pipette-Werkzeug Grau in Schwarz ändern*

Weitere Informationen zum Setzen von Schwarz- und Weißpunkten in Gradationskurven und Tonwerten finden Sie unter »Einstellen von Lichtern und Tiefen mit Zielwerten (Photoshop)« in der Photoshop-6.0-Online-Hilfe.

## Bearbeiten und Verfeinern einer Maske mit Auswahlbereichen

Nachdem Sie jetzt über eine gute Grundlage für Ihre weitere Arbeit verfügen, werden Sie nun die Maskenkanten verfeinern. Sehen Sie sich die grauen Bereiche an, wo das Blatt Schatten auf den Hintergrund wirft. Sie werden diesen Schatten jetzt entfernen, indem Sie den Hintergrund mit dem Befehl »Farbbereich auswählen« wählen und die Schattenbereiche mit Hilfe dieser Auswahl mit Weiß füllen.

1 Klicken Sie in der Kanäle-Palette im RGB-Kanal auf den Namen, um die Ansicht wieder auf das Farbbild zurückzusetzen.

2   Wählen Sie **Auswahl: Farbbereich auswählen** und setzen Sie die Toleranz auf 28.

Mit dem Befehl »Farbbereich auswählen« lässt sich eine bestimmte Farbe oder ein Farbbereich in einer bereits vorhandenen Auswahl wählen. Anschließend kann mit Hilfe der Option »Toleranz« der Bereich der in diese Auswahl einzuschließenden Farben angepasst werden. Diese Werkzeuge sind nützlich, wenn Objekte ausgewählt werden sollen, die gemusterte statt klare Kanten aufweisen.

3   Verschieben Sie das Dialogfeld »Farbbereich auswählen« so, dass Sie das Bild sehen können. Klicken Sie mit dem Pipette-Werkzeug einmal in den weißen Hintergrund des Bildes.

4   Halten Sie die Umschalttaste gedrückt und klicken Sie noch einmal in den grauen Schatten am unteren rechten Rand des Blattes, um ihn zur Auswahl hinzuzufügen (neben dem Pipette-Werkzeug wird ein Plus-Symbol angezeigt).

5   Schauen Sie sich das Maskenbild im Dialogfeld »Farbbereich auswählen« an. Wenn das Blatt ganz schwarz und der Hintergrund ganz weiß ist, klicken Sie auf OK und fahren mit Schritt 7 fort.

6   Falls das Blatt immer noch Grau enthält, führen Sie die Auswahl noch einmal durch. Um die Auswahl aufzuheben, ohne das Dialogfeld »Farbbereich auswählen« verlassen zu müssen, halten Sie die Alt/Option-Taste gedrückt und klicken auf die Schaltfläche »Zurücksetzen«. Wiederholen Sie die Schritte 3 bis 5, bis Sie einen klaren Hintergrund ohne Graubereiche im Blatt ausgewählt haben. Klicken Sie dann auf OK.

**156** | LEKTION 4
Fortgeschrittene Masken

💡 *Sie können die meisten Dialogfelder in Photoshop zurücksetzen, ohne das Dialogfeld verlassen zu müssen, indem Sie durch Drücken von Alt (Windows) bzw. Option (Mac OS) auf die Schaltfläche »Zurücksetzen« umschalten und dann auf diese Schaltfläche klicken.*

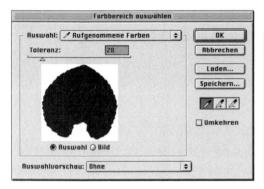 

*Klicken auf weißen Bildhintergrund und grauen Schatten mit Umschalt+Klicken der Auswahl hinzufügen*

7   Klicken Sie mit immer noch aktiver Hintergrundauswahl in der Kanäle-Palette auf den Namen im Kanal »Leaf Mask«, um ihn anzuzeigen. Die Auswahl wird nun über der Maske angezeigt.

8   Setzen Sie Vorder- und Hintergrundfarben wieder auf ihren Standardwert zurück, indem Sie die Taste D auf der Tastatur drücken.

9   Um den Auswahlbereich mit Weiß zu füllen, drücken Sie die Tasten Umschalt+Rückschritt (Windows) bzw. Option+Rückschritt (Mac OS). Der überwiegende Teil des Schlagschattens wird dadurch entfernt.

10  Heben Sie die Auswahl auf und speichern Sie die Datei.

## Hervorheben der Maskenkanten

Die letzte Stufe beim Erstellen von Masken in Photoshop betrifft normalerweise das Hervorheben der Kanten. Gleichgültig, ob Sie Ihre Maske durch Duplizieren eines Kanals, mit dem Befehl »Extrahieren« oder mit Hilfe einer Auswahltechnik erstellt haben, müssen Sie die Maske mit dem Bild vergleichen und einige Bereiche hervorheben.

Als Nächstes werden Sie die Maske und das Bild miteinander vergleichen und mit dem Pinsel-Werkzeug Bereiche entfernen bzw. hinzufügen, die in der vorigen Auswahl noch fehlten.

1. Klicken Sie in der Kanäle-Palette in die Spalte links vom RGB-Kanal, um das Auge-Icon einzublenden. Jetzt sollten sowohl das RGB-Bild als auch der Kanal »Leaf Mask« zu sehen sein.
2. Vergrößern Sie das Bild, damit Sie am unteren Blattteil arbeiten können.
3. Wählen Sie das Pinsel-Werkzeug; stellen Sie in seiner Optionsleiste die Deckkraft auf **100**% und wählen Sie einen kleinen harten Pinsel von etwa 5 oder 6 Pixel im Durchmesser.
4. Drücken Sie die Taste X, um die Vordergrundfarbe in Weiß zu ändern. Beginnen Sie damit, die dunklen Schattenbereiche dort zu übermalen, wo der Stiel gewesen ist. Da Sie mit Weiß malen, entfernen Sie diesen Bereich aus der Maske.
5. Malen Sie sehr vorsichtig und folgen Sie dabei der Blattkante. Falls Sie einen Fehler machen, drücken Sie die Taste X, um Vorder- und Hintergrundfarbe zu vertauschen, und retuschieren Sie den Bereich.
6. Fahren Sie mit dem Retuschieren der Maske fort, indem Sie weiter mit Weiß malen, um die rosafarbenen (Masken-)Bereiche zu entfernen, und mit Schwarz fehlende Bereiche der Maske ersetzen. Die Dauer des Retuschierens hängt von der Genauigkeit ab, mit der Sie die Vorarbeiten beim Anpassen der Gradationskurven und der von Ihnen mit Hilfe des Befehls »Farbbereich auswählen« vorgenommenen Auswahl durchgeführt haben.

Malen Sie nicht die grauen Pixel an der Kante der Form an, nur die innerhalb der Form. An der Kante sollen ein paar graue Pixel verbleiben, damit eine weiche Maske ohne Treppenlinien entsteht.

*Mit Weiß malen, um Schatten aus der Maske zu entfernen*

7   Wenn Sie alle Schatten aus der Maske entfernt haben, klicken Sie auf das Auge-Icon neben dem RGB-Kanal, um ihn auszublenden.

8   Sehen Sie sich das Schwarz-Weiß-Bild der Maske genau an, um zu sehen, ob sich innerhalb der Blattform noch graue oder weiße Pixel befinden, die mit Schwarz übermalt werden müssen.

Bevor Sie Ihre Maske verwenden können, müssen Sie sie noch invertieren. Die weißen Bereiche in Kanälen und Masken zeigen das Bild darunter an, während die schwarzen Bereiche es verbergen.

9   Wählen Sie **Bild: Einstellen: Umkehren**.

*Schwarz-Weiß-Maske*     *Invertierte Maske*

10 Klicken Sie in der Kanäle-Palette auf den Namen des RGB-Kanals, um das Bild anzuzeigen und die Maske auszublenden.

11 Speichern Sie die Datei.

## Verwenden des Maskenbildes

Nachdem Sie nun eine Maske erstellt und gespeichert haben, können Sie sie immer wieder in anderen Bildern verwenden. Sie werden nun eine Kopie des Bildes in eine andere Datei ziehen, dort transformieren, seine Farbe ändern und mehrmals duplizieren.

1 Der RGB-Kanal ist in der Kanäle-Palette immer noch ausgewählt. Laden Sie die Maske als Auswahl, indem Sie mit gedrückter Strg/Befehl-Taste in der Palette auf den Namen »Leaf Mask« klicken.

2 Wählen Sie in der Werkzeugleiste das Verschieben-Werkzeug aus und platzieren Sie die Bildfenster so, dass Sie sowohl das Bild »Leaf« als auch das Bild »Jardin« sehen können.

3 Ziehen Sie die »Leaf«-Auswahl mit Hilfe des Verschieben-Werkzeugs auf das Bild »Jardin«.

Mit dieser Auswahl werden Sie den Blumentopf unterhalb der Blätter erzeugen.

4 Klicken Sie auf den Reiter der Ebenenpalette, um sie anzuzeigen. Sie sehen, dass das Blatt automatisch den Namen »Ebene 1« erhalten hat.

5 Wählen Sie im Palettenmenü der Ebenenpalette den Eintrag »Ebeneneigenschaften« und ändern Sie den Ebenennamen in **Flower pot** (Blumentopf). Klicken Sie auf OK.

6   Die Ebene ist immer noch ausgewählt; wählen Sie **Bearbeiten: Frei Transformieren**.

7   Drehen Sie das Blatt mit gedrückter Umschalttaste durch Ziehen mit der Maus um 180°. Verkleinern Sie es anschließend mit gedrückter Umschalttaste durch Ziehen mit der Maus um etwa die Hälfte und ziehen Sie es dann auf eine Position unterhalb der drei Blätter. Sobald Größe, Position und Ausrichtung der folgenden Abbildung entsprechen, drücken Sie die Eingabetaste.

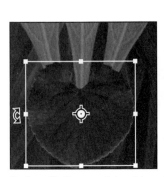 

*Drehen, Skalieren und Ausrichten des Blattes*

Jetzt werden Sie das Blatt mit Hilfe einer Einstellungsebene mit einem goldenen Farbton versehen.

8   Klicken Sie mit gedrückter Alt/Option-Taste unten in der Ebenenpalette auf die Schaltfläche »Neue Füllebene oder Einstellungsebene« erstellen. Wählen Sie im aufgerufenen Popup-Menü den Eintrag »Farbton/Sättigung«.

9   Schalten Sie im Dialogfeld »Neue Ebene« das Kontrollkästchen vor der Option »Mit darunterliegender Ebene gruppieren« ein und klicken Sie auf OK.

## Lektion 1 – Bilder für den Druck vorbereiten

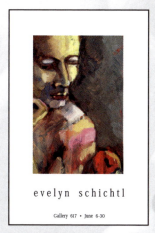

Fertiges Bildmaterial aus
Lektion 1 für den Druck

Original-Scan          Angepasste Farbbalance          Vor Tonwertkorrektur          Nach Tonwertkorrektur

Nach Hinzufügen
eines Farbglanzes

Nach dem Verstärken
der Schatten

# **Lektion 1** – Bilder für das Web vorbereiten

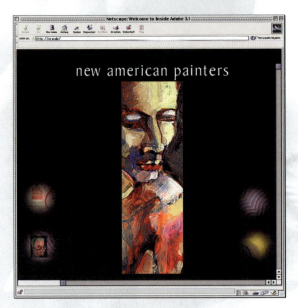

Fertiges Bildmaterial für das Web aus Lektion 1

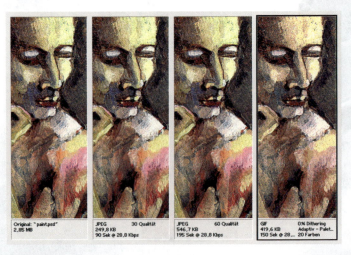

Original-Bild verglichen mit den drei JEPG-Versionen

# Lektion 2 – Schattierung und Anpassung

*Fertiges Photoshop-Bild aus Lektion 2*

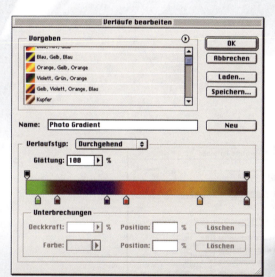

*Fertige Verlaufseinstellung*

*Sechsfarbverlauf zugewiesen*

*Ebenenmodus »Multiplizieren« 30% Deckkraft*

*Verkleinerte Auswahl*

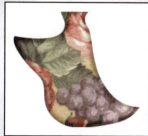

*Mit Hilfe der Tonwertkorrektur aufgehellter Bereich*

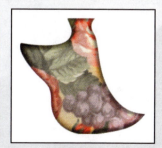

*Sättigungsschwamm auf Kanten angewandt*

# **Lektion 2** – Schattierung und Anpassung

*Fertiges Illustrator-Bildmaterial aus Lektion 2*

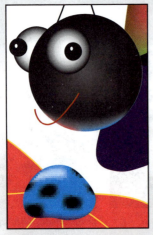 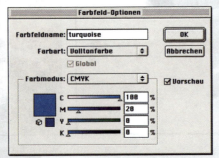

*Farbe im Bildmaterial automatisch geändert*

## Lektion 2 – Schattierung und Anpassung

*Formen mit Verlauf 1 gefüllt*   *Formen mit Verlauf 2 gefüllt*   *Anpassen der Verlaufsrichtung*

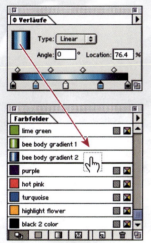

*Neuen Verlauf hinzugefügt und aktualisiert*

# **Lektion 3** – Farbmanagement und Veröffentlichung

*Fertiges Bildmaterial für die gedruckte Postkarte aus Lektion 3*

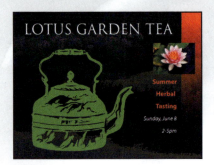

*Bildmaterial*

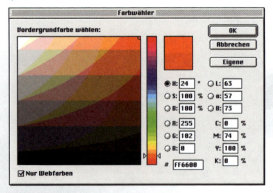

*Webfarben*

*Webfarbregler*

# Lektion 4 – Fortgeschrittene Masken

Fertiges Photoshop-Bild aus Lektion 4

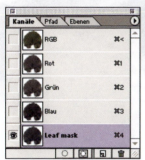 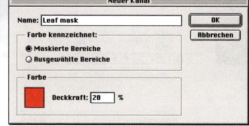

Duplizieren des Blau-Kanals, neu benennen und Einstellen seiner Deckkraft auf 20%

Mit Weiß malen, um Schatten der Maske zu entfernen

# Lektion 4 – Fortgeschrittene Masken

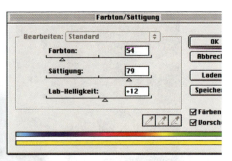

*Blatt mit Hilfe einer Einstellungsebene mit einem goldenen Farbton versehen*

*Blütenbildmaterial mit Hilfe des Verschieben-Werkzeugs ziehen*

*Erstellen der roten Blüten*

## Lektion 4 – Fortgeschrittene Masken

Auswahl als neue Füllebene mit automatisch generierter Ebenenmaske speichern

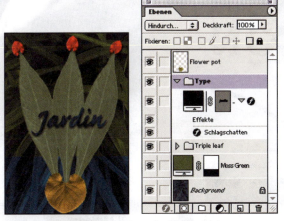

Füllmethode »Hindurchwirken« für Ebene »Type«

Pfad benennen und speichern    Pfad wählen und mit Schwarz füllen

**Lektion 4** – Fortgeschrittene Masken

Fertiges Illustrator-Bild aus Lektion 4

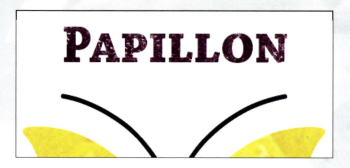

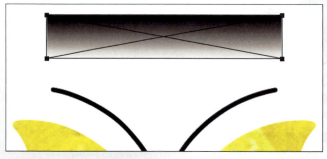

Maskiertes Rechteck »Wisteria« mit 90°-Verlauf

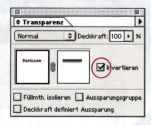

Umkehren der Deckkraftmaske

## Lektion 5 – Fortgeschrittene Bildmontage

Fertiges Bildmaterial aus Lektion 5

Füllmethode »Farbig abwedeln«

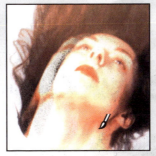

Übermalen von duplizierter Lippe und Nase

Beschnittene Einstellungsebene

Ebene »Type«

**Lektion 6** – Erstellen eines animierten Web-Werbe-Banners

Bildmaterial für animierte Werbe-Bannerleiste

Ausgewählte Rechtecke zeigen Angleichung (oben); Ergebnis (unten)

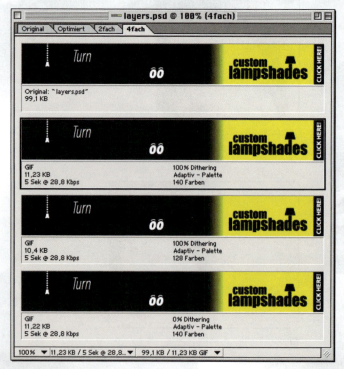

Ansicht »4fach«-Reiter (Windows)

# Lektion 7 – Fortgeschrittene Typografie und Layout

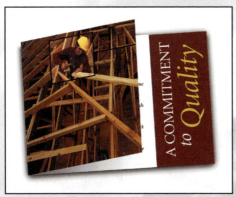

Gedrucktes Beispiel des fertigen Bildmaterials aus Lektion 7

# **Lektion 8** – Das Zeichenstift-Werkzeug meistern

Fertiges Bildmaterial aus Lektion 8

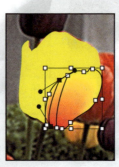

Hinzufügen von Rot zum Verlaufsgitter

Zusätzliche Verlaufsgitterpunkte

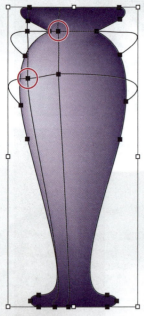

Verlaufsgitter

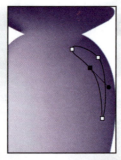

Zeichnen eines Lichtflecks

Schatten

# **Lektion 9** – Zweifarbendruck-Projekte

*Fertiges Bildmaterial aus Lektion 9*

*Platzieren der Datei »Metro.eps«*

*Verringern von Schwarz im Saxophon*

*Geschwungener Text mit Saxophon ausgerichtet*

10 Schalten Sie im Dialogfeld »Farbton/Sättigung« das Kontrollkästchen vor der Option »Färben« ein und geben Sie im Eingabefeld »Farbton« den Wert **54**, bei »Sättigung« **79** und bei »Lab-Helligkeit« **12** ein. Klicken Sie dann auf OK.

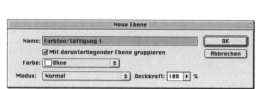

*Erzeugen einer Einstellungsebene und Färben mit dem Befehl »Farbton/Sättigung«*

11 Die Ebene »Farbton/Sättigung 1« ist immer noch ausgewählt; wählen Sie im Ebenenpalettenmenü den Eintrag »Mit darunterliegender auf eine Ebene reduzieren«.

12 Ziehen Sie die Ebene »Flower pot« mit gedrückter Alt/Option-Taste unten in der Ebenenpalette auf die Schaltfläche »Neue Ebene erstellen«. Damit wird die Ebene kopiert und das Dialogfeld »Ebenenoptionen« aufgerufen. Nennen Sie die neue Ebene **Blossom** (Blüte) und klicken Sie auf OK.

Sie werden mit dieser Kopie beginnen, die drei roten Blüten an den Blattspitzen zu erzeugen.

13 Ziehen Sie das Blütenbildmaterial im Bild mit dem Verschieben-Werkzeug an die Spitze eines der drei Blätter.

*Mit dem Verschieben-Werkzeug das Blütenbildmaterial ziehen*

# LEKTION 4
## Fortgeschrittene Masken

14 Die Ebene ist immer noch ausgewählt; wählen Sie **Bearbeiten: Frei Transformieren** (drücken Sie die Tasten Strg/Befehl+T). Drehen und skalieren Sie das Blatt, bis es der folgenden Abbildung entspricht. Wenn Sie möchten, können Sie das Blatt auch verzerren. Drücken Sie anschließend die Eingabetaste.

Sie werden die Ebene noch ein paar mal duplizieren, einfärben und transformieren.

15 Klicken Sie mit gedrückter Alt/Option-Taste auf die Schaltfläche »Neue Füllebene oder Einstellungsebene« erstellen. Wählen Sie im aufgerufenen Popup-Menü den Eintrag »Farbton/Sättigung«. Schalten Sie im Dialogfeld »Neue Ebene« das Kontrollkästchen vor der Option »Mit darunterliegender Ebene gruppieren« ein und klicken Sie auf OK.

16 Geben Sie im Dialogfeld »Farbton/Sättigung« für »Farbton« den Wert **-55**, **+30** für »Sättigung« und **0** für »Lab-Helligkeit« ein. Klicken Sie auf OK.

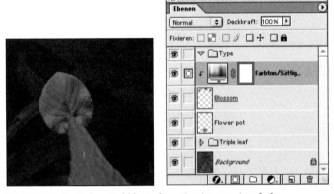

*Blatt-„Blüte" mit dem Befehl »Farbton/Sättigung« eingefärbt*

17 Die Ebene »Farbton/Sättigung 1« ist immer noch ausgewählt; wählen Sie im Ebenenpalettenmenü den Eintrag »Mit darunterliegender auf eine Ebene reduzieren«.

18 Erstellen Sie die nächste Blüte:

- Ziehen Sie bei gedrückt gehaltener Alt/Option-Taste mit dem Verschieben-Werkzeug eine Kopie der Blüte auf die Spitze des mittleren Blattes. Lassen Sie danach erst die Maustaste und dann die Alt/Option-Taste los.

- Die duplizierte Ebene ist noch ausgewählt; drücken Sie die Tasten Strg/Befehl+T. Drehen und verzerren Sie das Blatt, bis es wie in der folgenden Abbildung aussieht; drücken Sie dann die Eingabetaste.

19 Wiederholen Sie Schritt 18, um die rechte Blüte zu erstellen.

20 Wählen Sie die letzte Blüten-Ebene aus (sie sollte *Blossom Kopie 2* heißen) und wählen Sie im Ebenenpalettenmenü den Eintrag »Mit darunterliegender auf eine Ebene reduzieren«.

21 Die letzte Blüten-Ebene ist ausgewählt (jetzt *Blossom Kopie*); wählen Sie im Ebenenpalettenmenü den Eintrag »Mit darunterliegender auf eine Ebene reduzieren«. Jetzt befinden sich alle drei Blüten auf der Ebene *Blossom*.

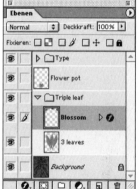

*Blüten auf die Ebene »Blossom« reduziert*

Um die Zusammensetzung zu vervollständigen, werden Sie den Blüten noch einen Schlagschatten hinzufügen.

22 Doppelklicken Sie in der Ebenenpalette auf die Ebene »Blossom«, um das Dialogfeld »Ebenenstil« aufzurufen. Schalten Sie das Kontrollkästchen vor dem Stil »Schlagschatten« ein und klicken Sie auf OK.

23 Verschieben Sie in der Ebenenpalette die Ebene »Blossom« in den Ebenensatz »Triple Leaf« und bewegen Sie sie oben an die erste Stelle.

24 Speichern Sie die Datei.

## Erstellen einer Maske aus einer Auswahl

Mit Photoshop lassen sich verschiedene Masken aus einer Auswahl erstellen. Sie können eine komplexe Auswahl erzeugen und sie zur späteren Verwendung in einem Alpha-Kanal speichern. Sie können eine Auswahl erstellen und als Ebenenmaske speichern, um nur eine Ebene zu maskieren. Sie können aber auch mit einer Auswahl schnell eine temporäre Maske erzeugen.

In diesem Abschnitt werden Sie eine sehr einfache Auswahl und eine neue Füllebene erzeugen. Wenn beim Erstellen der neuen Füllebene eine Auswahl aktiv ist, wird diese von Photoshop als Ebenenmaske benutzt. Der ausgewählte Bereich wird mit einer Vollton-Füllfarbe gefüllt, während der nicht ausgewählte Bereich ungefüllt bleibt.

1. Wählen Sie in der Werkzeugleiste das Auswahlrechteck-Werkzeug aus. Ziehen Sie im Jardin-Bild eine Auswahl auf, die etwa zwei Drittel des Bildes umfasst.

2. Wählen Sie in der Ebenenpalette die Ebene »Background« (Hintergrund) aus. Die neue Füllebene wird unmittelbar darüber platziert.

3. Klicken Sie mit gedrückt gehaltener Alt/Option-Taste unten in der Ebenenpalette auf die Schaltfläche »Neue Füllebene oder Einstellungsebene erstellen«. Wählen Sie im Popup-Menü den Eintrag »Volltonfarbe«.

4. Geben Sie der Ebene im Dialogfeld »Neue Ebenen« den Namen **Moss Green** (Moosgrün) und klicken Sie auf OK.

5. Geben Sie im Farbwähler die Werte R=**91**, B=**110** und G=**62** ein und klicken Sie auf OK.

6. Ändern Sie in der Ebenenpalette oben links im Popup-Menü »Füllmethode einstellen« den Modus der Ebene »Moss Green« in »Farbton«. Im Modus »Farbton« wird nur die Farbe angezeigt, nicht ihr Intensitäts- bzw. Helligkeitswert.

7   Speichern Sie die Datei.

*Auswahl als neue Füllebene mit automatisch erstellter Ebenenmaske gespeichert*

## Masken mit Ebenen

Wenn Sie eine Form oder einen Schriftzug benutzen wollen, um ein Hintergrundbild in einer Ebene »durchblicken« zu lassen, ohne dass die übrigen dazwischen liegenden Ebenen sichtbar sind, können Sie mit der Aussparungsoption arbeiten. Sie werden hier die Schrift verwenden, um den Hintergrund ohne die Auswirkung der Ebene »Moss Green« anzuzeigen. Mit Hilfe der Aussparungsoptionen lassen sich Ebenen innerhalb von Ebenensätzen oder innerhalb der gesamten Datei aussparen.

1   Klicken Sie in der Ebenenpalette auf das kleine Dreieck links vom Ebenensatz »Type«, um ihn zu öffnen. Doppelklicken Sie auf die Ebene »Jardin«, um das Dialogfeld »Ebenenstil« zu öffnen.

2    Schalten Sie das Kontrollkästchen vor dem Stil »Schlagschatten« ein. Setzen Sie im Abschnitt »Erweiterte Füllmethode« die Deckkraft auf **0%** und die Aussparung auf »Stark«. Klicken Sie auf OK.

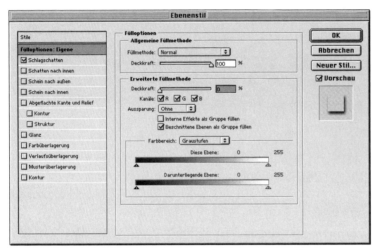

*Stil »Schlagschatten« mit Deckkraft »0%« und Aussparung »Stark«*

3    Wählen Sie in der Ebenenpalette den Ebenensatz »Type« und ändern Sie oben links im Popup-Menü »Füllmethode einstellen« den Modus in »Hindurchwirken«. Der Schlagschatten des Schriftzugs zeigt nun den Hintergrund, aber nicht die Ebene »Moss Green«.

4    Speichern Sie die Datei.

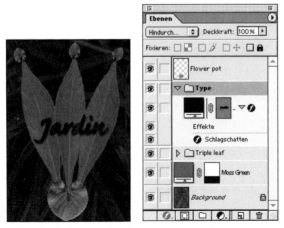

*Füllmethode »Hindurchwirken« für Ebenensatz »Type«*

## Festlegen von Aussparungsoptionen

Mit den Aussparungsoptionen können Sie festlegen, welche Ebenen »durchbohrt« werden, damit Inhalt von anderen Ebenen sichtbar wird. Sie können z.B. mit einer Textebene eine Farbkorrekturebene aussparen, um einen Teil des Bildes mit den Originalfarben anzuzeigen. Stellen Sie die Aussparungsoption für die Ebene ein, auf der der Effekt beginnen soll. Wenn z.B. Text eine darunter liegende Ebene aussparen soll, stellen Sie die Aussparungsoption auf der Textebene ein.

Wenn Sie Aussparungsoptionen auf einer Ebene in einem Ebenensatz verwenden, stellen Sie die Füllmethode des Satzes auf »Hindurchwirken« ein. Ansonsten endet die Aussparung am Ende des Ebenensatzes. Sie können Aussparungsoptionen auch bei Beschnittgruppen verwenden.

**Wichtig:** Um Aussparungseffekte anzuzeigen, verringern Sie die Deckkraft der Ebenenfüllung oder ändern Sie die Ebenen-Füllmethode.

**So legen Sie einen Aussparungsmodus fest:**

1. Wählen Sie die Ebene aus, durch die andere Ebenen ausgespart werden.

2. Um die erweiterten Fülloptionen anzuzeigen, führen Sie einen der folgenden Schritte aus:

    - (Photoshop) Doppelklicken Sie auf einen Ebenennamen oder eine Ebenen-Miniatur.
    
    - (ImageReady) Wählen Sie **Fenster: Ebenen-Optionen/Stil einblenden**. Wenn auf der Ebenenoptionen-Palette die erweiterten Optionen nicht angezeigt werden, wählen Sie aus dem Menü der Palette die Option »Optionen einblenden« oder klicken Sie auf das Symbol »Optionen einblenden«, um alle Optionen anzuzeigen.

Afrika-Text mit leichter Aussparung bis zur Löwenebene und starker Aussparung bis zum Hintergrund

3. Wählen Sie aus der Ebenen-Optionen-Palette (ImageReady) bzw. im Dialogfeld »Ebenenstil« aus dem Fenster »Fülloptionen« (Photoshop) eine Aussparungsoption:

    - »Leicht«, um die Aussparung am ersten möglichen Haltepunkt zu beenden, z.B. am Ende des Ebenensatzes oder der Beschnittgruppe mit der Aussparungsoption.
    
    - »Stark«, um die Aussparung auf der Hintergrundebene oder am ersten obligatorischen Haltepunkt zu beenden. Ein obligatorischer Haltepunkt ist z.B. das Ende des Ebenensatzes mit der Ebene, von der die Aussparung verwendet wird, wenn für den Ebenensatz eine andere Füllmethode gilt als »Hindurchwirken«. Wenn keine Hintergrundebene vorhanden ist, erfolgt die Aussparung »Stark« bis zur Transparenz.

*Aus der Adobe-Photoshop-6.0-Online-Hilfe*

## Erstellen einer Ebenenmaske

Jeder Maske lässt sich mit Hilfe der Ebenenpalette eine Ebenenmaske hinzufügen. Ebenenmasken blenden Bereiche einer Ebene ein oder aus, ohne die Pixel dieser Ebene zu beeinflussen. Da Ebenenmasken den Alpha-Kanälen ähneln, können Sie sie mit einem beliebigen Auswahl-, Mal- oder Zeichenwerkzeug bearbeiten. In diesem Abschnitt werden Sie eine Ebenenmaske erstellen und anschließend eine blumentopfförmige Maske mit dem Zeichenstift-Werkzeug zeichnen.

1 Wählen Sie in der Ebenenpalette die Ebene »Flower Pot« und klicken Sie unten in der Palette auf die Schaltfläche »Maske hinzufügen«, um eine Ebenenmaske zu erstellen.

2 Wählen Sie in der Werkzeugleiste das Zeichenstift-Werkzeug. Platzieren Sie den Mauszeiger im oberen linken Teil des goldenen Blattes und klicken Sie einmal. Achten Sie darauf, beim Klicken nicht gleichzeitig zu ziehen, anderenfalls wird die Linie gekrümmt.

3 Ziehen Sie mit der Maus über das Blatt auf die rechte Seite und klicken Sie dort mit gedrückt gehaltener Umschalttaste, um eine waagerechte Linie auf das Blatt zu zeichnen. Diese Linie wird zum oberen Rand der Blumentopfform.

4 Fahren Sie mit dem Zeichnen von Geraden innerhalb des Blattes fort und erstellen Sie auf diese Weise eine Blumentopfform.

5 Bearbeiten oder verschieben Sie die Punkte mit Hilfe des Direkt-Auswahl-Werkzeugs, bis Sie mit der Form zufrieden sind.

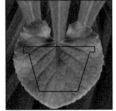

*Erstellen der Blumentopfform mit dem Buntstift-Werkzeug*

6  Aktivieren Sie durch Klicken auf den Reiter »Pfad« die Pfadpalette. Wählen Sie den Pfad namens »Arbeitspfad«. Dies ist die von Ihnen gerade erstellte Blumentopfform.

7  Wählen Sie im Pfadpalettenmenü den Eintrag »Pfad speichern«. Nennen Sie den Pfad **Flower Pot** (Blumentopf) und klicken Sie auf OK.

8  Stellen Sie die Vorder- und Hintergrundfarbe wieder auf ihre Standardeinstellungen zurück, indem Sie die Taste D drücken.

9  Vertauschen Sie jetzt die Vordergrund- mit der Hintergrundfarbe, indem Sie die Taste X drücken.

10  Wählen Sie den Pfad mit Hilfe des Pfadkomponenten-Auswahl-Werkzeugs (über dem Zeichenstift-Werkzeug in der Werkzeugleiste) aus.

11  Klicken Sie unten in der Pfadpalette auf die Schaltfläche »Pfadfläche mit der Vordergrundfarbe füllen«.

Der Effekt bewirkt das Gegenteil von dem, was gewünscht wird. Sie werden dies mit wenigen Schritten korrigieren, indem Sie die Maske umkehren.

*Hinweis: Ebenenmasken enthalten nur Graustufeninformationen. Jedes weiße Pixel zeigt das entsprechende Pixel im Ebenenbild darunter und jedes schwarze Pixel verbirgt das entsprechende Pixel im Ebenenbild darunter. Graue Pixel zeigen bzw. verbergen entsprechend ihren Grauwerten prozentuale Anteile des Bildes.*

  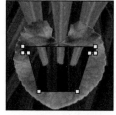

*Pfad speichern und benennen*   *Pfad wählen und mit Schwarz füllen*

12  Klicken Sie in der Graubereich der Pfadpalette, um die Auswahl des Pfades aufzuheben.

13 Aktivieren Sie die Ebenenpalette, indem Sie auf ihren Reiter klicken. Klicken Sie auf den Thumbnail der Ebenenmaske »Flower Pot«, um ihn auszuwählen.

14 Wählen Sie **Bild: Einstellen: Umkehren**, um die Maske zu invertieren, damit nur das Ebenenbild innerhalb der Form angezeigt wird.

*Hinweis: Falls Sie die Ebenenmaske durch Anpassen des Pfades bearbeiten oder ändern wollen, löschen Sie zunächst die vorhandene Ebenenmaske durch Wählen von* **Auswahl: Alles auswählen** *und Drücken der Rückschritt-Taste. Kehren Sie anschließend zur Pfadpalette zurück, wählen Sie den Pfad »Flower Pot« aus und führen Sie die gewünschten Änderungen aus. Wiederholen Sie anschließend die Schritte 8 bis 14.*

15 Doppelklicken Sie auf den Ebenennamen »Flower Pot«, um das Dialogfeld »Ebenenstil« aufzurufen. Schalten Sie das Kontrollkästchen vor dem Stil »Schlagschatten« ein, übernehmen Sie die Standardeinstellungen und klicken Sie auf OK.

Damit haben Sie das Garten-Bildmaterial mit Hilfe zahlreicher Masken erfolgreich abgeschlossen.

16 Speichern Sie die Datei.

17 Schließen Sie alle geöffneten Dateien und beenden Sie Photoshop.

*Wählen und Umkehren der Ebenenmaske*

## Masken in Illustrator

Masken lassen sich in Illustrator viel einfacher als in Photoshop erzeugen. Sehr einfach können Sie zum Beispiel in Illustrator eine Maske erstellen, indem Sie mit Hilfe des Zeichenstift-Werkzeugs oder eines anderen Malwerkzeugs die Maskenform erzeugen (achten Sie darauf, dass sie sich im Vordergrund des zu maskierenden Objekts befindet), die Form und die zu maskierenden Objekte wählen und anschließend **Objekt: Schnittmaske: Erstellen** wählen. Manche Masken lassen sich allerdings auch in Illustrator nicht so einfach erstellen. Wenn Sie zum Beispiel ein Bild oder eine Abbildung mit mehreren einzelnen Formen maskieren wollen, müssen Sie eine zusammengesetzte Maske erzeugen. In Illustrator 9 lassen sich außerdem Deckkraftmasken erstellen, die den Ebenenmasken in Photoshop ähneln.

Falls nicht bereits geschehen, müssen Sie die Adobe-Illustrator-Voreinstellungen-Datei wiederherstellen. Entsprechende Hinweise finden Sie unter »Wiederherstellen der Standardeinstellungen« auf Seite 13.

Sie werden sich jetzt die fertige Datei für diese Lektion ansehen, um eine Vorstellung von dem zu erhalten, was Sie erstellen werden.

1   Starten Sie Adobe Illustrator.

2   Wählen Sie **Datei: Öffnen** und öffnen Sie die Datei *04End.ai* im Ordner *Lektionen/Lektion04/04AI* auf Ihrer Festplatte.

3   Nachdem Sie sich die Datei angesehen haben, können Sie sie geöffnet auf dem Bildschirm belassen oder sie ohne Speichern von Änderungen schließen.

Eine Abbildung der fertigen Grafik aus dieser Lektion finden Sie in der Galerie im Farbteil dieser Lektion.

## Erstellen einer verknüpften Maske

In diesem Abschnitt werden Sie in der Zeichnung eines Schmetterlings einige einzelne Formen wählen und daraus einen verknüpften Pfad erstellen. Anschließend werden Sie ein Photoshop-Bild importieren, skalieren und mit Hilfe des verknüpften Pfades eine verknüpfte Maske erstellen.

# LEKTION 4
## Fortgeschrittene Masken

1. Wählen Sie **Datei: Öffnen** und öffnen Sie die Datei *04Start.ai* im Ordner *Lektionen/Lektion04/04AI* auf Ihrer Festplatte.

2. Wählen Sie **Datei: Speichern unter**, nennen Sie die Datei **Butterfly.ai** (Schmetterling) und klicken Sie auf »Speichern«.

3. Wählen Sie in der Ebenenpalette die Ebene »Butterfly«. Damit stellen Sie sicher, dass das im nächsten Schritt zu platzierende Bild in der Ebene »Butterfly« platziert wird.

4. Wählen Sie **Datei: Plazieren**, wählen Sie die Datei *Yellow.psd* im Ordner *Lektionen/Lektion04/04AI* auf Ihrer Festplatte und klicken Sie auf »Plazieren«.

5. Das platzierte Bild ist noch ausgewählt; doppelklicken Sie in der Werkzeugleiste auf das Skalieren-Werkzeug, um das Dialogfeld »Skalieren« aufzurufen. Geben Sie im Abschnitt »Gleichmäßig« in das Eingabefeld »Skalieren« **200%** ein und klicken Sie auf OK.

6. Das Bild ist immer noch ausgewählt; wählen Sie **Objekt: Anordnen: Nach hinten stellen**.

Da dieser Hintergrund maskiert werden soll, muss er sich hinter dem Objekt befinden, in dem er angezeigt werden soll.

7. Falls notwendig verschieben Sie das Bild mit Hilfe des Auswahl-Werkzeugs, damit sich die vollständige Schmetterlingsabbildung innerhalb des Bildbereichs befindet.

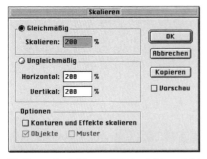 

*Skalieren des Bildes auf 200%; Bild nach hinten gestellt und an den Schmetterling angepasst*

8   Klicken Sie mit dem Auswahl-Werkzeug auf einen der vier Flügelabschnitte des Schmetterlings, halten Sie danach die Umschalttaste gedrückt und klicken Sie anschließend auf die übrigen drei Flügelabschnitte, um sie auszuwählen.

9   Wählen Sie **Objekt: Verknüpfte Pfade: Erstellen**.

Sie werden im Bildmaterial keinen Unterschied feststellen, aber Illustrator wird die Flügel nun als einen Pfad und nicht mehr als vier einzelne behandeln. Ohne diesen Schritt würde Illustrator nur einen statt aller vier Flügel als Maske verwenden. Weitere Informationen über verknüpfte Pfade finden Sie unter »Erstellen und Ändern verknüpfter Pfade« in der Adobe-Illustrator-9.0-Online-Hilfe.

10  Klicken Sie mit gedrückt gehaltender Umschalttaste auf das gelbe Bild, so dass sowohl das platzierte Bild als auch der verknüpfte Pfad ausgewählt sind.

Sie werden nun mit Hilfe dieser Form die Maske erzeugen.

11  Wählen Sie **Objekt: Schnittmaske: Erstellen**. Mit einer Schnittmaske kann ein Satz darunter liegender Objekte durch eigene Formen hindurch angezeigt werden.

Sie werden den Hintergrund nun mit Hilfe des Direktauswahl-Werkzeugs innerhalb der Flügel anpassen.

12  Wählen Sie in der Werkzeugleiste das Direktauswahl-Werkzeug und klicken Sie in einen leeren Bereich des Bildmaterials, um die Auswahl des maskierten Bildes aufzuheben.

13  Klicken Sie nun innerhalb des Rahmens des platzierten Bildes (Teile des Bildes sind unsichtbar), um den gelben Hintergrund ohne die Maske auszuwählen.

14  Richten Sie das gelbe Bild so an der Maskenform aus, dass es Ihnen gefällt. Wenn Sie mit der Wirkung zufrieden sind, heben Sie die Auswahl des Bildes auf.

Um ein versehentliches Wählen oder Verschieben einer maskierten Gruppe zu verhindern, sollten Sie die Gruppe nach der Bearbeitung bzw. dem Anpassen der Maske fixieren.

15 Klicken Sie in der Ebenenpalette auf das Dreieck links von der Ebene »Butterfly«, um ihren Inhalt anzuzeigen. Die verknüpfte Maske hat standardmäßig den Namen »<Gruppe>« erhalten.

16 Klicken Sie auf die rechte Spalte zwischen dem Auge-Icon und dem Namen »<Gruppe>«, um die Maske zu fixieren.

17 Speichern Sie die Datei.

*Fixieren der Maske, um versehentliches Wählen zu verhindern*

## Maskieren eines einfachen Pfades

Sie werden nun mit Hilfe einer einfachen gezeichneten Form eine Maske erstellen.

1 Klicken Sie in der Ebenenpalette auf die Spalte »Fixierung« links von der Ebene »Type«, um sie zu fixieren und um Änderungen zu verhindern. Achten Sie darauf, dass die Ebene »Butterfly« ausgewählt ist.

2 Wählen Sie **Datei: Plazieren**, wählen Sie die Datei *Bark.psd* im Ordner *Lektionen/Lektion04/04AI* auf Ihrer Festplatte und klicken Sie auf »Plazieren«.

3 Das Bild ist immer noch ausgewählt; wählen Sie **Objekt: Anordnen: Nach hinten stellen**.

*Statt des Menüs »Objekt« können Sie auch die Ebenenpalette verwenden, um die Objektreihenfolge Ihres Bildmaterials zu ändern. Ziehen Sie dazu einfach in der Ebenenpalette den Thumbnail des Bildes »Bark« nach unten unter den Thumbnail des Schmetterlingskörper-Pfades (body).*

4 Falls notwendig verschieben Sie das Bild mit Hilfe des Auswahl-Werkzeugs so, dass der gesamte Schmetterlingskörper in den Bereich des Bildes »Bark« fällt.

5  Halten Sie die Umschalttaste gedrückt und klicken Sie mit dem Auswahl-Werkzeug auf das Bild »Bark« und den Schmetterlingskörper, um beide auszuwählen. Wählen Sie **Objekt: Schnittmaske: Erstellen**.

6  Wählen Sie in der Werkzeugleiste das Direktauswahl-Werkzeug und klicken Sie in einen leeren Bereich des Bildmaterials, um die Auswahl des maskierten Bildes aufzuheben.

7  Klicken Sie nun innerhalb des Rahmens des platzierten Bildes (von dem nun ein Teil nicht sichtbar ist), um es ohne die Maske auszuwählen.

8  Verschieben Sie nun das Bild »Bark«, bis sie mit seiner Anordnung innerhalb der Maskenform zufrieden sind. Heben Sie anschließend die Auswahl des Bildes auf.

9  Klicken Sie in der Ebenenpalette auf die Fixierungsspalte neben der Ebene »Butterfly«, um sie zu fixieren.

10  Speichern Sie die Datei.

## Erstellen einer Deckkraftmaske mit Hilfe eines Bildes

Eine Deckkraftmaske ähnelt einer Ebenenmaske in Photoshop. Unabhängig von der Farbe der Maske verwendet Illustrator nur ihre Lichtstärke, um Objekte darunter zu beeinflussen.

In diesem Abschnitt werden Sie ein weiteres Bild platzieren und mit der Schrift maskieren. Anschließend werden Sie eine Deckkraftmaske für die Schrift erstellen, so dass sie nach unten weiß verläuft. Da es sich bei der Schrift um eine Deckkraftmaske handelt, wird das neue Bild von unten nach oben transparent bis deckend verlaufen.

1  Klicken Sie in der Ebenenpalette auf die Fixierungs-Spalte neben der Ebene »Type«, um ihre Fixierung aufzuheben. Wählen Sie danach die Ebene »Type« aus.

2  Wählen Sie **Datei: Plazieren**, suchen Sie die Datei *Wisteria.psd* im Ordner *Lektionen/Lektion04/04AI* auf Ihrer Festplatte und klicken Sie auf »Plazieren«.

3  Das Bild ist immer noch ausgewählt; wählen Sie **Objekt: Anordnen: Nach hinten stellen**.

4 Falls notwendig verschieben Sie das Bild mit Hilfe des Auswahl-Werkzeugs so, dass die Schrift »Papillon« in den Bereich des Bildes »Wisteria« fällt.

5 Halten Sie die Umschalttaste gedrückt und klicken Sie mit dem Auswahl-Werkzeug auf das Bild »Wisteria« und die Schrift, um beides auszuwählen. Wählen Sie **Objekt: Schnittmaske: Erstellen**.

6 Klicken Sie in einen leeren Bereich des Bildmaterials, um die Auswahl des maskierten Bildes aufzuheben.

7 Wählen Sie nun das Rechteck-Werkzeug und zeichnen Sie ein Rechteck, das etwas größer als die Schrift »Papillon« ist und die Schrift vollständig bedeckt.

8 Das Rechteck ist immer noch ausgewählt; klicken Sie auf den Reiter der Palette »Verläufe«, um sie zu aktivieren. Wählen Sie im Verläufepalettenmenü den Eintrag »Optionen einblenden«. Klicken Sie in der Palette auf die Verlaufsfläche, um sie mit dem Standard-Schwarzweiß-Verlauf zu füllen.

Statt eines waagerechten benötigen Sie einen senkrechten Verlauf.

9 Ändern Sie in der Verläufepalette den Winkel auf **90°**. Drücken Sie die Eingabetaste.

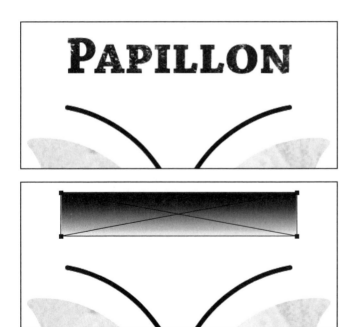

*Maskiertes Bild »Wisteria« (oben) und Rechteck mit 90°-Verlauf*

Das Rechteck muss immer noch ausgewählt sein. Sie werden nun mit Hilfe der Ebenenpalette der Auswahl die Schrift hinzufügen.

10  Klicken Sie in der Ebenenpalette auf das Dreieck links neben der Ebene »Type«, um die Ebenenansicht zu erweitern; platzieren Sie anschließend den Mauszeiger im Auswahlbereich rechts von der Teilebene »<Gruppe>«. Halten Sie die Umschalttaste gedrückt und klicken Sie auf den Auswahlbereich, um der Rechteckauswahl die verborgene Schrift hinzuzufügen.

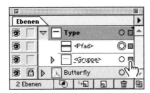

*Mit gedrückter Umschalttaste in den Auswahlbereich der Ebenenpalette klicken, um Auswahl hinzuzufügen*

Der Rahmen der maskierten Schrift »Wisteria« wird sichtbar, um anzuzeigen, dass der Verlauf zusammen mit dem Bild »Wisteria« und der Schrift-Maske ausgewählt ist. Sie werden jetzt eine Deckkraftmaske erstellen, um die Schrift anzuzeigen.

11  Klicken Sie auf den Reiter »Transparenz«, um die Transparenzpalette einzublenden. Wählen Sie im Transparenzpalettenmenü den Eintrag »Deckkraftmaske erstellen«. Jetzt ist der Verlauf ein Teil der Transparenzmaske.

Sie sehen, dass die Schrift von oben nach unten weiß nach schwarz verläuft.

12  Wählen Sie im Transparenzpalettenmenü den Eintrag »Optionen einblenden«. Klicken Sie auf das Kontrollkästchen »Invertieren«, um den Effekt des Schriftverlaufs umzukehren.

Der weiße Teil des Schriftverlaufs ist tatsächlich transparent. Wenn Sie den Effekt betrachten wollen, wählen Sie in der Transparenzpalette den Thumbnail der Deckkraftmaske; die Maske wird im Bild ausgewählt angezeigt.

13 Sie können im Bild auch noch das Auswahl-Werkzeug verwenden, um die Maske über der Schrift auszurichten und den Effekt zu ändern.

*Invertieren der Deckkraftmaske*

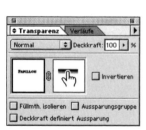

*Ausrichten der Maske (optional)*

14 Speichern Sie die Datei.

15 Schließen Sie alle geöffneten Dateien und beenden Sie Illustrator.

Damit haben Sie das Maskieren Ihrer Schrift mit Hilfe einer Deckkraftmaske erfolgreich abgeschlossen.

## Eigene Übungen

Probieren Sie einmal folgende Techniken aus, um mehr über das Erstellen von Masken zu lernen:

- Erstellen Sie eine Schrift-Maske, ohne die Schrift vorher in Pfade umzuwandeln. So können Sie die Schrift immer noch bearbeiten und die Schriftart oder -größe beim Erstellen Ihres Entwurfs noch ändern.
- Verwenden Sie nur die Illustrator-Ebenenpalette, um Beschnittmasken anzuordnen, auszuwählen und zu erstellen.
- Sie können einer Maske eine Füllfarbe bzw. einen Stil hinzufügen, indem Sie die Maskenform mit dem Direktauswahl-Werkzeug wählen und anschließend den gewünschten Stil bzw. die gewünschte Füllfarbe mit Hilfe der Farbpalette zuweisen.
- Wenn Sie in Illustrator mehrere Objekte mit einer Maske abdecken wollen, platzieren Sie diese Objekte auf derselben Ebene und verschieben die Maskenform in der Ebene ganz nach oben. Wählen Sie dann den Ebenennamen aus und wählen Sie **Objekt: Schnittmaske: Erstellen**. Dadurch werden alle Objekte in dieser Ebene durch das oberste Objekt maskiert.

# Lektion 5

# 5 | Fortgeschrittene Bildmontage

von Karen Tenenbaum und Judy Walthers von Alten

*In Adobe Photoshop und Adobe Illustrator gibt es zahlreiche Methoden, um komplexe Composites (Bildmontagen, hier: aus Pixel- und Vektorelementen) zu erstellen – einschließlich Ebenenmasken, Füllmethoden und Beschnittgruppen. In Illustrator lassen sich mit Hilfe der funktionalen Ebenenhierarchie und von Spezialwerkzeugen wie den Pathfinder-Befehlen komplexe Textentwürfe aufbauen.*

# LEKTION 5
## Fortgeschrittene Bildmontage

In dieser Lektion werden Sie an einer Werbeanzeige der imaginären Haarprodukt-Firma namens »Super Schoen« arbeiten. Sie werden ein Composite erstellen, das sich nach Bedarf leicht bearbeiten bzw. aktualisieren lässt.

In Adobe Photoshop lernen Sie Folgendes:

- Erstellen von Ebenen durch Kopieren in Adobe Photoshop
- Arbeiten mit mehreren Photoshop-Ebenenmasken
- Einsatz von Photoshop-Ebenenmasken
- Verwenden von Photoshop-Einstellungsebenen und Beschnittgruppen zum Steuern von Ebeneneffekten
- Arbeiten mit Füllmethoden und Ebenenstilen in Photoshop

In Adobe Illustrator lernen Sie Folgendes:

- Erzeugen komplexer Texteffekte
- Drag&Drop einer Photoshop-Datei in eine Illustrator-Datei

Für diese Lektion werden Sie etwa eineinhalb Stunden benötigen.

Falls erforderlich löschen Sie den auf Ihrer Festplatte vorhandenen Lektionsordner und kopieren stattdessen den Ordner *Lektion05* auf die Festplatte.

## Vorbereitungen

Bevor Sie mit dieser Lektion beginnen, müssen Sie die Adobe-Photoshop- und Adobe-Illustrator-Voreinstellungen-Datei wiederherstellen. Entsprechende Hinweise finden Sie unter »Wiederherstellen der Standardeinstellungen« auf Seite 13.

Achten Sie außerdem darauf, genügend Speicher zur Durchführung dieser Lektion zur Verfügung zu haben. Weitere Informationen finden Sie unter »Kopieren der Advanced-Classroom-in-a-Book-Dateien« auf Seite 12.

Sie werden jetzt die fertige Lektionsdatei öffnen, um eine Vorstellung von dem zu erhalten, was Sie erstellen werden.

1  Starten Sie Adobe Illustrator.

2 Wählen Sie **Datei: Öffnen** und öffnen Sie die Datei *05End.ai* im Ordner *Lektionen/Lektion05* auf Ihrer Festplatte.

*Bild* 05End

3 Nachdem Sie sich die Datei angesehen haben, können Sie sie geöffnet auf dem Bildschirm belassen oder sie ohne Speichern von Änderungen schließen.

◐ Eine Abbildung der fertigen Grafik aus dieser Lektion finden Sie in der Galerie im Farbteil dieser Lektion.

Sie werden nun die Startdatei öffnen und mit der Lektion beginnen, indem Sie das Composite-Bild entwerfen.

4 Starten Sie Adobe Photoshop. Wenn Sie in einem Dialogfeld gefragt werden, ob Sie die Farbeinstellungen ändern wollen, ignorieren Sie die Frage, um die Standard-Photoshop-Farbeinstellungen zu verwenden.

5 Wählen Sie **Datei: Öffnen** und öffnen Sie die Datei *05Start.psd* im Ordner *Lektionen/Lektion05* auf Ihrer Festplatte. Wählen Sie im Dialogfeld »Abweichung vom eingebetteten Profil« die Option »Eingebettetes Profil verwenden (anstelle des Arbeitsfarbraums)« und klicken Sie auf OK. Weitere Informationen finden Sie unter »Öffnen einer Datei mit eingebettetem Profil« auf Seite 117.

6 Wählen Sie **Datei: Speichern unter,** nennen Sie die Datei **Hair.psd** und speichern Sie sie im Ordner *Lektion05*.

## Mit dem Entwerfen beginnen

Bevor Sie mit dem Entwurf Ihrer Werbeanzeige anfangen, sollten Sie sich überlegen, welches Ausgabeformat Sie benötigen. In diesem Fall werden Sie ein niedrig aufgelöstes Composite-Bild (Composite) erstellen, dessen Ausmaße etwa 21,6 cm mal 27,95 cm (8,5 Inch mal 11 Inch) bei 72 ppi betragen. Ein digitales Composite entsteht oft erst als niedrig aufgelöste Version einer Entwurfsidee bzw. eines Entwurfsvorschlags. Durch das Produzieren von niedrig aufgelösten Proben haben Sie mehr Zeit, um schnell verschiedene Entwurfsideen zu erstellen.

## Verwenden von Füllmethoden zum Mischen

Das Arbeiten mit Ebenen in Photoshop ist einer der wirkungsvollsten und direktesten Wege zum Erstellen von Composite-Bildern. Jede Ebene lässt sich wie ein einzelnes Bildmaterial bearbeiten und ermöglicht auf diese Weise unendliche Flexibilität. Mit Hilfe von Füllmethoden lassen sich Mischungen von einer Ebene zur anderen herstellen oder die Tonwerte eines Bildes anpassen. Sie werden mit Hilfe der Füllmethoden eine kontraststarke Version des Bildes erzeugen.

1. Kopieren Sie in der Ebenenpalette den Hintergrund, indem Sie die Ebene »Hintergrund« unten in der Palette auf die Schaltfläche »Neue Ebene erstellen« ziehen.

2. Ändern Sie im Popup-Menü »Füllmethode einstellen« oben links in der Ebenenpalette die Füllmethode in »Farbig abwedeln«, um eine kontraststarke Version des ursprünglichen Bildes zu erhalten. Experimentieren Sie ein wenig mit den übrigen Füllmethoden, um ihre Auswirkungen betrachten zu können.

*Erzeugen eines starken Kontrasts*     *Füllmethode »Farbig abwedeln«*

**3** Reduzieren Sie die Ebenen auf den Hintergrund (drücken Sie die Tasten Strg/Befehl+E oder wählen Sie im Palettenmenü den Eintrag »Auf Hintergrundebene reduzieren«).

Sie werden die neue Version der Fotografie als Grundlage für Ihre Abbildung verwenden. Für mehr Flexibilität werden Sie das Bild vom Hintergrund extrahieren.

Die Datei *Hair.psd* enthält eine vorbereitete Auswahl einer Frau und ihren Haaren.

**4** Laden Sie die Auswahl mit **Auswahl: Auswahl laden**. Wählen Sie im Dialogfeld »Auswahl laden« im Popup-Menü »Dokument« die Datei *Hair.psd*; als Kanal wählen Sie »Alpha 1«. Klicken Sie auf OK.

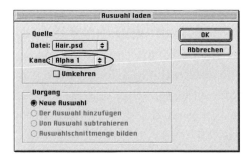

Um beim Mischen der Bilder bzw. Wählen von Hintergrundfarben für das gesamte Composite noch flexibler sein zu können, benötigen Sie eine weitere Kopie dieses extrahierten Bildes.

**5** Platzieren Sie eine Kopie des ausgewählten Bereichs auf einer eigenen Ebene, indem Sie **Ebene: Neu: Ebene durch Kopie** wählen (oder drücken Sie die Tasten Strg/Befehl+J).

**6** Löschen Sie den Hintergrund in der Ebenenpalette, indem Sie ihn nach unten auf die Schaltfläche »Ebene löschen« ziehen.

**7** Duplizieren Sie jetzt Ebene 1, indem Sie mit gedrückt gehaltener Alt/Option-Taste auf die Schaltfläche »Neue Ebene erstellen« unten in der Palette klicken. Nennen Sie die Ebene **Hair 2**.

8   Wählen Sie im Ebenenpalettenmenü den Eintrag »Ebeneneigenschaften« und geben Sie der Ebene 1 den Namen **Hair 1**.

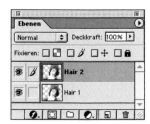

9   Speichern Sie die Datei.

## Einstellen der Ebenentransparenzdarstellung in Weiß

Sie erhalten beim Arbeiten mit Ebenen mehr Flexibilität, wenn Sie jedes Element aus seinem Hintergrund ausschneiden und in einer transparenten Ebenen platzieren. Um beim Reduzieren des Composite auf die Hintergrundebene das Aussehen des Bildes wiederherzustellen, können Sie einfach die Transparenzdarstellung vom Standardmuster in Weiß ändern.

1   Wählen Sie **Bearbeiten: Voreinstellungen: Transparenz & Farbumfang-Warnung**.

2   Wählen Sie im Abschnitt »Transparenz« im Popup-Menü »Hintergrundmuster« den Eintrag »Ohne«. Sie können die Auswirkungen dieser Änderung sofort sehen. Klicken Sie auf OK.

## Mischen mit Ebenenmasken

Ebenenmasken ermöglichen das Anzeigen bzw. Verbergen des Bildmaterials auf einer einzelnen Ebene. Beim Ausblenden von Bildmaterial wird der Teil der Ebene transparent und darunter liegende Ebenen werden dadurch sichtbar. Die Bildmaterialanteile, die verborgen oder sichtbar sein sollen, lassen sich mit Hilfe von Masken-Auswahlen und durch Malen mit Schwarz, Weiß oder Graustufen steuern.

Um die beiden Kopien Ihres Bildes zu mischen, werden Sie zunächst eine der beiden verschieben und dann einen Teil des oberen Bildes mit Hilfe einer Ebenenmaske verbergen.

1 Wählen Sie in der Ebenenpalette die Ebene *Hair 2*.

2 Verschieben Sie sie mit **Filter: Andere Filter: Verschiebungseffekt**. Geben Sie für »Horizontal« den Wert **40** ein und für »Vertikal« den Wert **0**. Klicken Sie auf OK.

3 Wählen Sie mit dem Auswahlrechteck-Werkzeug die rechte Hälfte der Ebene »Hair 2« (die Auswahl muss nicht absolut genau sein).

4 Klicken Sie unten in der Ebenenpalette auf die Schaltfläche »Maske hinzufügen«. Voilà! Fertig ist die Ebenenmaske passend zu Ihrer Auswahl.

*Ebenenmaske zur Ebene »Hair 2« hinzugefügt*

Häufig werden Sie eine Ebenenmaske erstellen, die noch geändert werden muss. Wenn, wie in diesem Beispiel die Kanten weicher gestaltet werden sollen, brauchen Sie die Maske nicht neu erstellen. Sie können sie einfach bearbeiten und durch Zuweisen eines Filters einheitliche Ergebnisse erzielen.

5   Achten Sie darauf, dass in der Ebenenpalette weiter die Ebenenmaske »Hair 2« ausgewählt ist.

6   Wählen Sie **Filter: Weichzeichnungsfilter: Gaußscher Weichzeichner**. Versuchen Sie einen Radius von **50** oder wählen Sie einen anderen Wert. Klicken Sie auf OK.

Wie Sie sehen, hat ein Filter auf eine Ebenenmaske die gleiche Wirkung wie auf eine normale Ebene. Daher sind für Masken Farbanpassungen wie »Sättigung verringern« unmöglich, sie werden jedoch von Tonwertkorrekturen im Schwarz-Weiß-Modus und den meisten Filtern beeinflusst. Sie werden nun einen weiteren Filter für einen Mustereffekt ausprobieren.

*Sie können mit Ebenenmasken wie mit anderen Masken auch arbeiten. Die einzige Beschränkung ist, dass Masken sich nur in einer Welt aus Schwarz-Weiß-Werten bewegen. Daher werden zwar Ebenenmasken nicht von Farbanpassungen, aber von Tonwertkorrekturen und den meisten Filtern beeinflusst.*

Sie werden nun nur der Ebenenmaske einen weiteren Filter hinzufügen.

7   Wählen Sie **Filter: Störungsfilter: Störungen hinzufügen**. Geben Sie für »Stärke« den Wert **50** ein und wählen Sie im Abschnitt »Verteilung« die Option »Gleichmäßig«. (Lassen Sie das Kontrollkästchen vor »Monochrom« ausgeschaltet; diese Option beeinflusst die Ebenenmaske nicht, da es Graustufen sind.) Probieren Sie verschiedene Einstellungen aus, um den Effekt zu beobachten. Klicken Sie auf OK.

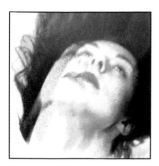

*Gaußscher Weichzeichner und Störungsfilter hinzugefügt*

Die Maske benötigt noch ein wenig Feinabstimmung. Durch das Hinzufügen der beiden Filter wurde auf der linken Seite des Frauenmunds ein eigenartiger Übergang erzeugt.

8   Wählen Sie das Pinsel-Werkzeug. Die Optionen in der Werkzeugoptionsleiste ändern sich entsprechend. Klicken Sie in der Optionsleiste auf das kleine Dreieck neben »Pinsel«, um eine Palette mit Pinselgrößen aufzurufen, und wählen Sie einen mittleren weichen Pinsel aus.

*Wählen einer Pinselgröße in der Optionsleiste für das Pinsel-Werkzeug*

💡 *Um die Pinselgröße zu ändern – weil Sie beispielsweise einen größeren Pinsel für größere Bereiche oder einen kleineren Pinsel für feineres Arbeiten benötigen – drücken Sie die Komma- bzw. die Punkt-Taste(»,« bzw ».«), um den Pinsel durch seine verschiedenen Größen zu schalten.*

9   Drücken Sie die D-Taste, um sicherzustellen, dass in Ihrer Werkzeugleiste die Standardfarben eingestellt sind. Die Standardvordergrundfarbe Weiß malt auf dieser Ebene im ursprünglichen Bild.

10  Achten Sie darauf, dass in der Ebenenpalette immer noch die Ebenenmaske »Hair 2« ausgewählt ist. Malen Sie mit 100% Weiß auf der Ebenenmaske und übermalen Sie die zweite Lippe und Nase.

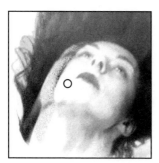

*Übermalen von duplizierter Lippe und Nase*

11  Speichern Sie Ihre Änderungen.

## Verwenden von Einstellungsebenen

Mit Hilfe von Einstellungsebenen können Sie einer Ebene wiederholt Farb- und Tonwertkorrekturen hinzufügen, ohne jedes Mal die Pixelwerte im Bild zu ändern. Wenn Sie beispielsweise einem Bild eine Farbbalance-Einstellungsebene hinzufügen, können Sie immer wieder mit unterschiedlichen Farben experimentieren, da sich die Änderung nur auf die Einstellungsebene bezieht. Falls Sie wieder zu den ursprünglichen Pixelwerten zurückkehren wollen, können Sie die Einstellungsebene verbergen oder löschen.

### Färben mit Einstellungsebenen

Um den Eindruck von schönem glänzenden Haar zu vermitteln, werden Sie nun beide Ebenen mit Hilfe von Einstellungsebenen färben. Jede Farb- oder Tonwertänderung, die Sie an einer Einstellungsebene vornehmen, wird in allen darunter liegenden Ebenen angezeigt.

1   Verbergen Sie in der Ebenenpalette die Ebene »Hair 2«, indem Sie auf ihr Auge-Icon klicken, damit Sie die Ebene sehen können, in der Sie arbeiten werden.

2   Wählen Sie die Ebene »Hair 1«. Wählen Sie **Ebene: Neue Einstellungsebene: Farbton/Sättigung**. Lassen Sie das Kontrollkästchen vor der Option »Mit darunterliegender Ebene gruppieren« ausgeschaltet, um die Einstellungsebene allen darunter liegenden Ebenen hinzuzufügen. Klicken Sie auf OK.

3   Schalten Sie im Dialogfeld »Farbton/Sättigung« das Kontrollkästchen vor der Option »Färben« ein. Stellen Sie für »Farbton« den Wert **38** und für Sättigung den Wert **86** ein. Klicken Sie auf OK, um einen goldenen Schein zu erzeugen.

💡 *Um zu einer Einstellungsebene zurückzukehren, um ihren Effekt zu ändern, doppelklicken Sie in der Ebenenpalette auf den Thumbnail der Einstellungsebene.*

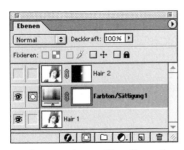

*»Farbton/Sättigung« Einstellungsebene*

## Zuweisen einer Einstellungsebene zu einer einzelnen Ebene

Einstellungsebenen verhalten sich wie ein Schleier, durch den alle darunter liegenden Bilder angezeigt werden. Sie können die Auswirkungen einer Einstellungsebene mit Hilfe der Option »Mit darunterliegender Ebene gruppieren« oder durch Beschnittgruppen auf eine einzelne Ebene bzw. einen Ebenensatz beschränken.

Durch Gruppieren und Beschnittgruppen wird jeweils einer Grundebene ein Effekt zugewiesen, der als Maske für die ausgewählte Gruppe bzw. Ebene dient. Der Effekt einer Einstellungsebene endet an der Grundebene.

Weitere Informationen über Beschnittgruppen finden Sie im Kapitel 8 im Photoshop-6.0-Handbuch oder unter »Erstellen von Beschnittgruppen« in der Photoshop-6.0-Online-Hilfe.

Sie werden jetzt nur der Ebene »Hair 2« eine Einstellung zuweisen.

1 Schalten Sie in der Ebenenpalette die Ebene »Hair 2« wieder ein und wählen Sie sie aus.

2 Wählen Sie **Ebene: Neue Einstellungsebene: Farbton/Sättigung**. Schalten Sie die Option »Mit darunterliegender Ebene gruppieren« ein. Damit stellen Sie sicher, dass die Einstellungsebene nur der Ebene »Hair 2« zugewiesen bzw. »beschnitten« wird und nicht die Ebene »Hair 1« beeinflusst. Klicken Sie auf OK.

»Mit darunterliegender Ebene gruppieren« eingeschaltet

*Hinweis: Falls Sie beim Erstellen der Einstellungsebene nicht die Option »Mit darunterliegender Ebene gruppieren« eingeschaltet haben, können Sie den Ebeneneffekt später noch mit einer Beschnittgruppe beschränken. Wählen Sie die Ebene aus, die die Ebene unmittelbar darunter beschneidet, platzieren Sie den Mauszeiger zwischen den beiden zu beschneidenden Ebenen (ein Pfeil-Icon mit zwei kleinen Kreisen wird angezeigt) und klicken Sie mit gedrückt gehaltener Alt/Option-Taste. Die Grundebene wird unterstrichen dargestellt. Um eine Beschnittgruppe wieder aufzulösen, klicken Sie erneut mit gedrückt gehaltener Alt/Option-Taste zwischen die beiden Ebenen.*

Da das Bild bereits viel Rot enthält, verstärken Sie hier nur die Sättigung.

3   Geben Sie im Eingabefeld »Sättigung« den Wert **+61** ein. Klicken Sie auf OK. Sie sehen, dass die insgesamt gesättigten Farben gut im Bereich der Haare und der Bluse funktionieren, nicht aber für den Gesichtsbereich, der nun zu gelb ist.

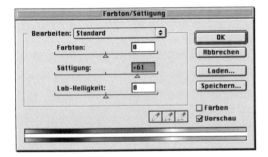

Sie werden nun den Effekt für einen Teil der Einstellungsebene ausblenden.

### Zuweisen einer Einstellungsebene zu Bildteilen

Sie können den Anteil der Einstellungsebene am Bild steuern, indem Sie durch Übermalen mit Schwarz Teile der Ebene ausblenden und durch Übermalen mit Weiß einblenden. Für Mischungen lassen sich unmittelbar auf der Einstellungsebene selbst Graustufen verwenden. Im Gegensatz zu normalen Ebenen sind in Einstellungsebenen bereits Masken vorhanden, so dass ihnen keine mehr zugewiesen werden müssen.

1 Wählen Sie als Vordergrundfarbe Schwarz (drücken Sie die D-Taste, um die Standardfarben auszuwählen, und anschließend die X-Taste, um sie zu vertauschen).

2 Wählen Sie in der Werkzeugleiste das Pinsel-Werkzeug und in der Optionsleiste eine mittlere weiche Pinselgröße.

3 Achten Sie darauf, dass die Einstellungsebene »Farbton/Sättigung« ausgewählt ist. Entfernen Sie dann die Auswirkungen der Einstellung im Gesicht der Frau, besonders entlang des Haaransatzes.

 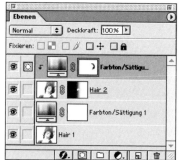

*Beschnittene Einstellungsebene*  *Malen im Gesichtsbereich*

4 Speichern Sie Ihre Änderungen.

## Bearbeiten und Verwalten von Masken

Beim Arbeiten mit Ebenenmasken oder Einstellungsebenen sorgt 100% Schwarz für das Verbergen, 100% Weiß für das Anzeigen und Anteile von Schwarz bzw. Weiß für Mischungen. Außerdem können Sie Ihre Maske noch auf andere Arten bearbeiten.

### Verwenden von Pinselmethoden zum Malen auf Masken

Normalerweise werden Masken mit Hilfe eines der Malwerkzeuge in einem Normal-Modus oder vielleicht mit einer angepassten Deckkraft eingestellt. Sie können Ihre Pinsel-Werkzeuge allerdings auch in anderen Misch-Modi benutzen.

Sie werden den Pinsel nun im Modus »Ineinanderkopieren« verwenden, um in Ihrer Maske mehr Muster zu erzeugen.

1 Wählen Sie in der Ebenenpalette die Ebenenmaske »Hair 2«, indem Sie auf ihren Thumbnail klicken.

2 Wählen Sie das Pinsel-Werkzeug. Wählen Sie in der Optionsleiste im Popup-Menü »Modus« den Eintrag »Ineinanderkopieren«. Stellen Sie die Deckkraft auf **20%** ein.

3 Die Vordergrundfarbe ist immer noch auf Schwarz eingestellt; beginnen Sie, im oberen Bereich der Haare zu malen, um mehr von der Ebene »Hair 2« zu maskieren, diesmal allerdings mit einem Mustereffekt.

Probieren Sie verschiedene Deckkraftwerte aus, um den Effekt zu variieren. Verwenden Sie dazu die Deckkraftsteuerung in der Optionsleiste oder drücken Sie eine Nummerntaste auf dem Nummernblock zwischen 9 und 1, um die Deckkraft in 10%-Schritten zu ändern.

*Falls Ihnen die erzeugten Effekte nicht gefallen, können Sie mit Hilfe der Protokollpalette an Ihren Ausgangspunkt zurückkehren.*

*Ausmalen der Haare im Modus »Ineinanderkopieren«*

## Reduzieren von Ebenen

Sie werden jetzt die Effekte Ihres gemischten Bildes auf eine Ebene reduzieren. Beim Arbeiten mit Ebenen sollten Sie so lange probieren, bis Sie mit dem Ergebnis zufrieden sind; speichern Sie dann diese Version mit allen Ebenen, Ebenenmasken und Einstellungsebenen. Reduzieren Sie anschließend so viele Ebenen auf eine Ebene oder weisen Sie so viele Masken wie möglich hinzu und beginnen Sie erneut mit dem Bearbeiten.

1   Speichern Sie Ihre bisherige Arbeit. Denken Sie daran, dass bisher noch nichts dauerhaft geändert wurde, weil Sie mit Ebenenmasken und Einstellungsebenen gearbeitet haben.

Durch das Reduzieren von Ebenen mit Ebenenmasken werden diese Masken automatisch zugewiesen. Durch das Reduzieren einer Einstellungsebene mit einer normalen Ebene wird der Effekt dauerhaft zugewiesen. Haben Sie allerdings vor dem Reduzieren der Ebenen eine Ebenenversion Ihrer Datei gespeichert, können Sie alles zurückverfolgen.

2   Blenden Sie in der Ebenenpalette alle Ebenen aus, die nicht reduziert werden sollen.

3   Reduzieren Sie alle sichtbaren Ebenen, ohne das Bild auf die Hintergrundebene zu reduzieren, indem Sie **Ebene: Sichtbare auf eine Ebene reduzieren** oder im Ebenenpalettenmenü den Eintrag »Sichtbare auf eine Ebene reduzieren« wählen. (Oder drücken Sie die Tasten Umschalt+Strg/Befehl +E.) Damit werden alle sichtbaren Ebenen auf eine Ebene reduziert, ohne das Bild auf die Hintergrundebene zu reduzieren, und die transparenten Bereiche der Ebenen bleiben erhalten.

*Reduzierte Ebene in der Ebenenpalette*

Die Datei *Hair.psd* besitzt nun nur noch eine Ebene.

4   Speichern Sie die neue Datei als **Hair1.psd**. Am Ende dieser Lektion werden Sie das Foto, mit dem Sie diese Lektion begonnen haben, durch dieses bearbeitete Bild ersetzen.

Die Datei besitzt immer noch die zugewiesene Transparenz, die weiß dargestellt wird.

> 💡 Um die transparenten Bereiche einzublenden, klicken Sie mit gedrückt gehaltener Strg/Befehl-Taste in der Ebenenpalette auf den Thumbnail der Ebene, um die Ebenentransparenz zu laden.

### Verwenden von Bildanpassungen in Ebenenmasken

Ebenenmasken lassen sich genau wie Ebenen behandeln. Um einen großen Bereich zu füllen, verwenden Sie ein Auswahlwerkzeug wie zum Beispiel das Lasso, um den zu füllenden Bereich auszuwählen; füllen Sie diesen dann mit Weiß, um das Bild in der Ebene anzuzeigen, oder mit Schwarz, um es zu verbergen. Um einer Maske mehr oder weniger Kontrast zuzuweisen, verwenden Sie Schwarz-Weiß-Bildsteuerungen wie die Tonwertkorrektur, um den Effekt auf dem Bild und in der Maske anzupassen. Um eine Maske graduell anzupassen, können Sie einen Verlauf zuweisen.

Sie werden nun dem Bild einen Verlauf hinzufügen, damit das Composite-Bild entlang einer Diagonalen von unten links nach oben rechts eingeblendet wird. Für die Feinabstimmung des Verlaufseffekts werden Sie die Tonwertkorrektur verwenden.

1 Fügen Sie dem Bild »Hair1.psd« eine neue Ebenenmaske hinzu, indem Sie unten in der Ebenenpalette auf die Schaltfläche »Maske hinzufügen« klicken.

2 Stellen Sie Ihre Farben auf die Standardeinstellungen Weiß für den Vordergrund und Schwarz für den Hintergrund zurück, indem Sie die D-Taste drücken.

3 Achten Sie darauf, dass in der Ebenenpalette die Ebenenmaske »Hair 2« ausgewählt ist.

4  Wählen Sie in der Werkzeugleiste das lineare Verlaufswerkzeug. Klicken Sie in der Optionsleiste auf das Dreieck neben dem Verlaufsbeispiel, um die Verlaufspalette einzublenden. Wählen Sie den Eintrag »Vordergrund- zu Hintergrundfarbe« (ein Tool-Tipp wird angezeigt); klicken Sie ins Dokumentfenster, um die Verlaufspalette zu schließen.

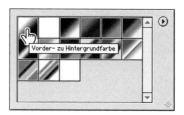

*Verlaufsbeispiel und Schaltfläche »Linearer Verlauf« in der Optionsleiste*   *Wählen von »Vordergrund- zu Hintergrundfarbe« in der Verlaufspalette*

5  Ziehen Sie im Bild mit gedrückter Maustaste diagonal von rechts oben nach links unten.

*Verlauf der Ebenenmaske hinzugefügt*   *Ebenenmaske-Thumbnail mit Verlauf*

Der Verlauf wird über die Länge des Bildes dargestellt. Um den Effekt noch dramatischer zu gestalten, werden Sie den Verlauf mit Hilfe der Tonwertkorrektur anpassen.

6 Die Ebenenmaske ist immer noch ausgewählt; wählen Sie **Bild: Einstellen: Tonwertkorrektur** (oder drücken Sie die Tasten Strg/Befehl+L). Ziehen Sie im Dialogfeld »Tonwertkorrektur« den weißen Eingaberegler nach links zur Mitte des Histogramms, um den Kontrast in der Verlaufsmaske zu verstärken. Passen Sie anschließend den schwarzen und den grauen Regler wie im folgenden Histogramm gezeigt an. Klicken Sie auf OK.

*Anwenden der Tonwertkorrektur auf die Ebenenmaske*

Da Photoshop-Ebenenmasken im Prinzip 8-Bit-Kanäle sind, können Sie jedes der Anpassungswerkzeuge benutzen, das Sie normalerweise für Graustufenbilder verwenden würden. Die Anwendung der Tonwertkorrektur oder der Gradationskurven auf eine Ebenenmaske ist beispielsweise sehr gut zum Erzeugen von Kontrast geeignet.

Damit sind Sie mit der Bearbeitung des Bildes in Photoshop fertig. Sie werden es später in dieser Lektion im endgültigen Illustrator-Composite verwenden. Sie können jederzeit zu Photoshop zurückkehren, das Bild nach den Vorgaben Ihres Kunden bearbeiten und es anschließend im Composite aktualisieren.

## Importieren eines Photoshop-Bildes in Illustrator

Das wechselseitige Arbeiten in Illustrator und Photoshop gelingt einfach und nahtlos – viele Tastaturkommandos und allgemeine Prinzipien sind gleich. Wie Illustrator auch besitzt Photoshop sogar Schriftebenen.

Illustrator besitzt allerdings ein paar besondere Fähigkeiten, die Sie für diese Werbeanzeige benötigen – Schrift, die auf einem Pfad verläuft und die Pathfinder-Befehle.

1   Speichern Sie Ihre Änderungen der Datei *Hair1.psd*.

2   Bevor Sie fortfahren, müssen Sie die Adobe-Illustrator-Voreinstellungen-Datei wiederherstellen. Entsprechende Hinweise finden Sie unter »Wiederherstellen der Standardeinstellungen« auf Seite 13.

3   Starten Sie Adobe Illustrator.

4   Wählen Sie **Datei: Öffnen**, wählen Sie die gerade gespeicherte Datei *Hair1.psd* aus und klicken Sie auf »Öffnen«. Wählen Sie im Dialogfeld »Photoshop-Import« die Option »Photoshop-Ebenen zu einzelnem Bild reduzieren« und klicken Sie auf OK. Klicken Sie im Dialogfeld »Profil verwerfen« auf OK.

5   Wählen Sie **Datei: Dokumentformat**. Wählen Sie unter »Ausrichtung« die Option »Querformat«, stellen Sie die Linealmaßeinheit auf »Inches« und klicken Sie auf OK. Nun sollte Ihre waagerechte Seite bereit sein.

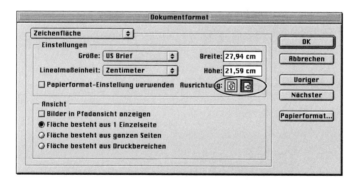

6   Wählen Sie **Ansicht: Seitenaufteilung ausblenden**, damit Sie nicht durch die Seitenaufteilungsmarkierungen gestört werden.

7   Wählen Sie **Datei: Speichern unter** und navigieren Sie zum Ordner *Lektion05*. Nennen Sie die Datei **Schoenad.ai**, wählen Sie das Format »Adobe Illustrator 9.0.2 Format« und klicken Sie auf »Speichern«. Wählen Sie im Dialogfeld »Illustrator-Format-Optionen« unter »Kompatibel mit« den Eintrag »Illustrator 9.0« und klicken Sie auf OK.

> **Ebenen in Photoshop und Illustrator**
>
> Illustrator und Photoshop besitzen beide Ebenen und eine Ebenenpalette, die ähnlich zu funktionieren scheinen. Aber die Ebenenstruktur (das, was eine Ebene ausmacht), weicht in jedem der beiden Programme sehr voneinander ab. Die Unterschiede genau zu kennen, ist der Schlüssel zur effektiven Nutzung von Ebenen in jeder der beiden Anwendungen.
>
> Sowohl Illustrator als auch Photoshop können als objektorientierte Produkte bezeichnet werden. Photoshop erlaubt die Bearbeitung und Steuerung von Objekten auf der Grundlage der Pixel (d.h. Ändern der Farbe und der Deckkraft einzelner Pixel) sowie Pixel-»Sätze«, die in Ebenen zusammengefasst sind. Ebenen in Photoshop sind tatsächlich einzelne Objekte, die sich verschieben und verändern lassen, ohne andere Ebenen zu beeinflussen. Illustrator ermöglicht das Bearbeiten von Objekten lediglich auf der Objektebene. Aber da Sie mit so vielen Objekten auf einmal arbeiten, bietet Illustrator viele Werkzeuge zur gleichzeitigen Veränderung und Verwaltung von vielen Objekten. Ebenen sind wie Gruppierungen und zusammengesetzte Pfade echte Objekt-»Sätze«, die hauptsächlich zu Verwaltungszwecken angeordnet werden.
>
> Ebenen in Photoshop sind nicht gleich Ebenen in Illustrator; sie entsprechen eher einzelnen Objekten in Illustrator. Ebenen in Illustrator sind im Grunde Objekt-»Sätze«, für die es in Photoshop keine entsprechende Funktion gibt. Vor diesem Hintergrund scheint das Exportieren von Ebenen aus Illustrator in Photoshop keinen Sinn zu machen. Obwohl sich Ebenen zwar in den beiden Anwendungen erheblich voneinander unterscheiden, gibt die Möglichkeit, Ebenen aus Illustrator in Ebenen in Photoshop aufzuteilen, in der Realität aber deutlich mehr Steuerungsfunktionen über Ihr Bildmaterial, wenn es erst einmal in Photoshop geladen wurde.
>
> —Ted Alspach

## Verwenden von Ebenen in Illustrator

Jede Illustrator-Datei enthält mindestens eine Ebene. Durch das Erstellen von mehreren Ebenen in Ihrem Bildmaterial können Sie das Drucken, Organisieren, Darstellen und Bearbeiten Ihres Bildmaterials ganz leicht steuern. Sie können auf viele verschiedene Weisen mit Ebenen arbeiten, wie zum Beispiel Duplizieren, Neuanordnen, Mischen, Reduzieren und Hinzufügen von Objekten.

1   Sie sehen, dass Ihre Datei nur aus einer Ebene besteht. (Falls die Ebenenpalette nicht zu sehen ist, wählen Sie **Fenster: Ebenen einblenden**.) Sie beginnen damit, Ebenen für das Foto und die Schnittmarken zu erzeugen.

2  Doppelklicken Sie in der Ebenenpalette auf den Ebenennamen. Geben Sie der Ebene im Dialogfeld »Ebenenoptionen« den Namen **Photo**, schalten Sie die Option »Fixieren« ein und klicken Sie auf OK. Diese Ebene soll beim Erstellen des Textes nicht geändert werden.

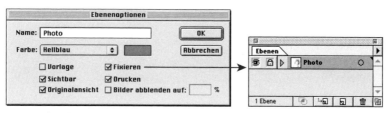

*Fixieren der Ebene »Photo«*

Da die Werbeanzeige ganzseitig gestaltet werden soll, benötigt sie einen Bereich zum Beschneiden bzw. für den Beschnitt. Um diesen Bereich auch sichtbar zu machen, werden Sie eine besondere Ebene erstellen, die alle Elemente verbirgt, die über diesen Bereich hinausragen. Der Vorteil einer Schnittmarkenebene in Illustrator ist, dass Sie Ihre Schrift unter Berücksichtigung des Schnittmarkenbereichs entwerfen können und die Schnittmarkenebene außerdem nach Photoshop exportieren können, wo sie ebenfalls als Referenz zu sehen sein wird.

3  Klicken Sie mit gedrückt gehaltener Alt/Option-Taste unten in der Ebenenpalette auf die Schaltfläche »Neue Ebene erstellen«, um eine neue Ebene anzulegen. Geben Sie ihr den Namen **Trim** (Beschneiden) und klicken Sie auf OK.

Um die Schnittränder genau zu platzieren, werden Sie ein paar Hilfslinien hinzufügen.

4  Wählen Sie die Ebene »Trim«. Drücken Sie die Tasten Strg/Befehl+R, um die Lineale einzublenden. Ziehen Sie Hilfslinien aus dem Lineal und platzieren Sie sie 1/4 Inch von den oberen, unteren, rechten und linken Rändern Ihres Zeichenbrettes. (Falls Sie beim Platzieren einen Fehler machen, wählen Sie einfach **Bearbeiten: Rückgängig**, um die letzte Hilfslinie zu löschen.)

💡 Um die Linealmaßeinheiten schnell zu ändern, klicken Sie mit der rechten Maustaste (Windows) bzw. mit gedrückt gehaltener Control-Taste (Mac OS) in das Lineal, um ein Menü mit einer Maßeinheitenauswahl einzublenden.

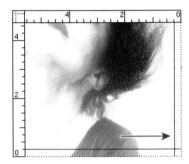

*Hinzufügen von Hilfslinien*

Sie werden jetzt ein paar Rechtecke hinzufügen, die Sie zum Einstellen der Schnittmarken verwenden werden.

5   Ziehen Sie mit dem Auswahlrechteck-Werkzeug ein Rechteck von genau der Größe und Position der Fotoabbildung auf. Wählen Sie die Standardfarben (drücken Sie die D-Taste) und füllen Sie das Rechteck mit Weiß und die Kontur mit Schwarz. Das Rechteck wird das Bild vorübergehend verdecken.

6   Ziehen Sie mit Hilfe der Hilfslinien, die Sie als Referenz eingestellt haben, ein zweites Rechteck mit einem Abstand von 1/4 Inch zu allen Seiten des Zeichenbretts auf – indem Sie innerhalb der 1/4-Inch-Hilfslinien von oben links nach unten rechts ziehen.

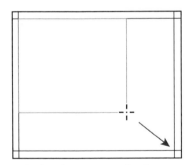

*Aufziehen des zweiten Rechtecks*

**7** Wählen Sie beide Rechtecke aus. Wählen Sie **Fenster: Pathfinder einblenden**, um die Pathfinder-Palette einzublenden. Klicken Sie dort auf die Schaltfläche »Schnittmenge entfernen«.

*Pathfinder-Option »Schnittmenge entfernen«*

Das Foto wird nun mit einem 1/4-Inch-Beschnitt um die äußeren Kanten angezeigt. Diese Beschnittmarkierung wird Ihnen beim Entwerfen der gesamten Werbeanzeige helfen.

**8** Fixieren Sie in der Ebenenpalette die Ebene »Trim«, indem Sie in die Fixierungsspalte rechts vom Auge-Icon klicken.

**9** Erstellen Sie eine neue Ebene und nennen Sie sie **Type 1**. Diese neue Ebene wird oberhalb der Ebene »Trim« platziert. Ziehen Sie sie in der Ebenenpalette unter die Ebene »Trim«.

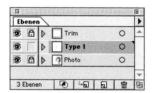

*Ebene »Type 1« neu ausgerichtet*

**10** Speichern Sie Ihre Arbeit.

## Hinzufügen von Text auf einem Pfad

In diesem Teil der Lektion werden Sie dem Bild Text hinzufügen, der einem Pfad folgt. Einer der Vorteile beim Arbeiten in Illustrator gegenüber Photoshop sind die vielfältigen Textwerkzeuge. Mit diesen Textwerkzeugen können Sie in Illustrator an einem beliebigen Punkt im Bild horizontalen und vertikalen Text eingeben und in Formen oder entlang der Kante eines offenen oder geschlossenen Pfades fließen lassen.

Sie können nun einen bereits für Sie vorbereiteten Pfad verwenden oder einen eigenen erstellen.

1. Um einen für Sie vorbereiteten Pfad zu verwenden, wählen Sie **Datei: Öffnen** und öffnen Sie die Datei *Path.ai* im Ordner Lektionen/*Lektion05* auf Ihrer Festplatte. Wählen Sie die gesamte Datei aus (Tasten Strg/Befehl +A) und kopieren Sie sie. Schließen Sie die Datei ohne Speichern von Änderungen.

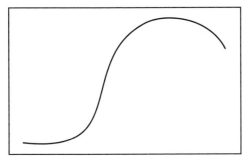

*Pfad-Bildmaterial*

2. Aktivieren Sie die Datei *Schoenad.ai* und fügen Sie den Pfad in Ihre Datei ein.

*Hinweis:* Die einzufügende Datei wird standardmäßig in die ausgewählte Ebene »Type 1« eingefügt. Falls Sie den Standard in »Ebenen beim Einfügen erhalten« geändert haben, wird der Pfad in eine weitere Ebene eingefügt.

3. Wenn Sie wollen, können Sie die Pfadposition mit Hilfe des Auswahlwerkzeugs den Rundungen des Gesichtes anpassen.

4. Wählen Sie das Textwerkzeug und platzieren Sie es auf dem Pfad. Das Textwerkzeug ändert sich automatisch in ein Pfadtext-Werkzeug.

5   Klicken Sie einmal und beginnen Sie damit, Ihren Text zu schreiben (in diesem Beispiel »Super Schoen«). Sie können dazu jeden beliebigen Zeichensatz Ihres Systems benutzen. Der Beispieltext wurde mit Myriad® Bold, 45 Punkt und Großbuchstaben geschrieben. (Drücken Sie die Tasten Strg/Befehl+T, um die Zeichenpalette einzublenden.)

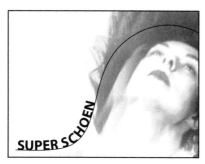

*Pfadtext*

Sie werden diesen Text nun kopieren und ihn um den Kopf der Frau herum platzieren.

6   Wählen Sie in der Ebenenpalette die Ebene »Type 1« und ziehen Sie sie mit gedrückt gehaltener Alt/Option-Taste unten in der Palette auf die Schaltfläche »Neue Ebene erstellen«. Doppelklicken Sie auf diese neue Ebene und nennen Sie sie **Type 2**. Klicken Sie auf OK.

Der neue kopierte Text wird automatisch ausgewählt.

7   Verwenden Sie das Auswahlwerkzeug (drücken Sie Strg/Befehl), um einen Teil von »Type 1« mit einem Teil von »Type 2« zu überlappen, indem Sie den Textanfang neu platzieren bzw. den Pfad verschieben. Um den Text neu auszurichten, ziehen Sie den Textanfang entlang der Grundlinie des Pfades.

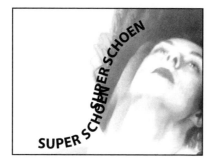 

*Pfad »Type 2« neu ausgerichtet*     *Text entlang des Pfades verschoben*

**8** Um zusätzliche überlappende Textebenen hinzuzufügen, wiederholen Sie die Schritte 5 bis 7. Das fertige Bildmaterial, *05End*, enthält insgesamt fünf Ebenen.

*Mehrere Textebenen in der Ebenenpalette und im Bild*

## Fixieren und Ausblenden von Ebenen

Wie Sie sehen, ist es schwer, einen Textteil von einem anderen zu unterscheiden und noch schwerer, einzelne Textteile auszuwählen. Um in einzelnen Textelementen arbeiten zu können, müssen Sie einzelne Ebenen fixieren und ausblenden. Ebenen, die ausgeblendet oder fixiert sind (angezeigt durch das Schloss-Icon), lassen sich nicht bearbeiten.

**1** Blenden Sie alle Ebenen bis auf die Ebenen »Type 1«, »Trim« und »Photo« aus, indem Sie auf das Auge-Icon neben dem Ebenennamen klicken und sie so auszublenden.

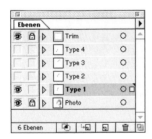

**2** Wählen Sie **Bearbeiten: Alles auswählen** (Tasten Strg/Befehl+A), um den gesamten Text in der Ebene »Type 1« auszuwählen.

## Ändern von Textattributen

Sobald Sie die Grundeinstellungen für den Text vorgenommen haben, können Sie mit weiteren Änderungen des Zeichensatzes, der Größe und der Farbe experimentieren. Diese Aufgabe wird dadurch erleichtert, dass sich dafür einzelne Ebenen fixieren lassen.

1   Falls die Zeichenpalette nicht eingeblendet ist, wählen Sie **Text: Zeichen**. Wählen Sie im Palettenmenü den Eintrag »Optionen einblenden«. Ändern Sie den Wert »Horizontal skalieren« für Ihren Text (hier 200%).

2   Wählen Sie mit Hilfe des Textwerkzeugs im Bildmaterial einen einzelnen Buchstaben aus und ändern Sie seine Größe; ändern Sie beispielsweise das *S* in »Super« in **100** Punkt.

Passen Sie nun die Laufweite (Kerning) an. Wählen Sie das *S* und das *U* im Wort »Super«. Verringern Sie die Laufweite zwischen dem großen *S* und dem *U*, indem Sie den Wert »Laufweite« in **–50** ändern.

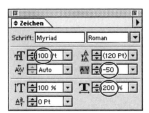

»Schriftgröße« 100 Pt; »Laufweite« –50;
»Horizontal Skalieren« auf 200%

3   Fahren Sie mit dem Bearbeiten von Buchstaben im Bildmaterial mit Hilfe des Textwerkzeugs fort und ändern Sie ihre Farbe. Im Beispiel wurden die kleineren Buchstaben mit Gold gefärbt. Das große *S* wurde in Orange geändert.

4   Fahren Sie mit dem Bearbeiten der Textzeile fort.

💡 *Sie können auch den Pfad selbst bearbeiten, so dass der Text der neuen Form der Textzeile folgt!*

*Bearbeiten und Färben von Text*

5   Blenden Sie alle übrigen Ebenen durch Klicken mit gedrückt gehaltener Alt/Option-Taste auf das Auge-Icon neben der Ebene »Type 1« wieder ein.

Sie werden die nächste Textebene auf eine andere Weise wählen.

6   Klicken Sie in der Ebenenpalette mit gedrückt gehaltener Alt/Option-Taste in die Fixieren-Spalte neben der Ebene »Type 2«. Alle übrigen Ebenen werden automatisch fixiert.

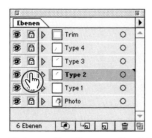

*Fixieren aller Ebenen außer »Type 2«*

7   Ändern Sie nun die Größen- und Farbattribute dieses Textes entsprechend den anderen Textebenen. Versuchen Sie, mit Hilfe des Pipette-Werkzeugs und durch Klicken mit gedrückt gehaltener Umschalttaste Farben aus dem Bild aufzunehmen und in diesem Text zu verwenden. Verwenden Sie auch die Methoden »Ausblenden« sowie »Fixieren«, um Zugriff auf die gewünschten Objekte zu erhalten.

💡 *Durch die Verwendung verschiedener Füllmethoden beim gefärbten Text können Sie ein paar wirklich interessante Effekte erzielen. Versuchen Sie einmal, den Text auszuwählen und dann in der Transparenzpalette im Popup-Menü »Füllmethode« den Eintrag »Multiplizieren« auszuwählen. Der Effekt wird in Abhängigkeit von der Farbe der ausgewählten Schrift und den Farben der darunter liegenden Ebenen variieren.*

8  Heben Sie die Auswahl des Bildmaterials auf (drücken Sie die Tastenkombination Umschalt+Strg/Befehl+A).

9  Speichern Sie Ihre Datei.

## Verwenden der Pathfinder-Befehle

Die Pathfinder-Befehle kombinieren, isolieren und unterteilen Objekte und bilden neue Objekte durch Überschneidungen von Objekten. Um die Pathfinder-Befehle zu verwenden, klicken Sie auf die Schaltfläche in der Pathfinder-Palette, die dem gewünschten Ergebnis entspricht.

Bis jetzt besteht das Logo der Firma Super Schoen aus Textteilen. Aber was wäre, wenn Sie aufgefordert würden, den Entwurf noch ein wenig mehr aufzupeppen? Mit den Pathfinder-Befehlen in Illustrator stehen Ihnen großartige Werkzeuge zur Verfügung, mit denen Sie Ihre Entwürfe lebendiger gestalten können.

Bevor Sie die Pathfinder-Befehle anwenden können, müssen Sie Ihren Text in Pfade wandeln.

1  Wählen Sie **Datei: Öffnen** und öffnen Sie die Datei *Logo.ai* im Ordner *Lektionen/Lektion05* auf Ihrer Festplatte.

2   Wählen Sie **Bearbeiten: Alles auswählen** (oder drücken Sie die Tastenkombination Strg/Befehl+A) und wählen Sie anschließend **Text: In Pfade umwandeln**. Ihr Text ändert sich in einen Satz zusammengesetzter Pfade, den Sie nun wie jedes andere grafische Objekt auch bearbeiten und editieren können. Allerdings lassen sich die Pfade nun nicht mehr als Text bearbeiten.

*Text-Logo als Pfad*

Sie werden die Pfade nun in ein Objekt konvertieren.

3   Wird die Pathfinder-Palette nicht angezeigt, wählen Sie **Fenster: Pathfinder einblenden**. Klicken Sie in der Pathfinder-Palette auf die Schaltfläche »Vereinen«.

Durch Konvertieren des Textes in ein einzelnes Objekt können Sie ihn nun wie jeden anderen Pfad auch bearbeiten – einschließlich Füllen mit einer Farbe, einem Verlauf oder einem Muster.

## Steuern der Reihenfolge eingefügter Ebenen

Illustrator kopiert und fügt ein ausgewähltes Objekt in der gegenwärtig ausgewählten Ebene ein, wenn nichts anderes bestimmt ist. Falls Sie den Befehl »Ebenen beim Einfügen erhalten« eingeschaltet haben, kopiert Illustrator die Ebene und fügt sie in eine neue Ebene in Ihrer Datei ein.

1   Wählen Sie bei aktiver Datei *Logo.ai* im Ebenenpalettenmenü den Eintrag »Ebenen beim Einfügen erhalten«.

2   Wählen Sie das gesamte Bildmaterial aus (oder drücken Sie die Tastenkombination Strg/Befehl+A) und kopieren sie es (mit Strg/Befehl+C). Schließen Sie die Datei *Logo.ai* ohne Speichern von Änderungen.

3   Wählen Sie bei aktiver Datei *Schoenad.ai* **Bearbeiten: Einfügen**.

Ist »Ebenen beim Einfügen erhalten« eingeschaltet, werden eingefügte Ebenen entweder in der Ebenenpalette ganz oben platziert, wenn die Ebene einen Namen besitzt, oder oberhalb von unnummerierten Ebenen in der Palette, wenn eine Ebene immer noch ihren Standardnamen hat (Ebene 1, Ebene 2 usw.).

4   Nennen Sie in der Ebenenpalette die Ebene, die Sie soeben eingefügt haben, **Logo**. Ziehen Sie sie anschließend unmittelbar über die Ebene »Photo«.

5   Platzieren Sie das Logo im Bildmaterial ganz links in der Werbeanzeige, wobei ein Teil des Logos in die Beschnittmarkierung ragen soll.

*Ausrichten des Logos*     *Alle Ebenen bis auf Logo fixiert*

## Hinzufügen von Texteffekten

Sie werden nun Ihrem Text weiche Schlagschatten und Spezialeffekte hinzufügen.

1   Wählen Sie in der Ebenenpalette die Ebene »Type«. Fixieren Sie alle übrigen Ebenen durch zweimalige Klicken (nicht Doppelklicken) mit gedrückt gehaltener Alt/Option-Taste in der Fixieren-Spalte der Ebenenpalette.

2   Wählen Sie **Auswahl: Alles auswählen**, um den gesamten Inhalt der Ebene »Type 1« auszuwählen.

3   Wählen Sie **Effekt: Stilisierungsfilter: Schlagschatten**. Wählen Sie im Dialogfeld »Schlagschatten« den Modus »Multiplizieren«. Damit wird die Grundfarbe (im Text) mit der Mischfarbe (der dunkle Schatten oder eine ausgewählte Farbe) multipliziert, um eine dunklere Farbe zu erzielen.

Mit den Befehlen im Menü »Effekt« lassen sich Grafikobjekten, Bitmap-Bildern und Text in Ihrem Bildmaterial visuelle Effekte zuweisen, die das ursprüngliche Objekt nicht nachhaltig verändern. Sie können Objekte, denen Effekte zugewiesen wurden, weiter frei bearbeiten – einschließlich Ändern von Form und Größe sowie Transformieren von Objekten oder Neueingeben von Text – und die Bearbeitungen werden aktualisiert. Sie können einen Effekt sogar von einem Objekt entfernen, ohne das Objekt danach von Grund auf neu erstellen zu müssen.

4   Stellen Sie die »Deckkraft« auf **100%** ein. Geben Sie sowohl für »Horizontale Verschiebung« als auch für »Vertikale Verschiebung« jeweils **10 pt** ein. (Illustrator konvertiert Maßeinheiten und Werte automatisch in die im Dialogfeld eingestellten Einheiten – in diesem Fall 0,35 cm.) Geben Sie für »Weichzeichnen« den Wert **10 pt** ein. Schalten Sie »Vorschau« ein, um den Effekt bereits vor der Anwendung im Zeichenbrett beurteilen zu können.

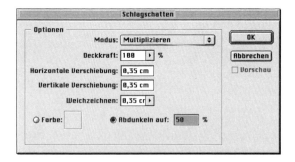

5   Wählen Sie die Option »Abdunkeln auf« und geben Sie im Eingabefeld einen Wert zur Bestimmung der Schattenstärke ein oder wählen Sie die Option »Farbe« und probieren Sie einen Farbschlagschatten aus, indem Sie auf das Farbfeld klicken, um den Farbwähler aufzurufen und dort eine Farbe auszuwählen.

**6** Wenn Sie mit dem Schlagschatten zufrieden sind, klicken Sie auf OK.

*Ebenenmaske zum »Type 1«-Schlagschatten hinzugefügt*

Voilà! Sie haben einen Schlagschatten erstellt, der den Effekt des multiplizierten Misch-Modus wiedergibt. Sie können nun weiter mit dem Schlagschatten-Effekt experimentieren und unterschiedliche Misch-Modi ausprobieren.

Wenn Sie mit dem Anpassen des Textes fertig sind, werden Sie das Foto durch die in Photoshop bearbeitete Version für die Werbeanzeige ersetzen.

**7** Heben Sie die Auswahl Ihres Bildmaterials auf und speichern Sie die Datei.

## Kombinieren von Composite-Elementen

Um Ihr Composite zu vervollständigen, werden Sie das im ersten Teil der Lektion in Photoshop bearbeitete Foto hinzufügen. Wie Sie sehen, ist es sehr einfach, mit Photoshop und Illustrator zusammenzuarbeiten, um Elemente zu kombinieren bzw. zu aktualisieren.

**1** Klicken Sie in der Ebenenpalette auf die Schaltfläche »Neue Ebene erstellen«, um eine Ebene hinzuzufügen. Sie werden dieser aktualisierten Ebene das bearbeitete Foto hinzufügen.

**2** Kehren Sie zurück zu Photoshop. Wählen Sie **Datei: Öffnen** und öffnen Sie die Datei *Hair1.psd* im Ordner *Lektionen/Lektion05*.

**3** Drücken Sie die Strg/Befehl-Taste und ziehen Sie das Bild auf die Datei *Schoenad.ai*. Mit Hilfe von Drag&Drop können Sie Bildmaterial zwischen Photoshop und Illustrator kopieren und einfügen.

**4** Aktivieren Sie die Datei *Schoenad.ai*.

**5** Löschen Sie in der Ebenenpalette die Ebene »Photo«, indem Sie sie auf die Schaltfläche »Auswahl löschen« ziehen. Geben Sie der neuen Ebene den Namen **Photo** und ziehen Sie sie in der Ebenenpalette nach unten, um sie unterhalb des übrigen Bildmaterials zu platzieren.

**6** Falls notwendig richten Sie das Bild innerhalb der Beschnittmarkierungen aus.

**7** Speichern Sie Ihre Änderungen.

Auf diese Weise können Sie auch andere Bildteile im Composite ersetzen oder aktualisieren – so könnten Sie zum Beispiel ein neues Logo oder zusätzlichen Text hinzufügen.

Sie können auch mit der Bearbeitung des Bildes in Photoshop fortfahren und dann die ältere Version ersetzen. Die Datei *05End* enthält beispielsweise einen weichen Hintergrund, der durch Wählen des Hintergrunds und Hinzufügen eines linearen Vordergrund-nach-Transparent-Verlaufs erstellt wurde; die Vordergrundfarbe wurde dafür dem Haar der Frau entnommen. Zusätzlich wurde das Logo-Bildmaterial dupliziert und seine Deckkraft geändert.

Als letzten Schritt werden Sie eine auf den Hintergrund reduzierte Kopie des Composite für Ihren Kunden speichern.

**8** Wählen Sie in Illustrator im Ebenenpalettenmenü den Eintrag »Auf Hintergrundebene reduzieren«, um alle sichtbaren Ebenen auf den Hintergrund zu reduzieren.

**9** Wählen Sie **Datei: Kopie speichern unter** (Windows) bzw. **Kopie sichern unter** (Mac OS) und geben Sie der Datei den Namen **Schoen_final.ai**. Als Format wählen Sie »Adobe Illustrator 9.0« (Windows) bzw. »Adobe Illustrator 9.0.2 Dokument« (Mac OS) und klicken auf »Speichern«. Unter »Kompatibilität« (Windows) bzw. »Kompatibel mit« (Mac OS) wählen Sie »Illustrator 9.0« und klicken auf OK.

**10** Schließen Sie alle geöffneten Dateien und beenden Sie Photoshop und Illustrator.

Damit haben Sie Ihre Composite-Datei erfolgreich abgeschlossen und können sie nun Ihrem Kunden zur Druckfreigabe präsentieren.

# Lektion 6

# 6 | Erstellen eines animierten Web-Werbe-Banners

von Mordy Golding und Judy Walthers von Alten

Wenn Sie Adobe Illustrator als Ausgangspunkt beim Erstellen von Web-Grafiken verwenden, können Sie jederzeit ohne Datenverluste wieder zurückkehren – eine Möglichkeit, die Ihnen Pixel-basierte Programme nicht immer bieten können und die besonders beim Erstellen eines Werbebanners für Detail-verliebte Kunden wichtig ist. Adobe Illustrator und Adobe ImageReady arbeiten bei der Vorbereitung Ihres Bildmaterials für das Web nahtlos und so einfach wie möglich zusammen.

# LEKTION 6
## Erstellen eines animierten Web-Werbe-Banners

In dieser Lektion werden Sie ein animiertes Werbe-Banner in der Standardgröße 468 x 60 Pixel für eine Lampenschirm-Firma erstellen und so vorbereiten, dass es den erforderlichen Bestimmungen für das Platzieren auf einer Website entspricht. Sie lernen dabei Folgendes:

- Verwenden von Angleichungen und Ebenen für das Erstellen der Grundlage einer Animation
- Importieren von Illustrator-Material in ImageReady, ohne dabei Ebeneninformationen zu verlieren
- Verwenden von Ebenen, Ebeneneffekten und Verzögerungsdauer zum Erstellen einer visuell interessanten Animation
- Verstehen, wie Animation und Farbe die Dateigröße beeinflussen
- Optimieren eines Bildes, so dass es einer vorgegebenen Dateigröße entspricht

Für diese Lektion werden Sie etwa eine Stunde benötigen.

Falls erforderlich löschen Sie den auf Ihrer Festplatte vorhandenen Lektionsordner aus der vorherigen Lektion und kopieren stattdessen den Ordner *Lektion06* auf die Festplatte.

## Vorbereitungen

Bevor Sie mit dieser Lektion beginnen, müssen Sie die Adobe-Photoshop- und Adobe-Illustrator-Voreinstellungen-Datei wiederherstellen. Entsprechende Hinweise finden Sie unter »Wiederherstellen der Standardeinstellungen« auf Seite 13.

Sie werden jetzt die fertige Lektionsdatei öffnen, um eine Vorstellung von dem Web-Banner zu erhalten, das Sie erstellen werden.

1 Starten Sie Adobe ImageReady 3.0.

2 Wählen Sie **Datei: Öffnen** und öffnen Sie die Datei *06End.psd* im Ordner *Lektionen/Lektion06* auf Ihrer Festplatte.

3 Klicken Sie unten in der Animationspalette auf die Schaltfläche »Spielt Animation ab«, um sich die fertige Datei anzusehen, die Sie erstellen werden.

**4** Nachdem Sie sich die Datei angesehen haben, können Sie sie geöffnet auf dem Bildschirm belassen oder sie ohne Speichern von Änderungen schließen.

Eine Abbildung der fertigen Grafik aus dieser Lektion finden Sie im Farbteil dieser Lektion.

Zu Beginn der Lektion werden Sie eine vorhandene Bilddatei in Illustrator öffnen.

**5** Starten Sie Adobe Illustrator 9.0.

**6** Wählen Sie **Datei: Öffnen** und öffnen Sie die Datei *06Start.ai* im Ordner *Lektionen/Lektion06* auf Ihrer Festplatte. Wählen Sie im Dialogfeld »Farbmodus konvertieren« den Farbmodus »RGB« und klicken Sie auf OK. RGB ist der Farbmodus, der für Monitore und im Web verwendet wird.

**7** Wählen Sie **Datei: Speichern unter** und navigieren Sie zum Ordner *Lektion06*. Geben Sie der Datei den Namen **Banner.ai**, wählen Sie das Format »Adobe Illustrator 9.0.2 Dokument« und klicken Sie auf »Speichern«. Wählen Sie im Dialogfeld »Illustrator Format Optionen« im Popup-Menü »Kompatibel mit« den Eintrag »Illustrator 9.0« und klicken Sie auf OK.

Im Web wird alles in Pixel gemessen. Beim Entwerfen des Web-Banners werden Sie das Standardmaßsystem von Illustrator »Punkt« verwenden. Dieses System mit 72 Punkt pro Inch entspricht der Monitordarstellung von 72 Pixel pro Inch.

Wählen Sie zur Bestätigung der Maßeinheiten **Bearbeiten: Voreinstellungen: Einheiten & Rückgängig**; bestätigen Sie im Dialogfeld »Voreinstellungen Einheiten & Rückgängig« im Abschnitt »Allgemein« den Eintrag »Punkt«. Klicken Sie auf OK.

*Das Dialogfeld »Voreinstellungen Einheiten & Rückgängig«*

# Entwerfen Ihres Banners

Die Aufgabe eines Kunden ist es, Änderungen zu verlangen, so scheint es zumindest. Die Stärken beim Entwerfen Ihrer Banner in Illustrator liegen in den einfach zu verwirklichenden Änderungen, ohne sich über Auflösungsprobleme bei der Ausgabe Gedanken machen zu müssen.

Eine der schwierigsten Aufgaben beim Entwerfen von Web-Bannern ist das Einhalten der erforderlichen Parameter, die durch die Websites bestimmt werden, auf denen die Banner platziert werden sollen. Natürlich wünscht niemand eine Site, die erst stundenlang heruntergeladen werden muss, daher sind Web-Banner von Webdesignern nicht größer als 10 bis 11 Kbyte. Die Kunst beim Entwerfen von Web-Bannern liegt in der Fähigkeit des Designers, interessante und wirkungsvolle Banner zu erstellen, die noch in die erforderliche Dateigröße passen.

Beim Entwerfen von Werbebannern sind die beiden wichtigsten Faktoren, die zu berücksichtigen sind, die Anzahl der Farben und Animation. Je weniger Farben Sie verwenden, desto mehr können Sie animieren. Auf der anderen Seite können Sie umso mehr mit Farben arbeiten, je weniger Animationen Sie verwenden.

## Hinzufügen von Text zum Banner

Zu Beginn werden Sie dem Banner die Wörter »Click here« hinzufügen.

1   Wählen Sie die Ebene »Custom Lampshades logo«. Falls notwendig erweitern Sie die Ebenenpalette.

2   Geben Sie mit dem Textwerkzeug die Wörter **CLICK HERE** in Großbuchstaben ein. Drücken Sie die Tasten Strg/Befehl+T, um die Zeichenpalette einzublenden. Wählen Sie dort einen 10 Punkt, fetten, serifenlosen Zeichensatz (hier wurde »Myriad Bold« gewählt).

*Zeichenpalette zeigt Schrifteigenschaften für ausgewählte Ebene an*

3 Verwenden Sie das Drehen-Werkzeug und ziehen Sie mit gedrückter Umschalttaste, um den Text um 90° zu drehen, und platzieren Sie den Text entlang der rechten Seite des Banners.

*Platzieren der Wörter »CLICK HERE«*

4 Damit die Wörter optisch hervorstechen, ziehen Sie ein Rechteck um den Text und füllen es mit Schwarz und die Kontur ohne eine Füllung. (Sie können den Text nun nicht mehr sehen.)

5 Drücken Sie bei ausgewähltem Rechteck die Tasten Umschalt+Strg+Ä (Windows) bzw. Umschalt + Befehl + Ä (Mac OS), um es in den Hintergrund zu stellen.

6 Wählen Sie den Text aus (Sie können den ausgewählten Pfad sehen) und weisen Sie eine weiße Füllung und keine Kontur zu.

*»CLICK HERE« im fertigen Zustand*

## Verwenden der Web-sicheren Farbpalette

Jetzt können Sie Ihrem Banner Farbe zuweisen. Um sicherzustellen, dass diese Farben so wie bezeichnet im Web dargstellt werden, werden Sie die Farben aus der Web-sicheren Farbpalette in Illustrator auswählen.

*Durch die Verwendung von Web-sicheren Farben vermeiden Sie das Problem, Farben zu verwenden, die möglicherweise nicht auf den Bildschirmen anderer Anwender verfügbar sind. Sind Farben nicht verfügbar, versucht der Computerbildschirm sie durch* Rastern *(Dithering) bzw. Mischen von Farben zu simulieren. Gerasterte Farben führen häufig zu störenden Moirée-Mustern.*

**LEKTION 6**
**Erstellen eines animierten Web-Werbe-Banners**

1. Wählen Sie **Fenster: Bestände: Web**.

2. Achten Sie darauf, dass in der Ebenenpalette die Ebene »Custom Lampshades logo« immer noch ausgewählt ist.

3. Klicken Sie mit dem Rechteck-Werkzeug einmal in die obere linke Ecke des Banners, um das Dialogfeld »Rechteck« aufzurufen. Geben Sie für Breite den Wert **468** und für Höhe den Wert **60** ein und klicken Sie auf OK.

Dies wird der Hintergrund des Banners. Die Abmessungen von 468 mal 60 Pixel sind der Standard für Web-Banner.

4. Wählen Sie mit Hilfe der Web-Farbpalette das hellste Gelb (Hexadezimalwert FFFF00) zum Füllen des Rechtecks aus. (Es ist das sechste Farbfeld von oben links.)

5. Drücken Sie die Tasten Umschalt+Strg+Ä (Windows) bzw. Umschalt+Befehl+Ä (Mac OS), um das Rechteck in den Hintergrund zu stellen. Falls notwendig platzieren Sie das Rechteck so, dass es das Banner überlappt.

*Hintergrundrechteck erstellt, gefüllt und in den Hintergrund gestellt*

Der Entwurf soll das Banner so aussehen lassen, als hätte jemand das Licht eingeschaltet. Um dies zu erreichen, wird das Banner einen schwarzen Hintergrund erhalten, der sich in Gelb ändert, wenn an der Kette gezogen wird. Damit das Banner visuell ansprechend und das Logo zu jeder Zeit sichtbar bleibt, soll der Hintergrund hinter dem Logo immer gelb sein. Für diesen Effekt werden Sie einen kleinen Gelb-Verlauf erzeugen.

6   Zeichnen Sie nun mit dem Rechteck-Werkzeug zwei weitere Rechtecke für den schwarzen Hintergrund, der zwei Drittel des Banners und des Verlaufs bedeckt:

- Klicken Sie für den schwarzen Hintergrund in die obere linke Ecke des Banners und geben Sie im Dialogfeld »Rechteck« für Breite den Wert **285** und für Höhe den Wert **60** ein. Klicken Sie auf OK. Füllen Sie das Rechteck mit 100% Schwarz ohne Kontur.

*Hinzufügen des schwarzen Rechtecks*

- Um den Verlauf zu erstellen, klicken Sie in die obere rechte Ecke des schwarzen Hintergrunds und geben für Breite den Wert **6** Punkt und für Höhe den Wert **60** Punkt ein. Füllen Sie das Rechteck mit 100% Schwarz ohne Kontur. Falls notwendig richten Sie das schwarze Rechteck dort am gelben Rechteck aus, wo das große schwarze Rechteck endet.

7   Halten Sie die Tasten Strg oder Alt (Windows) bzw. Umschalt+Option (Mac OS) gedrückt und ziehen Sie mit dem Direktauswahl-Werkzeug eine Kopie des kleinen schwarzen Rechtecks, um die Kopie neben dem Logo auszurichten. (Die folgende Abbildung verdeutlicht das genaue Platzieren.)

8   Das neue Rechteck ist weiter ausgewählt; drücken Sie die I-Taste, um zum Pipette-Werkzeug zu wechseln, und klicken Sie irgendwo im gelben Hintergrundrechteck, um das neue Rechteck mit der gleichen Farbe ohne Kontur zu füllen.

9   Klicken Sie mit gedrückt gehaltener Umschalttaste und dem Auswahl-Werkzeug auf das kleine schwarze und das kleine gelbe Rechteck, um sie auszuwählen.

*Auswählen des schwarzen Rechtecks und der gefärbten Kopie, um die Angleichung zu erzeugen*

10  Wählen Sie **Objekt: Angleichung: Erstellen**. Wählen Sie bei ausgewählter Angleichung **Objekt: Angleichung: Angleichung-Optionen**. Wählen Sie im Popup-Menü »Abstand« den Eintrag »Festgelegte Stufen«, geben Sie im Eingabefeld den Wert **10** ein und klicken Sie auf OK.

Beim Erzeugen von Elementen für das Web sind Angleichungen besser geeignet als Verläufe, weil Sie dort die Anzahl der Angleichungsstufen bestimmen können. Ein Verlauf verwendet so viele Farbabstufungen wie möglich, um einen weichen Übergang zu vermitteln. Auf dem Bildschirm benötigen Sie aber möglicherweise nur wenige Stufen, um einen weichen Farbübergang zu erhalten. Mit Angleichungen können Sie die Anzahl der Stufen festlegen, sich die Angleichung ansehen und die Anzahl der Stufen je nach Bedarf anpassen – und auf diese Weise die Zahl der verwendeten Farben im Bild vermindern. Je weniger Angleichungsstufen, desto wirkungsvoller wird das Ergebnis sein.

## Hinzufügen eines »Hinguckers«

Sie werden zur Vervollständigung des Bildmaterials noch ein weiteres Element erstellen. Als Besonderheit werden Sie dafür sorgen, dass es so aussieht, als würde die Lampe am Ende der Animation eingeschaltet.

1   Wählen Sie **Ansicht: Magnetische Hilfslinien**. Zeichnen Sie mit dem Rechteck-Werkzeug ein Rechteck, das unmittelbar unter dem Lampenschirm beginnt und bis zum unteren Rand des Banners reicht (es wird am Rand einschnappen). Füllen Sie es mit Weiß ohne Kontur.

*Zeichnen eines Rechtecks für den Lichtschein*

2   Drücken Sie die E-Taste, um zum Frei-transformieren-Werkzeug zu wechseln.

3   Klicken Sie auf den unteren rechten Anfasser des Rechtecks, das Sie gerade gezeichnet haben und halten Sie die Maustaste gedrückt ohne loszulassen.

4   Drücken Sie zusätzlich die Tasten Umschalt+Alt+Strg (Windows) bzw. Umschalt+Option+Befehl (Mac OS) und ziehen Sie mit der Maus nach links. Sie sehen, dass sich beide unteren Ecken des Rechtecks in die entgegengesetzte Richtung erweitern. Lassen Sie die Maustaste los.

*Geformter Lichtschein hinter den Buchstaben platziert*

5   Der Lichtschein ist immer noch ausgewählt; drücken Sie zweimal die Tasten Strg/Befehl+Ä, um den Lichtschein hinter die Buchstaben zu bringen.

6   Wählen Sie **Ansicht: Magnetische Hilfslinien** (oder drücken Sie die Tasten Strg/Befehl+U), um sie auszuschalten.

7   Heben Sie die Auswahl auf und speichern Sie Ihre Arbeit.

## Festlegen von Ebenen und Exportieren des Bildmaterials

Sie haben jetzt das gesamte notwendige Material für Ihr Banner in Illustrator erstellt. Bevor Sie das Material nun in ImageReady exportieren, werden Sie jedes Bildelement auf einer eigenen Ebene platzieren, um eine genaue Kontrolle über das Bildmaterial zu erhalten und einfacher damit arbeiten zu können.

1   Erstellen Sie in der Ebenenpalette eine neue Ebene, indem Sie unten in der Palette auf die Schaltfläche »Neue Ebene erstellen« klicken und dann die neue Ebene in der Ebenenliste nach unten ziehen.

2   Doppelklicken Sie auf die neue Ebene, um das Dialogfeld »Ebenenoptionen« aufzurufen. Geben Sie dort der Ebene den Namen **Yellow Background** und klicken Sie auf OK.

💡 *Um eine neue Ebene zu erstellen und das Dialogfeld »Ebenenoptionen« sofort automatisch aufzurufen, halten Sie die Alt/Option-Taste gedrückt und klicken mit der Maus unten in der Ebenenpalette auf die Schaltfläche »Neue Ebene erstellen«.*

3   Wählen Sie mit dem Auswahlwerkzeug das gelbe Rechteck aus, das den Hintergrund des Banners darstellt.

4   Achten Sie in der Ebenenpalette rechts von der Ebene »Custom Lampshades logo« auf das kleine Quadrat neben dem Ziel-Icon. Ziehen Sie dieses kleine Quadrat auf die Ebene »Yellow Background«, um das ausgewählte Bildmaterial auf diese Ebene zu ziehen.

*Ziehen des Quadrats in der Ebenenpalette, um gelbes Rechteck in Bildmaterial zu ziehen*

Sie werden zwei weitere Ebenen erstellen und Bildmaterial darauf ziehen.

**5** Erstellen Sie eine Ebene für das Logo-Licht:

- Klicken Sie mit gedrückt gehaltener Alt/Option-Taste unten in der Ebenenpalette auf die Schaltfläche »Neue Ebene erstellen«, um eine neue Ebene zu erstellen und das Dialogfeld »Ebenenoptionen« aufzurufen. Geben Sie der Ebene den Namen **Lamp Light for Logo**. Ziehen Sie die Ebene dann nach unten unterhalb der Ebene »Custom Lampshades logo«.
- Wählen Sie im Bild die Form, die Sie für das Licht des Logos erzeugt haben.
- Ziehen Sie in der Ebenenpalette das kleine Quadrat, das die Auswahl repräsentiert, auf seine neue Ebene.

**6** Wiederholen Sie Schritt 5, um eine neue Ebene für den schwarzen Hintergrund und die Angleichung zu erstellen. Geben Sie der neuen Ebene den Namen **Black Background**. Wählen Sie im Bild das schwarze Rechteck und die Angleichung aus. Ziehen Sie in der Ebenenpalette das kleine Quadrat, das die Auswahl repräsentiert, auf die Ebene »Black Background«.

**7** Falls notwendig passen Sie die Ebenenreihenfolge entsprechend der folgenden Abbildung an.

*Schwarzes Rechteck und Angleichung auf eigene Ebene verschoben*

**8** Speichern Sie Ihre Änderungen. Sie werden die Datei jetzt zur weiteren Bearbeitung in ImageReady exportieren.

9  Wählen Sie **Datei: Exportieren**. Nennen Sie die Datei **Banner.psd**. Als Format wählen Sie »Photoshop 5 (PSD)« und klicken Sie auf »Speichern« (Windows) bzw. »Exportieren« (Mac OS). Wählen Sie im Dialogfeld »Photoshop-Optionen« im Popup-Menü »Farbmodell« den Eintrag »RGB« und im Abschnitt »Auflösung« die Option »Bildschirm (72 dpi)«. Schalten Sie sowohl die Option »Glätten« als auch die Option »Ebenen mit exportieren« ein. Klicken Sie auf OK.

*Dialogfeld Photoshop-Optionen*

10  Beenden Sie Adobe Illustrator.

## Erstellen der Animation und Hinzufügen von Effekten

Jetzt können Sie damit beginnen, Ihr Banner in ImageReady zu animieren.

### Hinzufügen von Farbeffekten

Sie beginnen, indem Sie die Ebenen-Photoshop-Datei öffnen, die Sie aus Illustrator exportiert haben, und ihr ein paar Farbeffekte hinzufügen.

1  Starten Sie Adobe ImageReady, falls Sie es nicht bereits getan haben.

2  Wählen Sie **Datei: Öffnen**. Wählen Sie die Datei **Banner.psd**, die Sie gerade aus Illustrator exportiert haben.

3 Klicken Sie mit gedrückt gehaltener Alt/Option-Taste in der Ebenenpalette auf das Auge-Icon neben der Ebene »Yellow Background«, um alle Ebenen mit Ausnahme dieser einen auszublenden. (Erweitern Sie die Palette, um alle Ebenen sehen zu können.)

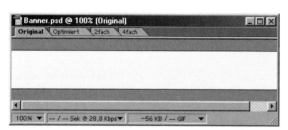
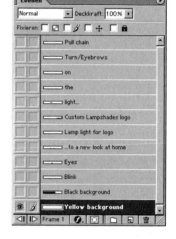

*Alle Ebenen bis auf »Yellow Background« ausgeblendet*

4 Blenden Sie nun die folgenden Ebenen wieder ein, indem Sie auf die Auge-Icon-Spalte neben der Ebene klicken: »Pull Chain«, »Turn/Eyebrows«, »Custom Lampshades logo«, »Eyes« und »Black Background«.

5 Wählen Sie in der Ebenenpalette die Ebene »Pull Chain«. Klicken Sie unten in der Palette auf die Schaltfläche »Ebeneneffekt hinzufügen«, wählen Sie im Popup-Menü den Eintrag »Farbüberlagerung« und in der Farbüberlagerung-Palette wählen Sie mit Hilfe des Popup-Menüs »Farbe« die Farbe Weiß aus.

6 Wiederholen Sie Schritt 5 für die Ebenen »Turn/Eyebrows« und »Eyes«.

7 Speichern Sie Ihre Arbeit.

## Hinzufügen von ein wenig Bewegung

Als Nächstes werden Sie den Lampenzug (Pull Chain) platzieren, damit es so aussieht, als würde er die Lampe einschalten. Der Lampenzug ist zu Anfang, wenn das Banner noch dunkel ist, in der oberen Position und scheint dann nach unten gezogen zu werden, wenn das Banner beleuchtet wird.

*Lampenzug (Pull Chain) in der oberen Position*

1   Wählen Sie in der Ebenenpalette die Ebene »Pull Chain«. Verschieben Sie den Lampenzug im Bild mit gedrückt gehaltener Umschalttaste mit dem Verschieben-Werkzeug nach oben, bis er sich etwa in der Mitte der Bannerhöhe befindet.

*Lampenzug in oberer Position*

Nun werden Sie eine Reihe von Frames duplizieren, Ebenen einschalten und das darin enthaltene Bildmaterial mit Hilfe einer Farbüberlagerung weiß bemalen. Die Ebene »Pull Chain« muss immer noch ausgewählt sein.

2   Erstellen Sie Frame 2:

- Klicken Sie in der Animation-Palette auf die Schaltfläche »Dupliziert aktuellen Frame«. Unten in der Ebenenpalette wird Frame-Nummer 2 angezeigt. (Eventuell müssen Sie die Palette erweitern, um die Frame-Nummer sehen zu können.)

- Wählen Sie in der Ebenenpalette die Ebene »On«. Klicken Sie auf die Schaltfläche »Ebeneneffekt hinzufügen«, wählen Sie im Popup-Menü den Eintrag »Farbüberlagerung« und in der Farbüberlagerung-Palette wählen Sie mit Hilfe des Popup-Menüs »Farbe« die Farbe Weiß aus.

*Falls Sie dabei einen Fehler machen, klicken Sie in der Animation-Palette auf die Schaltfläche »Löscht ausgewählte Frames« und wiederholen den Schritt.*

3 Wiederholen Sie Schritt 2 für die Ebenen »The« und »Light« und duplizieren Sie dafür zunächst in der Animation-Palette den aktuellen Frame; wählen Sie dann in der Ebenenpalette die Ebene aus und weisen Sie dann den Effekt zu. Damit werden die Frames 3 und 4 erstellt.

**234** LEKTION 6
Erstellen eines animierten Web-Werbe-Banners

Als Hingucker werden Sie die beiden Buchstaben *O* im Wort »look« wie Augen zwinkern lassen. Für diesen Effekt werden Sie insgesamt vier Frames erstellen.

*Bildmaterial für Frame 4, Animation-Palette und Ebenenpalette*

4   Erstellen Sie Frame 5, um die Augen zwinkern zu lassen:

- Klicken Sie in der Animation-Palette auf die Schaltfläche »Dupliziert aktuellen Frame«.

- Schalten Sie in der Ebenenpalette die Ebene »Eyes« aus. Schalten Sie die Ebene »Blink« ein und wählen Sie sie aus. Klicken Sie auf die Schaltfläche »Ebeneneffekt hinzufügen«, wählen Sie »Farbüberlagerung« und in der Farbüberlagerung-Palette wählen Sie die Farbe Weiß.

5   Erstellen Sie Frame 6, um die Augen wieder zu öffnen:

- Klicken Sie in der Animation-Palette auf die Schaltfläche »Dupliziert aktuellen Frame«.

- Schalten Sie in der Ebenenpalette die Ebene »Blink« aus. Schalten Sie die Ebene »Eyes« ein.

Nun lassen Sie die Augen wieder zwinkern.

6   Klicken Sie in der Animation-Palette mit gedrückter Umschalttaste auf die Frames 5 und 6. Klicken Sie auf die Schaltfläche »Duplizierten Frame erstellen«, um die soeben erstellten Frames als Frames 7 und 8 zu kopieren.

*Zwinkernde O*

7   Speichern Sie Ihre Arbeit.

Nun zeigen Sie nach und nach Text, wenn der Lampenzug gezogen wird. (Die Ebene »Blink« ist immer noch ausgewählt.)

8   Erstellen Sie Frame 9:

- Wählen Sie in der Animation-Palette nur Frame 8 aus. Klicken Sie auf die Schaltfläche »Dupliziert aktuellen Frame«.

- Schalten Sie in der Ebenenpalette die Ebene »Black Background« aus. Wählen Sie die Ebene »To a New Look at Home«, klicken Sie auf die Schaltfläche »Ebeneneffekt hinzufügen«, um der Ebene einen Farbüberlagerungseffekt hinzuzufügen und wählen Sie in der Farbüberlagerung-Palette die Farbe Weiß aus.

**236** | LEKTION 6
Erstellen eines animierten Web-Werbe-Banners

**9** Klicken Sie in der Ebenenpalette auf das Auge-Icon neben den Farbüberlagerungs-Effekten für alle sichtbaren Ebenen, um den Effekt auszuschalten. (Schalten Sie nicht die Ebenen »Effects« aus.)

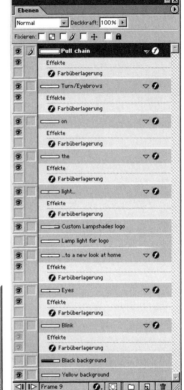

*Banner in Frame 9*

**10** Speichern Sie Ihre Arbeit.

Sie werden den Lampenzug nun auf seine untere Position verschieben, damit es in der Banner-Animation so aussieht, als würde jemand am Lampenzug ziehen.

**11** Wählen Sie in der Ebenenpalette die Ebene »Pull Chain«. Verschieben Sie mit gedrückt gehaltener Umschalttaste und dem Verschieben-Werkzeug den Lampenzug im Bild nach unten an den Rand des Banners.

*Platzieren des Lampenzugs*

Nun werden Sie den Lampenzug wieder nach oben verschieben, damit es so aussieht, als würde er nach dem Ziehen wieder nach oben schnellen. In den nächsten Schritten werden Sie die Frames 10 und 11 erstellen.

**12** Erstellen Sie Frame 10: Klicken Sie in der Animation-Palette auf die Schaltfläche »Dupliziert aktuellen Frame«. Verschieben Sie den Lampenzug mit Hilfe des Verschieben-Werkzeugs im Bild mit gedrückt gehaltener Umschalttaste bis zur Mitte der Bannerhöhe.

*Lampenzug auf die obere Position verschoben*

Als zusätzlichen Effekt lassen Sie die beiden O wieder zwinkern.

**13** Erstellen Sie Frame 11: Klicken Sie in der Animation-Palette auf die Schaltfläche »Dupliziert aktuellen Frame«. Schalten Sie in der Ebenenpalette die Ebene »Eyes« aus. Schalten Sie die Ebene »Blink« ein; klicken Sie auf das Auge-Icon neben dem Effekt »Farbüberlagerung«, um ihn auszuschalten.

**14** Klicken Sie in der Animation-Palette auf die Schaltfläche »Dupliziert aktuellen Frame«. Schalten Sie in der Ebenenpalette die Ebene »Blink« aus. Schalten Sie die Ebene »Eyes« ein.

*Zwinkernde O*

**15** Damit es so aussieht, als zwinkerten die Augen zweimal, klicken Sie in der Animation-Palette mit gedrückter Umschalttaste auf die Frames 11 und 12, um sie auszuwählen. Klicken Sie anschließend auf die Schaltfläche »Dupliziert aktuellen Frame«, um die Frames 13 und 14 zu erstellen.

*Auswählen der Frames 11 und 12 und Duplizieren der beiden Frames*

**16** Speichern Sie Ihre Arbeit.

## Einschalten der Beleuchtung

Zum Abschluss werden Sie noch das Licht im Logo einschalten lassen.

**1** Wählen Sie in der Animation-Palette nur Frame 14 aus. Klicken Sie auf die Schaltfläche »Dupliziert aktuellen Frame«. (Damit erstellen Sie Frame 15.) Schalten Sie in der Ebenenpalette die Ebene »Lamp Light for Logo« ein.

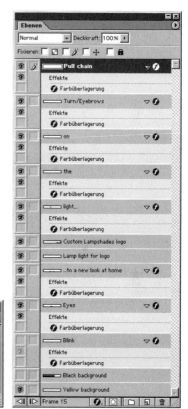

*Logo mit eingeschalteter Beleuchtung*

Als zusätzlichen Effekt werden Sie nun das Wort »Light« einblenden, so dass es kurz vor dem Einschalten des Lichts im Banner erscheint.

2   Wählen Sie in der Animation-Palette den Frame 3. Wählen Sie im Animation-Palettenmenü den Eintrag »Dazwischen einfügen«. Wählen Sie im Dialogfeld »Dazwischen einfügen« die Option »Alle Ebenen« und im Popup-Menü »Dazwischen einfügen« den Eintrag »Nächster Frame«. Im Eingabefeld »Hinzuzufügende Frames« geben Sie **5** ein und klicken Sie auf OK.

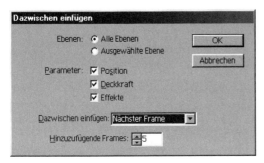

*Dialogfeld »Dazwischen einfügen«*

3   Um Ihre Animation zu betrachten, klicken Sie unten in der Animation-Palette auf die Schaltfläche »Spielt Animation ab«.

4   Speichern Sie Ihre Änderungen.

## Einstellen des Animations-Timing

Die Animation läuft viel zu schnell ab und scheint insgesamt nicht korrekt zu sein. Timing ist alles, wie man so schön sagt.

Damit Ihre Animation gleichmäßig und realistisch abläuft, müssen Sie die Zeit bzw. die Verzögerung für jeden Frame anpassen.

1 Wählen Sie in der Animation-Palette den ersten Frame. Klicken Sie unmittelbar unterhalb des Frame, wo »0,00 s.« angezeigt wird, um das Popup-Menü »Wählt Frame-Verzögerung aus« anzuzeigen. Wählen Sie im Menü den Eintrag »0,1 Sekunden«.

*Einstellen der Verzögerungsdauer für Frame 1*

Sie können in der Animation-Palette gleichzeitig mehrere Frames auswählen, indem Sie aufeinander folgende Frames mit gedrückt gehaltener Umschalttaste anklicken oder mit gedrückt gehaltener Strg/Befehl-Taste nicht kontinuierliche Frames auswählen.

2 Wählen Sie Frames aus und stellen Sie ihre Verzögerung wie folgt ein:

- Klicken Sie mit gedrückter Umschalttaste auf die Frames 2 und 3. Wiederholen Sie Schritt 1, um ihre Verzögerung auf 0,1 Sekunden einzustellen.

- Verwenden Sie den Scrollbalken in der Animation-Palette, damit Sie die Frames 9 bis 15 sehen können. Klicken Sie mit gedrückt gehaltener Strg/Befehl-Taste auf die Frames 9, 13 und 15. Wiederholen Sie Schritt 2 und ändern Sie die Verzögerung in 0,5 Sekunden. Frame 13 pausiert nun kurz, bevor das Licht eingeschaltet wird.

- Klicken Sie mit gedrückter Umschalttaste auf die Frames 10, 11 und 12 und ändern Sie ihre Verzögerung in 0,1 Sekunden. Damit zwinkern die Augen zweimal kurz nacheinander.

- Falls notwendig scrollen Sie in der Animation-Palette, um die Frames 14 bis 20 sehen zu können. Klicken Sie mit gedrückt gehaltener Strg/Befehl-Taste auf die Frames 14 und 19 und stellen Sie ihre Verzögerung auf 0,2 Sekunden ein.

- Klicken Sie mit gedrückter Umschalttaste auf die Frames 16, 17 und 18 und stellen Sie ihre Verzögerung auf 0,1 Sekunden ein. Dies sind wieder die zwinkernden Augen.
- Zum Schluss stellen Sie die Verzögerung für Frame 20 auf 2 Sekunden ein. Damit pausiert die Animation ein wenig, bevor sie wieder von vorne beginnt.

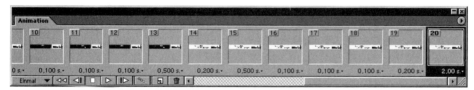

*Animation-Palette zeigt die Verzögerungsdauer jedes Frames*

3  Klicken Sie nun auf die Schaltfläche »Spielt Animation ab« und schauen Sie sich die Animation an.

Sie sehen, dass sich die Animation nun logisch bewegt und pausiert, bevor sie erneut von vorn beginnt.

4  Klicken Sie auf die Schaltfläche »Beendet die Animation«. Speichern Sie Ihre Arbeit.

## Optimieren und Exportieren des Banners

Zum Schluss werden Sie die Datei noch optimieren, bevor Sie Ihr Banner exportieren. Um sehen zu können, wie die Datei optimiert aussieht, werden Sie mehrere Einstellungen in der Vorschau betrachten. So erfahren Sie, wie das Aussehen des Banner jeweils beeinflusst wird. Anschließend können Sie entscheiden, wie Sie das Aussehen des Banner entsprechend der gewünschten Dateigröße anpassen. Denken Sie daran, dass die meisten Websites die Dateigröße für Banner auf eine maximale Dateigröße von 10 KByte beschränken.

1 Klicken Sie oben im Dokumentfenster auf den Reiter »4fach«. Mit diesem Fenster lassen sich verschiedene Einstellungen vergleichen, damit Sie das bestaussehende Banner mit der kleinsten Dateigröße auswählen können.

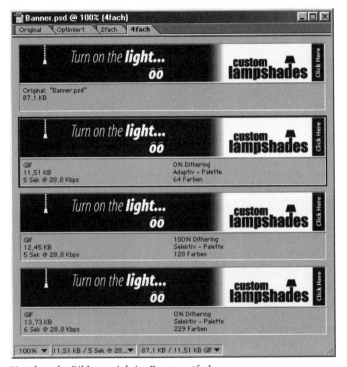

*Vorschau des Bildmaterials im Fenster »4fach«*

2 Achten Sie darauf, dass der zweite Frame von oben ausgewählt ist.

3 Wählen Sie in der Optimieren-Palette folgende Einstellungen:

- Wählen Sie im Popup-Menü »Optimierungsformat« den Eintrag »GIF« und unter »Lossy« die Einstellung **0**.

- Wählen Sie im Popup-Menü »Farbreduzierungs-Algorithmus« den Eintrag »Adaptiv« und stellen Sie die Anzahl der Farben auf **64** ein.

- Stellen Sie den Dithering-Algorithmus auf **0%** ein.

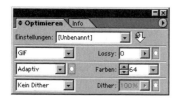

*Optimieren-Palette*

4   Wählen Sie **Datei: Optimiert-Version speichern**, geben Sie Ihrem Banner den Namen **Banner.gif** und klicken Sie auf »Speichern«.

Experimentieren Sie mit den Farbeinstellungen, um innerhalb der 10 KByte-Beschränkung das bestaussehende Banner zu erzielen. Falls das Banner nicht wie gewünscht aussieht, müssen Sie vielleicht ein paar Frames entfernen (beispielsweise die zwinkernden Augen), um mehr Farben und ein attraktiveres Ergebnis zu ermöglichen.

Als Alternative können Sie in ImageReady auch die Dateigröße vorgeben. Image-Ready entfernt dann Farben und legt den Dither-Algorithmus und den notwendigen Datenverlust für das Erreichen der vorgegebenen Dateigröße fest. Bedenken Sie, dass das Banner anschließend nicht unbedingt gut aussehen wird. Auch hier müssen Sie experimentieren und zwischen komplexer Animation und Anzahl der Farben abwägen, um das bestaussehende Banner bei gewünschter Dateigröße zu erhalten.

Schauen Sie sich nun in der Vorschau an, wie ImageReady die Datei optimieren würde.

5   Wählen Sie im Optimieren-Palettenmenü den Eintrag »Auf Dateigröße optimieren«.

6   Wählen Sie im Dialogfeld die Option »Beginnen mit Aktuelle Einstellungen«. Geben Sie die gewünschte Dateigröße ein und klicken Sie auf OK.

*Dialogfeld »Auf Dateigröße optimieren«*

7   Falls gewünscht wiederholen Sie Schritt 4, um Ihre Änderungen zu speichern, und geben der Datei entweder einen neuen Namen oder ersetzen die bereits gespeicherte Datei.

8   Speichern Sie Ihre Arbeit.

9   Schließen Sie die Datei und beenden Sie ImageReady.

10   Um zu sehen, wie Ihr Publikum diese Animation sehen wird, starten Sie Ihren Webbrowser und öffnen Sie die soeben von Ihnen optimierte Datei.

Damit haben Sie diese Lektion erfolgreich abgeschlossen.

## Eigene Übungen

Nachdem Sie nun Schritt für Schritt ein Web-Banner erstellt haben, können Sie andere Techniken und Methoden ausprobieren, mit denen Sie das »Look-and-Feel« des Banners verbessern können.

- Verwenden Sie in Ihren Bannern mehr Farben. Ändern Sie beispielsweise die Farben der Beleuchtung oder der zwinkernden Augen. Bedenken Sie allerdings, dass Sie bei mehr Farben auch weniger Animation verwenden können.

- Erkunden Sie, wie Sie geringe Änderungen in einer Animation ausführen können, ohne dass dabei die Dateigröße zum Opfer fällt. Die Anzahl der Frames in einem animierten Banner muss nicht unbedingt zu einer größeren Datei führen. Ein Banner mit 30 Frames könnte beispielsweise nur einen kleinen animierten Bereich enthalten, während in einem 3-Frame-Banner ein vollständiger Bildmaterial-Wechsel durchgeführt werden könnte.
- Experimentieren Sie mit der Verzögerungsdauer jedes Frames, um Ihre Animationen besser steuern zu können. Denken Sie daran, dass die Betrachter Ihres Werbebanners den Text nicht unbedingt mit der gleichen Geschwindigkeit wie Sie lesen können. Probieren Sie verschiedene Verzögerungen aus, um über das gesamte Banner einen gleichmäßigen Ablauf zu bewirken.

# Lektion 7

# 7 | Fortgeschrittene Typografie und Layout

von Mordy Golding und Andrew Faulkner

*Adobe Illustrator enthält alle notwendigen Werkzeuge für das Erstellen von vollständigen Layouts für Broschüren – vom professionellen Setzen mit Ligaturen über Festlegen von Volltondrucklackierungen bis hin zum Einstellen von Falz- und Schnittmarken sowie Beschnitt. Außerdem lassen sich Filmseparationen unmittelbar aus Illustrator heraus ausgeben.*

# LEKTION 7
## Fortgeschrittene Typografie und Layout

In dieser Lektion lernen Sie Folgendes:

- Einstellen von Schnitt- und Falzmarken
- Hinzufügen einer Druckermarkierungsfarbe
- Verwenden der Funktion »Übersetzende Satzzeichen«
- Hinzufügen einer Volltonfarbe und einer Volltondrucklackierung
- Erstellen einer Tabelle mit Hilfe von Tabulatoren
- Erstellen von Textumflüssen
- Ausdrucken von aufgeteilten Bereichen eines Dokuments

Für diese Lektion werden Sie etwa eine Stunde benötigen.

Falls erforderlich löschen Sie den auf Ihrer Festplatte vorhandenen Lektionsordner aus der vorherigen Lektion und kopieren stattdessen den Ordner *Lektion07* auf die Festplatte.

## Vorbereitungen

In dieser Lektion werden Sie eine sechsfarbige Faltbroschüre für eine Konstruktionsfirma in Adobe Illustrator erstellen und für eine Druckerei oder einen Dienstleister zur Farbseparation vorbereiten. Bevor Sie mit dieser Lektion beginnen, müssen Sie die Adobe-Photoshop- und Adobe-Illustrator-Voreinstellungen-Datei wiederherstellen. Entsprechende Hinweise finden Sie unter »Wiederherstellen der Standardeinstellungen« auf Seite 13. Installieren Sie außerdem die Zeichensätze von der Advanced-Classroom-in-a-Book-CD-ROM im Ordner *Zeichensätze für Lektionen* auf Ihrer Festplatte.

Sie werden jetzt die fertige Lektionsdatei öffnen, um eine Vorstellung von der Broschüre zu erhalten, die Sie erstellen werden.

1   Starten Sie Adobe Illustrator.

2   Wählen Sie **Datei: Öffnen** und öffnen Sie die Datei *07End.ai* im Ordner *Lektionen/Lektion07* auf Ihrer Festplatte.

Sie sehen ein Cyan-farbenes Rechteck in der Broschüre. Diese Cyan-Form repräsentiert eine Volltondrucklackierung, die hinzugefügt wurde, um diesen Teil auf der Seite zu betonen; eine Volltondrucklackierung lässt sich auf dem Bildschirm nicht in der Vorschau betrachten.

3   Klicken Sie in der Ebenenpalette auf das Auge-Icon neben der Ebene »Spot Varnish«, um diese Ebene auszublenden, so dass Sie die fertige Datei betrachten können.

4   Nachdem Sie sich die Datei angesehen haben, können Sie sie geöffnet auf dem Bildschirm belassen oder sie ohne Speichern von Änderungen schließen.

Eine Abbildung der fertigen Grafik aus dieser Lektion finden Sie im Farbteil.

Sie werden jetzt die Start-Datei öffnen und damit beginnen, Ihr Broschüre-Dokument einzustellen.

5   Wählen Sie **Datei: Öffnen** und öffnen Sie die Datei *07Start.ai* im Ordner *Lektionen/Lektion07* auf Ihrer Festplatte.

6   Wählen Sie **Datei: Speichern unter** und navigieren Sie zum Ordner *Lektionen/Lektion07*. Nennen Sie die Datei **Brochure.ai** und klicken Sie auf »Speichern«. Wählen Sie im Dialogfeld »Illustrator-Format-Optionen« im Popup-Menü »Kompatibel mit« den Eintrag »Illustrator 9.0« und klicken Sie auf OK.

## Einstellen Ihres Dokuments

Die zu erzeugende Broschüre ist größer als das ursprüngliche Letter-Format, so dass Sie Ihr Zeichenbrett vergrößern müssen, um es sowohl an die Außen- als auch die Innenseite der Broschüre anzupassen. Obwohl Sie Objekte auf und neben dem Zeichenbrett platzieren können, werden nur Objekte innerhalb des Zeichenbretts auch gedruckt. Außerdem werden Sie die Ansicht Ihres Dokuments anpassen, um einfacher damit arbeiten zu können.

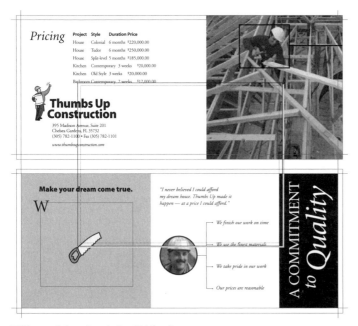

*Bildmaterial größer als das Zeichenbrett*

1   Wählen Sie **Datei: Dokumentformat**.
2   Geben Sie für Breite den Wert **48,25** cm und für Höhe den Wert **43,2** cm ein. Klicken Sie auf OK, um die neue Zeichenbrettgröße einzustellen.

**Hinweis:** *Beim Eingeben von Werten in Dialogfelder können Sie Maßeinheiten durch Eingeben von* **cm** *für Zentimeter,* **in** *für Inch,* **pt** *für Punkt usw. bestimmen. Sie können außerdem einen Standard in den Voreinstellungen festlegen oder durch Drücken von Strg/Befehl+U durch die Maßeinheiten blättern.*

Die Seitenaufteilung platziert einen Rahmen in Ihrem Dokumentfenster, der den physischen Druckbereich Ihres ausgewählten Druckers anzeigt. Sie werden die Seitenaufteilung zunächst ausblenden, um nicht dadurch beim Arbeiten abgelenkt zu werden.

**3** Wählen Sie **Ansicht: Seitenaufteilung ausblenden**.

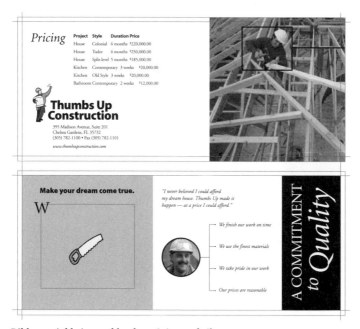

*Bildmaterial bei ausgeblendeter Seitenaufteilung*

Jetzt werden Sie das Raster einblenden, damit sich Objekte beim Erstellen der Broschüre einfacher platzieren lassen.

4   Wählen Sie **Ansicht: Raster einblenden**. Das Raster lässt sich je nach Bedarf durch Drücken von Strg/Befehl+Gitterkreuz (#) ein- oder ausblenden.

*Das Layout-Raster*

### Ausrichten in Photoshop und Illustrator

Ausrichten in Photoshop ähnelt dem Ausrichten in Illustrator. Photoshop verwendet dazu ein stationäres Objekt (eine Auswahl oder ein Ebenenobjekt), an dem sich andere Objekte ausrichten. Illustrator gibt die Möglichkeit, unter allen ausgewählten Objekten eines auszuwählen oder ein Objekt einer Gruppe von ausgewählten Objekten zu bestimmen, an dem ausgerichtet werden soll.

In Photoshop können Sie jede Ebene an einer Auswahl oder zwischen allen verknüpften Ebenen ausrichten. Um an einer Auswahl auszurichten, erstellen Sie eine Auswahl und wählen dann (in der Ebenenpalette) die Ebene aus, die Sie mit der Auswahl ausrichten wollen. Durch Auswählen von »An Auswahl ausrichten« (und der entsprechenden horizontalen bzw. vertikalen Position) wird das Objekt auf der aktiven Ebene mit der Auswahl ausgerichtet. Sie können zwei Ebenen schnell aneinander ausrichten, indem Sie mit gedrückt gehaltener Strg/Befehl-Taste auf die feststehende Ebene klicken und anschließend die zu verschiebende Ebene aktivieren, bevor Sie den Befehl »An Auswahl ausrichten« zuweisen.

Um eine Reihe von Ebenen auszurichten, müssen Sie diese in der Ebenenpalette verknüpfen. Die aktive Ebene wird zur Bezugsebene, an der sich alle anderen Ebenen ausrichten. Durch Auswählen von »Verbundene Ausrichten« (und der entsprechenden horizontalen bzw. vertikalen Position) werden die Ebenen aneinander ausgerichtet. Illustrator bietet dafür mehrere Auswahlmöglichkeiten:

- Sie können eine Gruppe von Objekten auswählen und sie am Zeichenbrett ausrichten, indem Sie aus dem Ausrichten-Palettenmenü den Eintrag »An Zeichenfläche ausrichten« wählen. Nach dem Auswählen dieser Option wählen Sie die Objekte aus und klicken in der Ausrichten-Palette auf die gewünschte Ausrichten-Schaltfläche.

- Sie können eine Objektgruppe auswählen und dann eines der Objekte bestimmen, an dem sich die übrigen Objekte ausrichten sollen. Wählen Sie mit gedrückt gehaltener Umschalttaste die auszurichtenden Objekte aus; lassen Sie die Umschalttaste los und klicken Sie einmal auf das Objekt, an dem sich die übrigen Objekte ausrichten sollen. Klicken Sie anschließend in der Ausrichten-Palette auf die gewünschte Ausrichten-Schaltfläche.

- Sie können auch einfach eine Gruppe von Objekten auswählen und Illustrator den Abstand zwischen allen ausgewählten Objekten automatisch verteilen lassen.

- Sie können Objekte auch nach den Rahmenkonturbegrenzungen oder ihren Vorschaubegrenzungen ausrichten lassen. Wenn Sie beispielsweise mehrere Formen ausrichten wollen, die mit unterschiedlichen Konturstärken gezeichnet wurden, können Sie an den Außenkanten der Konturen ausrichten lassen, indem Sie in der Ausrichten-Palette den Eintrag »Vorschaubegrenzungen verwenden« auswählen. Um an den Rahmenkonturbegrenzungen auszurichten, schalten Sie diese Option aus.

## Erstellen von Schnitt- und Falzmarken

Damit eine Druckerei einen Auftrag erfolgreich ausführen kann, benötigt sie bestimmte Informationen, wie zum Beispiel die Schnitt- und Falzanweisungen. Wenn Sie Schnitt- und Falzmarken festlegen, weiß die Druckerei genau, wie die fertige Broschüre aussehen soll. Falzmarken sind besonders für diese kurzgefaltete Broschüre wichtig, weil die Vorderseite drei Inch kürzer als die Rückseite sein soll.

*Aussehen der fertigen Broschüre nach dem Falten*

Sie werden zuerst eine neue Ebene für die Druckermarkierungen erstellen, damit Sie sie nach Belieben ein- und ausblenden können.

1   Erstellen Sie in der Ebenenpalette eine neue Ebene und nennen Sie sie **Registration**.

2   Achten Sie darauf, dass die Ebene »Registration« ausgewählt ist, damit alles, was Sie nun erstellen werden, auf dieser Ebene erscheint. Als Nächstes werden Sie die Schnittmarken erstellen.

3   Klicken Sie einmal mit dem Rechteck-Werkzeug und erzeugen Sie ein Rechteck mit den Maßen **17** Inch mal **7** Inch, den Maßen der ausgeklappten geöffneten Broschüre. Stellen Sie die Füllung des Rechtecks auf »Ohne« und platzieren Sie es so, dass es mit der inneren Hilfslinie auf der Außenseite der Broschüre ausgerichtet ist.

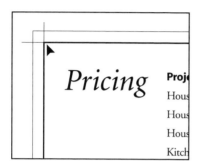

*Ausrichten des Rechtecks mit der inneren Hilfslinie*

4   Wählen Sie **Filter: Erstellen: Objektschnittmarken**.

5   Wählen Sie das Rechteck erneut aus und verschieben Sie es, um es mit den inneren Hilfslinien auf der Innenseite der Broschüre auszurichten.

6   Drücken Sie Strg/Befehl+E, um den Filter »Objektschnittmarken« erneut anzuwenden.

7   Wählen Sie das Rechteck aus und löschen Sie es.

Als Nächstes werden Sie senkrechte Falzmarken erstellen.

8   Zeichnen Sie mit dem Zeichenstift-Werkzeug eine senkrechte Gerade von beliebiger Länge.

9   Stellen Sie für die ausgewählte Gerade eine Füllung »Ohne« und mit Hilfe der Konturenpalette eine Kontur von **0,5** Punkt ein.

10   Wählen Sie im Palettenmenü der Konturenpalette den Eintrag »Optionen einblenden«, um alle Palettenoptionen einzublenden. Schalten Sie dort die Option »Gestrichelte Linie« ein und geben Sie in das Eingabefeld »Strich« den Wert **2 pt** (Punkt) und in das Eingabefeld »Lücke« den Wert **4 pt** ein.

11  Das Kontur-Feld in der Werkzeugleiste ist ausgewählt; wählen Sie in der Farbfelderpalette das Farbfeld »[Registration]«.

*Auswählen des Farbfeldes »[Registration]«*

Das eingebaute Farbfeld »[Registration]« sorgt dafür, dass Objekte, deren Füllung oder Kontur mit ihm gefüllt sind, auf jeder Separation eines PostScript-Druckers mit ausgedruckt werden. Sie können seine Farbe durch Doppelklicken in der Farbfelderpalette bearbeiten.

12  Wählen Sie **Fenster: Transformationen einblenden**, um die Transformationenpalette einzublenden.

13  Geben Sie für Höhe (H) den Wert **0,3 in** ein und drücken Sie die Eingabetaste. Damit wird die Länge der Geraden festgelegt.

14  Geben Sie in der Transformationenpalette für X den Wert **11 in** und für Y den Wert **16,375 in** ein. Drücken Sie die Eingabetaste.

*Platzieren der Falzmarken*

15  Erstellen und platzieren Sie nun drei weitere Falzmarken, indem Sie die zuletzt erstellte Falzmarke kopieren und einsetzen und in der Transformationenpalette folgende Werte eingeben:

- Um die Falzmarkierungen des oberen Feldes zu vervollständigen, stellen Sie die X- und Y-Werte auf **11** Inch bzw. **8,625** Inch ein und drücken die Eingabetaste. (Sie brauchen den Wert für die Höhe (H) nicht wieder einzugeben.) Kopieren Sie die Falzmarke und fügen Sie sie ein.

- Für die untere Falzmarke stellen Sie die X- und Y-Werte auf **8** Inch bzw. **8,375** Inch ein und drücken die Eingabetaste. Kopieren Sie die Falzmarke und fügen Sie sie ein.

- Um die unteren Falzmarkierungen zu vervollständigen, stellen Sie die X- und Y-Werte auf **8** Inch bzw. **0,625** Inch ein und drücken die Eingabetaste.

16 Fixieren Sie in der Ebenenpalette die Ebene »Registration« und klicken Sie einmal auf die Ebene »Artwork«, um sie zu aktivieren.

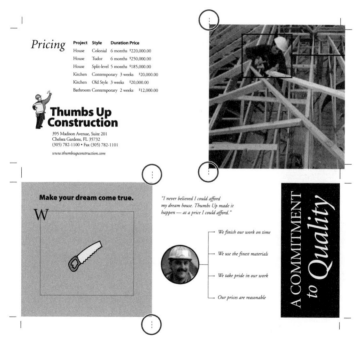

*Falzmarken hinzugefügt, durch die Kreise hervorgehoben*

## Festlegen des Beschnitts

Viele Entwürfe enthalten Elemente, die bis zum Rand gedruckt werden. Um sicherzustellen, dass auch bis zum Rand gedruckt wird, lassen Sie die Farbe über die Schnittmarken hinausgehen. Auf diese Weise wird auf jeden Fall bis zum Rand gedruckt, selbst wenn der Drucker nicht ganz genau ausgerichtet sein sollte. Normalerweise reicht der Beschnitt zwischen 0,125 und 0,25 Inch (1/8 und 1/4 Inch) über die Schnittmarken hinaus.

1   Wählen Sie **Bearbeiten: Voreinstellungen: Allgemeine**.
2   Geben Sie für die Option »Schritte per Tastatur« den Wert **0,25 in** ein und klicken Sie auf OK.

*Sie können auch eine andere als die voreingestellte Maßeinheit verwenden, indem Sie hier den Wert und die Maßeinheit eingeben. Illustrator konvertiert Ihre Eingabe dann in die voreingestellte Maßeinheit. Außerdem können Sie in jedem Eingabefeld, das numerische Werte akzeptiert, Additionen, Subtraktionen, Multiplikationen, Divisionen, Prozentrechnungen und andere mathematische Operationen ausführen. Zum Beispiel würde das Eingeben von 50 pt + 25% gleich 50 Punkt plus 25% von 50 Punkt, also 62,5 Punkt ergeben. Außerdem können Sie Pica und Punkt mischen, indem Sie Werte nach dem Muster XpY eingeben, wobei X und Y für die Zahlen in Pica und Punkt stehen (12p6 ist beispielsweise 12 Pica, 6 Punkt).*

3   Sehen Sie sich auf der Innenseite die beiden Bereiche an, in denen sich das Objekt unmittelbar am Rand befindet. Beginnen Sie mit der Innenseite, auf der der Text »Make your dream come true« abgebildet ist. Klicken Sie mit dem Direktauswahl-Werkzeug einmal in den Hintergrund der oberen rechten Ecke im grauen Rechteck. Drücken Sie dann einmal die Pfeil-nach-oben-Taste, um diese Seite des grauen Rechtecks zu erweitern.

*Festlegen des oberen Beschnitts*

4   Gehen Sie genauso für die linke und die untere Seite des Hintergrunds vor und verwenden Sie dafür entsprechend die Pfeil-nach links- bzw. die Pfeil-nach-unten-Taste. Die rechte Seite benötigt keinen Beschnitt, weil die Broschüre dort, wo die Farbe endet, gefalzt wird.

Sie werden nun mit der rechten Hälfte des unteren Feldes arbeiten.

5   Verwenden Sie die Technik aus den Schritten 3 und 4 und fügen Sie der oberen, unteren und rechten Seite des Hintergrunds hinter den Worten »Commitment to Quality« entsprechenden Beschnitt hinzu.

*Beschnitt oben, unten und rechts zugewiesen*

Da der schwarze Hintergrund nach dem Falzen der Broschüre sichtbar sein wird, werden Sie dafür sorgen, dass die Farbe auch über den vorderen Teil der Frontklappe reicht. Dafür erweitern Sie den schwarzen Hintergrund auch auf der linken Seite, allerdings sind 0,25 Inch etwas zu viel. Sie werden die Tastaturschritte daher jetzt verringern.

6   Drücken Sie Strg/Befehl+K, um das Dialogfeld »Allgemeine Voreinstellungen« aufzurufen und stellen Sie für die Option »Schritte per Tastatur« den Wert **0,125 in** ein. Klicken Sie auf OK.

**7** Wählen Sie nun die linke Seite des schwarzen Hintergrunds aus und drücken Sie einmal die Pfeil-nach-links-Taste.

---

*Verwenden von Volltonschwarz in Photoshop und Illustrator*

*Wenn zwei Bereiche mit Volltonfarben aneinander grenzen, sind Überfüllungen notwendig. Während auf dem Bildschirm alles sehr gut aussieht, können leichte Änderungen oder Verschiebungen der Farbplatten beim Drucken zu unerwünschten schmalen weißen Linien, so genannten Blitzern, zwischen Objekten führen. Überfüllungen werden meistens dann gebraucht, wenn schwarze Bereiche auf andere Farben stoßen.*

*Überfüllungen werden in Illustrator-Dokumenten viel häufiger als in Photoshop-Dokumenten benötigt. Aber wenn Sie in Photoshop Bereiche mit reinen Farben erzeugen (wie Text oder Rahmen) oder Sie die Volltonfarben-Funktion in Photoshop verwenden, müssen Sie möglicherweise auch diese Bereiche überfüllen. Falls Sie Prozessfarben ausschließlich in Photoshop und Illustrator drucken, können Sie durch Vermeiden von reinem Cyan, Magenta und Yellow in den meisten Fällen den Einsatz von Überfüllen vermindern.*

*Durch den Einsatz von Volltonschwarz und anderen Volltonfarben kann die Notwendigkeit von manuellen Überfüllungen vermieden werden. Ein Volltonschwarz ist ein Schwarz, dem noch ein Anteil einer anderen Farbe hinzugefügt ist, typischerweise die gleiche Farbe oder eine reduzierte Farbe von benachbarten Objekten. Befindet sich beispielsweise ein hellrotes Zeichen (100% Magenta, 50% Gelb) in einem schwarzen Hintergrund und die schwarze Druckplatte verschiebt sich beim Drucken ein wenig, würden um das Zeichen herum weiße Linien auftreten. Würde der schwarze Hintergrund aus 0% Cyan, 100% Magenta, 50% Gelb und 100% Schwarz bestehen, könnte die schwarze Druckplatte sich beinahe beliebig verschieben, und das Zeichen würde immer noch gut aussehen und scharf sein. Dies ist das typische Anwendungsgebiet für Volltonschwarz.*

*Eine Volltonfarbe ist sicher schwieriger zu bestimmen, ist aber nichtsdestotrotz erforderlich, wenn sich gutes Design beim Erstellen von Bildmaterial durchsetzen soll. Die meisten Farben, die zum roten Zeichen im vorigen Beispiel komplementär sind, werden bereits ein wenig Magenta und Gelb enthalten. Bestünde der Hintergrund allerdings aus 50% Cyan (sicher nicht die angenehmste Kombination, aber angenommen, der Kunde wünscht es so), würde eine Verschiebung der Cyan-Platte wieder zu Blitzern an den Kanten führen. Um dies zu vermeiden, können Sie dem Hintergrund entweder Magenta hinzufügen (vielleicht auch ein wenig Gelb), was zu einem violetten Ton führt; oder Sie fügen dem Zeichen Cyan hinzu, wodurch es ein wenig dunkler wird, aber es wird so verhindert, dass hässliche Blitzer entstehen. Alternativ dazu können Sie die Farbe jedes Objekts ändern. Falls möglich, ist dies eine bessere Alternative, als Überfüllungen entlang der Kanten des Cyan-Hintergrundes zu erzeugen (was zu »Schattenbildung« um das Zeichen herum führen würde, selbst wenn die Platten beim Drucken nicht verschoben werden).*

– Ted Alspach

## Zuweisen einer PANTONE-Farbe

Obwohl der Vierfarbprozessdruck (CMYK) als Vollfarbendruck bezeichnet wird, umfasst der CMYK-Gamut (Farbbereich) nicht sehr viele Farben. Es fehlen beispielsweise helle Orangetöne und helle Blautöne. Eine *genormte Farbe* oder *geräteunabhängige Farbe* ist eine Farbe, die dem Entwurf zusätzlich hinzugefügt wird und sich ganz genau bestimmen lässt. Wenn große Farbflächen gefüllt oder ganz genaue Farben gewünscht werden (beispielsweise für ein Firmen-Logo), sollte mit einer zusätzlichen geräteunabhängigen Farbe gedruckt werden.

Sie werden für diese Broschüre eine geräteunabhängige Farbe erstellen und diese dem einheitlichen Hintergrund hinter den Wörtern »Commitment to Quality« und dem Firmennamen im Logo zuweisen.

1   Wählen Sie **Fenster: Bestände: PANTONE Coated**. Die Farbfelderpalette »PANTONE Coated« wird eingeblendet.

2   Wählen Sie im Palettenmenü der Palette »PANTONE Coated« den Eintrag »Namen«. So können Sie die Farbe und den Namen gleichzeitig sehen.

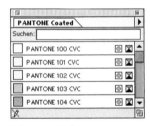

*Schwarzer Rahmen zeigt ausgewählte Farbe in der Palette an.*

3   Klicken Sie in der Palette in das Eingabefeld »Suchen« und geben Sie die Zahl **188** ein. In der Palette wird »PANTONE 188 CVC« hervorgehoben angezeigt.

4   Weisen Sie auf der Innenseite »PANTONE 188 CVC« als Füllung für den Hintergrund hinter den Wörtern »A Commitment to Quality« zu. Am schnellsten geht dies, wenn Sie das Farbfeld »188« mit der Maus aus der PANTONE-Palette auf das Hintergrundrechteck ziehen und dort loslassen (achten Sie dabei darauf, dass in der Werkzeugleiste das Fläche-Feld ausgewählt ist und nicht das Kontur-Feld).

5   Ziehen Sie mit dem Direktauswahl-Werkzeug auf der linken Seite des oberen Feldes eine Markierung um die Wörter »Thumbs Up Construction« auf. Füllen Sie auch diese Auswahl mit »PANTONE 188 CVC«.

Illustrator ermöglicht auch das Aufnehmen von Farbe aus platzierten Fotografien. Auf diese Weise können Sie Farben anpassen oder Ihren Dokumenten Komplementärfarben hinzufügen. Für dieses Projekt werden Sie eine gelbe Farbe aus dem Schutzhelm des Bauarbeiters vom Titelfoto aufnehmen und anderen Objekten in der Broschüre zuweisen.

*Hinweis:* *Achten Sie beim Arbeiten mit platzierten Bildern darauf, dass diese sich im CMYK-Modus und nicht im RGB-Modus befinden. Anderenfalls werden sich die aufgenommenen Farben ebenfalls im RGB-Modus befinden. RGB-Dateien werden auf einem Belichter möglicherweise nicht korrekt als Separationen ausgegeben, die Folge sind meist Graustufenbilder oder Separationen mit deutlichen Farbverschiebungen.*

6   Achten Sie darauf, dass in der Werkzeugleiste das Fläche-Feld ausgewählt ist (und nicht das Kontur-Feld).

7   Heben Sie die Auswahl aller Objekte auf, indem Sie Umschalttaste+Strg/Befehl+A drücken oder in einen leeren Bereich auf Ihrem Bildschirm klicken.

8   Wählen Sie das Pipette-Werkzeug (drücken Sie die I-Taste).

9   Drücken Sie Strg/Befehl+Leertaste und vergrößern Sie den Bereich um den gelben Schutzhelm im CMYK-Bild. Sobald Sie die Tasten loslassen, kehrt Ihr Mauszeiger wieder zum Pipette-Werkzeug zurück.

**266** | LEKTION 7
Fortgeschrittene Typografie und Layout

10 Streichen Sie mit gedrückt gehaltener Umschalttaste über den Schutzhelm, um eine Farbe aufzunehmen. Sie sehen, dass sich die Farben in der Farbenpalette beim Überstreichen ändern. Lassen Sie die Maustaste los, wenn Sie eine Farbe entdecken, die Ihnen gefällt. In diesem Beispiel wurde die Farbe C=10, M=16, Y=78 und K=0 verwendet.

*Aufnehmen einer Farbe*

11 Ziehen Sie die neue Farbe in die Farbfelderpalette. Doppelklicken Sie auf das neue Farbfeld und geben Sie ihm den Namen **Hard Hat Yellow**.

12 Verkleinern Sie wieder Ihre Ansicht und weisen Sie die neue Farbe auf der Innenseite dem Wort »Quality« und dem Hintergrund hinter den Wörtern »Make your dream come true« zu. (Durch Drücken der Alt/Option-Taste haben Sie schnellen Zugriff auf das Füllwerkzeug.)

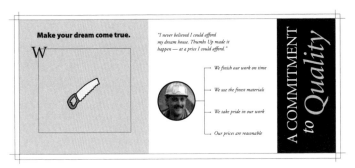

*Aufgenommene Farbe zu Text und Hintergrund zugewiesen*

## Erstellen einer tabellarischen Preisliste

Mit Hilfe von Tabulatoren lassen sich leicht lesbare Tabellen erstellen, die Informationen klar und einfach darstellen. Mit Tabulatoren kann Text auf unterschiedliche Weise ausgerichtet werden; besonders hilfreich ist der Dezimal-Tabulator, mit dem sich Preise perfekt ausrichten lassen. Manchmal kann es schwierig sein, mit Tabulatoren zu arbeiten, weil Sie nicht genau sehen, wo sie im Text eingefügt sind. Mit Hilfe der Option »Verborgene Zeichen einblenden« lassen sie sich allerdings genau wie harte und weiche Zeilenschaltungen und Leerzeichen anzeigen. Diese Symbole werden nicht mitgedruckt – sie werden nur auf dem Bildschirm angezeigt, um Ihnen beim Bearbeiten von Text zu helfen.

1   Wählen Sie **Text: Verborgene Zeichen einblenden**. Blaue Symbole stellen die verborgenen Zeichen dar.

| Project | Style | Duration | Price |
|---------|-------|----------|-------|
| House→ | Colonial→ | 6 months → | $220,000.00¶ |
| House→ | Tudor→ | 6 months → | $250,000.00¶ |
| House→ | Split-level | 5 months → | $185,000.00¶ |
| Kitchen→ | Contemporary → | 3 weeks → | $20,000.00¶ |
| Kitchen→ | Old Style→ | 3 weeks → | $20,000.00¶ |
| Bathroom | Contemporary | 2 weeks → | $12,000.00∞ |

*Darstellen von verborgenen Zeichen*

2   Wählen Sie mit dem Textwerkzeug auf der Außenseite oben links den gesamten Text des Preisabschnitts aus.

3   Wählen Sie **Text: Tabulatoren-Palette**.

4   Schalten Sie in der Tabulatoren-Palette das Kontrollkästchen vor der Option »Einrasten« ein. Mit dieser Option lassen sich Tabulatoren einfach am Lineal ausrichten.

5   Klicken Sie in das Tabulatoren-Lineal, um einen Tabulator an der Position **1,625** Inch zu platzieren.

💡 *Falls das Tabulatoren-Lineal nicht auf die Maßeinheit »Inches« eingestellt ist, können Sie in den Bereich rechts vom X klicken, um durch die Maßeinheiten zu blättern. Außerdem können Sie die Ansicht vergrößern, um mehr Unterteilungen zu sehen, wie zum Beispiel Achtel- bzw. Sechzehntel-Inch-Markierungen.*

6   Platzieren Sie einen weiteren Tabulator bei **3,5** Inch und klicken Sie auf die Tabulator-Schaltfläche »Zentrierter Tabulator«.

7   Platzieren Sie einen weiteren Tabulator bei **5,75** Inch und klicken Sie auf die Tabulator-Schaltfläche »Dezimaler Tabulator« (ganz rechts).

| Project | Style | Duration | Price |
|---|---|---|---|
| House | Colonial | 6 months | $220,000.00 |
| House | Tudor | 6 months | $250,000.00 |
| House | Split-level | 5 months | $185,000.00 |
| Kitchen | Contemporary | 3 weeks | $20,000.00 |
| Kitchen | Old Style | 3 weeks | $20,000.00 |
| Bathroom | Contemporary | 2 weeks | $12,000.00 |

*Einstellen von Tabulatoren, um Text perfekt auszurichten*

8   Schließen Sie die Tabulatoren-Palette.

Damit die Tabelle noch einfacher zu erfassen ist, werden Sie waagerechte Linien zwischen den Zeilen einfügen.

9   Zeichnen Sie mit dem Zeichenstift-Werkzeug eine waagerechte Gerade so lang wie der Textblock. Um dies zu vereinfachen, schalten Sie die »Magnetischen Hilfslinien« (im Menü **Ansicht**) ein.

10 Stellen Sie die Füllung auf »Ohne« und die Kontur auf **1** Punkt ein. Für eine gestrichelte Linie schalten Sie in der Konturenpalette die Option »Gestrichelte Linie« ein und stellen für »Strich« den Wert **1 pt** und für »Lücke« den Wert **2 pt** ein. Klicken Sie auf die Schaltfläche »Abgerundete Linienenden«, um die Linie als gestrichelte Linie darzustellen (vergrößern Sie, um die Linie genauer sehen zu können).

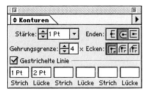

*Erstellen einer gestrichelten Linie in der Konturenpalette*

11 Platzieren Sie die Linie unterhalb der ersten Textzeile.

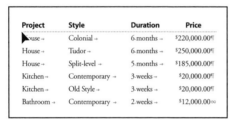

*Platzieren der ersten Linie*

12 Die gestrichelte Linie ist immer noch ausgewählt; doppelklicken Sie auf das Auswahlwerkzeug, um das Dialogfeld »Verschieben« aufzurufen.

13 Geben Sie im Eingabefeld »Vertikal« den Wert **–29,5 pt** ein und klicken Sie auf »Kopieren«. (Achten Sie darauf, nach der Zahl unbedingt »pt« einzugeben, damit Illustrator den Wert als Punkt erkennt und nicht als Inch.)

14 Drücken Sie die Tasten Strg/Befehl+D, um Schritt 13 zu wiederholen. Wiederholen Sie diesen Schritt so lange, bis sich auch unter der letzten Textzeile eine gestrichelte Linie befindet.

| Project | Style | Duration | Price |
|---------|-------|----------|-------|
| House | Colonial | 6 months | $220,000.00 |
| House | Tudor | 6 months | $250,000.00 |
| House | Split-level | 5 months | $185,000.00 |
| Kitchen | Contemporary | 3 weeks | $20,000.00 |
| Kitchen | Old Style | 3 weeks | $20,000.00 |
| Bathroom | Contemporary | 2 weeks | $12,000.00 |

*Fertige Preisliste*

15 Blenden Sie die verborgenen Zeichen wieder aus, indem Sie **Text: Verborgene Zeichen einblenden** wählen.

## Importieren und Gestalten von Text

Man kann einen professionellen Entwurf ganz leicht von dem eines Anfängers unterscheiden, indem man sich einfach nur die Typografie ansieht. Werden Apostrophe und Anführungszeichen als Inch-Zeichen und Akzente dargestellt oder als korrekte geschweifte Zeichen? Werden Ligaturen verwendet? Treten große Lücken im Blocksatz auf? Werden übersetzende Satzzeichen benutzt? Illustrator kann mit all diesen und weiteren Einstellungen umgehen – einschließlich Text, der um Bilder herum fließen kann und somit für visuell interessante Typografie sorgt.

In diesem Teil der Lektion werden Sie mit dem Haupttext der Broschüre arbeiten, ein Initial (einen Anfangs-Großbuchstaben) erzeugen und den Text um dieses Initial und ein Bild herum fließen lassen.

1 Scrollen Sie das Zeichenbrett, so dass die Seite mit dem Titel »Make your dream come true« in der Mitte Ihres Bildschirms platziert ist. (Blaue Hilfslinien sollen Ihnen beim Platzieren des Textes helfen.)

Sie werden nun den Haupttext hinzufügen.

2 Wählen Sie **Datei: Plazieren**. Suchen Sie nach der Datei *07Place.txt* im Ordner *Lektionen/Lektion07* und klicken Sie auf »Öffnen«.

Sie werden die Größe des Textfeldes anpassen, damit es in die vorbereiteten Hilfslinien passt.

3   Ändern Sie das Textfeld mit dem Auswahlwerkzeug so, dass es in die Hilfslinien passt.

Der Text lässt sich besser lesen, wenn er in zwei Spalten dargestellt wird.

4   Wählen Sie **Text: Textzeilen & -spalten**.

5   Geben Sie im Eingabefeld »Anzahl« den Wert **2** ein und stellen Sie den »Abstand« auf **0,5** Inch ein. Klicken Sie auf OK. Das Textfeld wird in zwei gleich große Textfelder aufgeteilt.

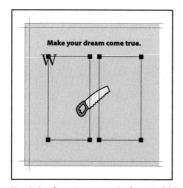

*Zwei-Spalten-Layout mit dem Befehl »Textzeilen & -spalten« erzeugt*

6   Wechseln Sie durch Drücken der T-Taste zum Textwerkzeug und klicken Sie auf die obere Zeile des ersten Textfeldes. Dort wird eine blinkende Einfügemarke angezeigt.

*Textfluss von einer Spalte in die nächste*

## Gestalten von Text

Als Nächstes gestalten Sie den Text und fügen die korrekten Anführungszeichen und Ligaturen hinzu. *Ligaturen* sind besondere Buchstabenkombinationen, wie zum Beispiel *fi* und *fl*, die aus ästhetischen Gründen zu einem Zeichen verbunden wurden.

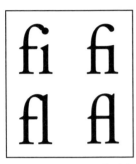

*Normale Buchstaben (links) und Ligaturen (rechts)*

1   Wählen Sie **Text: Zeichen**, um die Zeichen- und Absätze-Paletten einzublenden. Ziehen Sie die Absätze-Palette an ihrem Reiter aus dem Fenster der Zeichenpalette, um beide Paletten beim Arbeiten gleichzeitig betrachten zu können.

2   Klicken Sie mit dem Textwerkzeug dreifach auf den Text, um den gesamten Text auszuwählen.

3   Wählen Sie in der Zeichenpalette eine Serifenschrift aus. In diesem Beispiel wurde die Schrift »Adobe Garamond Regular«, eine Schriftgröße von 15 Punkt und ein Zeilenabstand von 20 Punkt gewählt.

4   Stellen Sie in der Absätze-Palette die Ausrichtung »Blocksatz« ein (die zweite Schaltfläche von rechts).

5  Wählen Sie **Text: Satz- & Sonderzeichen**. Schalten Sie im Abschnitt »Ersetzen durch« alle Optionen ein und klicken Sie auf OK. Durch Einschalten der Option »Änderungen auflisten« wird anschließend angezeigt, wie viele Änderungen durchgeführt wurden; klicken Sie auf OK, um alle Satz- und Sonderzeichen ersetzen zu lassen.

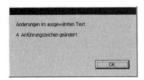

*Änderungen im ausgewählten Text*

## Erstellen eines Textumflusses

Als Nächstes werden Sie einen Textumfluss um das Initial und die Abbildung der Säge zwischen den beiden Spalten erstellen. Um den Abstand festzulegen, mit dem der Text um die Objekte fließen soll, werden Sie zunächst das Initial und die Abbildung so bearbeiten, dass der Text nicht unmittelbar an ihren Rändern verläuft. Dafür verwenden Sie die Funktion Pfadverschiebung.

1  Wählen Sie mit dem Auswahlwerkzeug das Initial aus.

2  Wählen Sie **Objekt: Pfad: Verschiebung**. Geben Sie im Eingabefeld »Verschiebung« den Wert **0,125 in** ein und klicken Sie auf OK.

Denken Sie daran, dass ein Initial zunächst in Pfade umgewandelt werden muss, bevor Text darum herum fließen kann. Sie können auch hinter das Initial ein Rechteck – oder jede andere geeignete Form – zeichnen und den Textfluss daran ausrichten. Das Erzeugen eines Verschiebungspfades hat hier die gleiche Funktion.

3   Stellen Sie die Füllung und die Kontur des neuen Pfades auf »Ohne«.

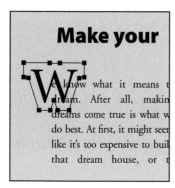

*Verschiebungspfad für das Initial*

Nun werden Sie der Abbildung einen Verschiebungspfad zuweisen.

4   Wählen Sie mit dem Direktauswahl-Werkzeug den äußeren Rand der Säge aus.

5   Wählen Sie **Objekt: Pfad: Pfad verschieben**. Geben Sie im Eingabefeld »Verschiebung« den Wert **0,125 in** ein und klicken Sie auf OK.

6   Stellen Sie Füllung und Kontur auf »Ohne«.

7   Wechseln Sie durch Drücken der Tasten Strg/Befehl+Y in die Pfadansicht, um die Verschiebungspfade besser erkennen zu können.

8 Wählen Sie mit dem Auswahlwerkzeug sowohl den Verschiebungspfad der Säge als auch den Verschiebungspfad des Initials.

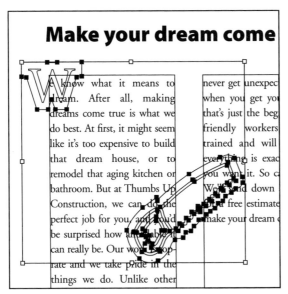

*Ausgewählte Pfade in der Pfadansicht*

Das Objekt, um das der Text fließen soll, muss vor dem Text platziert werden. Sie werden die Pfade mit Hilfe des Befehls »Davor einfügen« vor dem Text einfügen.

9 Wählen Sie **Bearbeiten: Ausschneiden**, um die Pfade auszuschneiden. Wählen Sie anschließend **Bearbeiten: Davor einfügen**.

10 Wechseln Sie durch Drücken der Tasten Strg/Befehl+Y wieder in die Originalansicht, um das Bildmaterial ganz sehen zu können.

11 Säge und Initial sind immer noch ausgewählt; klicken Sie mit gedrückt gehaltener Umschalttaste auf den Text, um der Auswahl die Textblöcke hinzuzufügen.

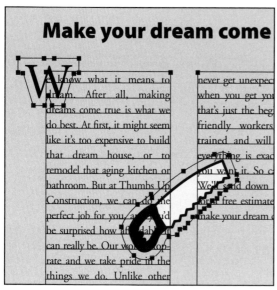

*Initial-Verschiebungspfad, Säge-Verschiebungspfad und Textblöcke ausgewählt*

Text kann auch um mehrere Objekte fließen, indem Sie alle Objekte auswählen und dann den Textumfluss erstellen lassen.

12 Wählen Sie **Text: Umfließen: Erstellen**.

*Textumfluss*

Da der Text im Blocksatz steht, können unerwünschte Umbrüche dazu führen, dass sich der Text schlecht lesen lässt. Der Text lässt sich durch Anpassen der Wort- und Zeichenabstände besser einpassen und leichter lesen. Im Gegensatz zum Kerning, bei dem die Abstände zwischen bestimmten Buchstaben angepasst werden, legen Wort- und Zeichenabstände die Abstände über einen Textbereich fest. Ein professioneller Schriftsetzer weiß, dass Text nicht nur gut aussehen muss – er soll auch lesbar sein.

13   Wählen Sie mit dem Textwerkzeug den Text in den beiden Textblöcken aus.

14   Wählen Sie in der Absätze-Palette im Palettenmenü den Eintrag »Optionen einblenden«. Platzieren Sie die Palette so auf Ihrem Bildschirm, dass Sie die Auswirkungen der Anpassungen im Text sehen können.

15   Ändern Sie in der Palette im Abschnitt »Wortabstand« den Wert im Eingabefeld »Min« in **85**.

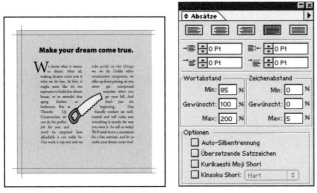

*Weite Abstände durch ausgerichteten Text mit Standardeinstellungen*

**16** Ändern Sie die Maximaleinstellung im Abschnitt »Zeichenabstand« in **50**. Diese Einstellung gleicht Wörter in Zeilen mit weiten Abständen zwischen den Wörtern aus.

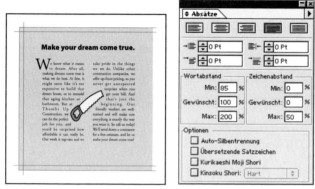

*Absatzabstand angepasst, damit der Text besser lesbar wird*

**17** Fahren Sie mit den notwendigen Anpassungen fort.

Zum Schluss werden Sie das Anführungszeichen anpassen, das rechts vom Textbereich dargestellt wird, in dem Sie gerade arbeiten. Das Anführungszeichen zu Beginn des Zitats lässt den Text in der nächsten Zeile unausgeglichen erscheinen. Durch Verschieben des Satzzeichens wird der Text am Anfang jeder Zeile ausgerichtet und lässt es im Auge des Betrachters gefälliger erscheinen.

**18** Wählen Sie mit dem Auswahlwerkzeug das Anführungszeichen zu Beginn des Satzes »I never believed …« aus. (Der Text in der Illustrator-Datei enthält das amerikanische Anführungszeichen.)

19  Schalten Sie in der Absätze-Palette die Option »Übersetzende Satzzeichen« ein. Nun wird der Text perfekt ausgerichtet.

"I never believed I could afford my dream house. Thumbs Up made it happen—at a price I could afford."

*Verbesserte Textausrichtung mit übersetzendem Anführungszeichen*

20  Schließen Sie die Absätze- und die Zeichenpalette. Sie brauchen sie für die Textgestaltung nicht mehr.

## Erstellen und Zuweisen einer Glanzfarbe

Sie können in dieser Broschüre als zusätzliches Design Teilen von Fotografien eine Sonderglanzfarbe hinzufügen, damit es so aussieht, als würden diese Teile von der Seite abheben. *Sonderglanzfarben* werden häufig verwendet, um bestimmte Teile einer Drucksache zu betonen oder zu verbessern. Sie werden dazu eine Sonderfarbe bestimmen, die beim Drucken von Separationen auf einer eigenen Platte separiert wird.

1  Heben Sie die Auswahl im gesamten Bildmaterial auf.

2  Wählen Sie in der Werkzeugleiste das Fläche-Feld. Achten Sie darauf, dass die Fläche mit einer beliebigen Farbe gefüllt ist, nur nicht »Ohne«. Klicken Sie unten in der Farbfelderpalette auf die Schaltfläche »Neues Farbfeld«.

Da Sie eine Sonderglanzfarbe auf dem Bildschirm nicht in der Vorschau betrachten können, werden Sie dafür eine Farbe auswählen, die gut sichtbar ist.

3 Doppelklicken Sie auf das Farbfeld, wählen Sie den Farbmodus CMYK und stellen Sie die Farbe auf **100**% Cyan ein. Auf diese Weise können Sie die Sonderglanzfarbe auch auf dem Bildschirm ganz leicht sehen.

4 Nennen Sie die Farbe **Gloss Varnish**. Im Popup-Menü »Farbart« wählen Sie den Eintrag »Volltonfarbe«. Klicken Sie auf OK.

*Festlegen des Farbfelds* Gloss Varnish

Jetzt werden Sie eine eigene Ebene für Ihre Sonderglanzfarben-Elemente erstellen. Da die Glanzfarbe Objekte auf Ihrem Bildschirm verdecken wird, lässt sich auf diese Weise die Glanzplatte ganz leicht ein- und ausblenden. Sie dürfen nur nicht vergessen, die Glanzebene vor dem Absenden an die Druckerei wieder einzublenden, anderenfalls wird sie nicht gedruckt. (Illustrator druckt keine ausgeblendeten Ebenen.)

5 Klicken Sie in der Ebenenpalette mit gedrückt gehaltener Alt/Option-Taste auf die Schaltfläche »Neue Ebene erstellen«. Nennen Sie die Ebene **Spot Varnish**.

Um den Bauarbeiter auf dem Titelbild zu betonen, werden Sie innerhalb des Rechtecks, das diesen Teil des Fotos umgibt, eine Sonderglanzfarbe erzeugen.

6 Wählen Sie das Rechteck aus, das den Bauarbeiter auf dem Titelbild der Broschüre umgibt (auf der oberen rechten Seite des oberen Feldes).

7 Kopieren Sie es und fügen Sie es durch Drücken der Tasten Strg/Befehl+F davor ein.

8 Die Kopie des Rechtecks ist immer noch ausgewählt; ziehen Sie in der Ebenenpalette das aktuelle Auswahlquadrat aus der Ebene »Artwork« nach oben in die Ebene »Spot Varnish«.

9  Das Rechteck ist immer noch ausgewählt; wählen Sie **Objekt: Pfad: Konturlinie**.

10 Wählen Sie mit dem Direktauswahl-Werkzeug den äußeren Pfad aus und löschen Sie ihn. Die Form bedeckt nun nur den Teil der Fotografie, der sich innerhalb des Rechtecks befindet, und nicht den schwarzen Rahmen.

11 Füllen Sie die neue Form mit der Farbe »Spot Varnish«.

12 Wählen Sie **Fenster: Grafikattribute einblenden**. Schalten Sie in der Grafikattributepalette die Option »Fläche überdr.« ein. Damit werden auch die Objekte, die sich unter der Sonderglanzfarbe befinden, beim Erstellen der Separationen gedruckt.

*Auswählen der Option »Fläche überdrucken«*

Sie können auch dem runden Foto unten links eine Sonderglanzfarbe zuweisen, indem Sie mit dem Gruppenauswahl-Werkzeug den Kreispfad um den Bauarbeiter auswählen. (Der Kreis ist Teil einer Maske und gruppiert.) Wiederholen Sie die Schritte 6 bis 12, um die Sonderglanzfarbe zuzuweisen und die Fläche auf Überdrucken einzustellen.

Schließlich werden Sie noch Registermarken hinzufügen, um das Verzeichnen der Bildmaterialelemente und das präzise Ausrichten der Separationen zu ermöglichen. Sie können keine individuellen Markierungen um das Bildmaterial auswählen. In Illustrator sind die Standard-Druckzeichen entweder ein- oder ausgeschaltet.

13 Wählen Sie **Datei: Separationseinstellungen**. Schalten Sie die Option »Druckzeichen verwenden« ein und klicken Sie auf OK.

*Hinweis: Falls die Option »Druckzeichen verwenden« nicht anwählbar ist, müssen Sie zunächst einen PostScript-Drucker zum Drucken auswählen und dann die Separationseinstellungen noch einmal aufrufen.*

Weitere Informationen über das Vorbereiten von Separationen zum Drucken finden Sie unter »Einrichten von Separations-Optionen« auf Seite 128 und »Sicherstellen, dass Zweifarbendateien richtig gedruckt werden« auf Seite 342.

## Drucken von aufgeteilten Abschnitten

Falls Ihr Bildmaterial größer als der druckbare Bereich Ihres Druckers ist, können Sie Ihr Bildmaterial in Abschnitten drucken, um trotzdem das Ganze zu proofen. Die Baugewerbe-Broschüre, mit der Sie arbeiten, hat eine Zeichenbrettgröße von 19 mal 17 Inch – eine Größe, die nicht einmal ein Doppelformatdrucker bewältigt.

Durch Drucken von *Teilbereichen* lässt sich die gesamte Broschüre auf mehrere Seiten aufteilen, die Sie dann zusammenfügen können, um sie zu proofen oder Ihrem Kunden zu zeigen. Durch manuelles Drucken von Teilen können Sie die Positionierung der Teilbereiche genau steuern und sicherstellen, dass weder Bildmaterial noch Text eines Teilbereiches beschnitten wird.

1 Wählen Sie zunächst **Ansicht: Seitenaufteilung einblenden** (Sie haben die Seitenaufteilung zu Beginn dieser Lektion ausgeblendet). Ein grauer Rahmen zeigt, welcher Bereich der Seite an Ihren Drucker gesendet wird. Die Größe des Rahmens hängt von Ihren Einstellungen im Papierformat ab.

2   Platzieren Sie Ihren Mauszeiger in der Werkzeugleiste auf dem Hand-Werkzeug, klicken Sie, halten Sie die Maustaste gedrückt und ziehen Sie nach rechts, um das Seitenpositionierer-Werkzeug auszuwählen. Ziehen Sie damit den Rahmen über dem Teilbereich der Broschüre auf, den Sie ausdrucken wollen.

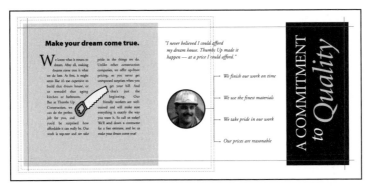

*Platzieren des Seitenbereichsrahmens*

3   Drucken Sie wie gewohnt aus. Alles, was sich innerhalb des Rahmens befindet, wird gedruckt.

4   Wiederholen Sie die Schritte 2 und 3, bis Sie das gesamte Bildmaterial ausgedruckt haben.

Eine weitere Möglichkeit, große Bildmaterialien auf mehreren aufgeteilten Seiten zu drucken, ist das Einschalten der Option »Papierformat-Einstellungen verwenden« im Dialogfeld »Dokumentformat«. Mit dieser Option wird der sichtbare Bereich des Dokuments in Pseudo-Seiten aufgeteilt und auf einmal ausgedruckt, so dass Sie den grauen Rahmen nicht selbst verschieben müssen, um die einzelnen Abschnitte auszudrucken.

5   Schließen Sie Ihre Datei und beeenden Sie Illustrator.

## Eigene Übungen

Probieren Sie einmal folgende Techniken aus, um das »Look and Feel« der Broschüre noch zu verbessern:

- Verwenden Sie mehr Volltonfarben. Erzeugen Sie eigene oder verwenden Sie mehr PANTONE-Farben. Drücken Sie die Tasten Strg/Befehl+Tilde (~), um schnell wieder zur letzten Paletteneinstellung zurückzukehren. (Diese Funktion ist ideal beim Hinzufügen von mehreren PANTONE-Farben zu Ihrer Farbfelder-Palette.)

- Erstellen Sie eine Volltondrucklackierung für andere Objekte in der Broschüre, zum Beispiel für das Wort »Quality«, das Initial und die Abbildung der Säge.

- Verwenden Sie mehrere unterschiedliche Textblöcke, probieren Sie mit verschiedenen Wort- und Zeichenabständen. Machen Sie dabei häufig Probeausdrucke, um die Auswirkungen der Abstände besser beurteilen zu können.

- Experimentieren Sie mit Tabulatoren zum Ausrichten von Text und Anlegen von Tabellen.

- Wie wäre es mit einem besonderen Anschnitt der Broschüre für ein einzigartiges Aussehen? Zeichnen Sie den Rahmen für den Anschnittt, legen Sie ihn auf eine eigene Ebene und stellen Sie die Kontur auf »Überdrucken« ein.

# Lektion 8

# 8 | Das Zeichenstift-Werkzeug meistern

von Andrew Faulkner und Luanne Seymour Cohen

*Diese Lektion lehrt die feinen Einzelheiten des Zeichenstift-Werkzeugs, das Erstellen detaillierter Formen und die feinen Steuerungsmöglichkeiten über die Pfadformen für Auswahl und Zeichnen. Sie behandelt sowohl das Verwenden von Pfaden in Adobe Illustrator gegenüber Adobe Photoshop als auch ähnliche Funktionen in jeder der beiden Anwendungen.*

## LEKTION 8
### Das Zeichenstift-Werkzeug meistern

In dieser Lektion werden Sie das Stillleben einer Tulpe in einer Vase erstellen. Dafür erkunden Sie drei unterschiedliche Zeichenmethoden in Adobe Illustrator und lernen dabei Folgendes:

- Zeichnen von präzisen Formen mit dem Zeichenstift-Werkzeug
- Verwenden eines Rasters und von magnetischen Hilfslinien
- Zeichnen von Bézier-Kurven
- Anpassen von Kurven und Geraden
- Erzeugen von 3D-Effekten mit Hilfe des Verlaufsgitter-Werkzeugs
- Bearbeiten von Kurven von abgerundet bis spitz
- Zeichnen und Bearbeiten von Formen mit dem Bleistift-Werkzeug
- Bearbeiten mit dem Übergang-Werkzeug

Und Sie lernen den Umgang mit Folgendem in Adobe Photoshop:

- Drag&Drop von Bildmaterial von Illustrator in Photoshop
- Verwenden des Zeichenstift-Werkzeugs
- Erzeugen von Schatten und Lichtflecken

Für diese Lektion werden Sie etwa 40 Minuten benötigen.

Falls erforderlich löschen Sie den auf Ihrer Festplatte vorhandenen Lektionsordner aus der vorherigen Lektion und kopieren stattdessen den Ordner *Lektion08* auf die Festplatte.

Die erste Zeichenmethode, die Sie ausprobieren werden, umfasst das präzise Zeichnen von Formen. Sie werden dazu die Schritte verfolgen und mit dem Zeichenstift-Werkzeug genaue Kurven und Winkel zeichnen, die Sie anschließend zu unterschiedlichen Formen und Objekten kombinieren. Die zweite Methode benutzt das Verlaufsgitter-Werkzeug, um Ihrem Bildmaterial Farbe und Tiefe hinzuzufügen. Sie werden in der Welt der organischen Formen experimentieren und dafür Zeichenstift-Werkzeug-Pfade und Verlaufsgitterfarben verwenden.

Schließlich werden Sie lernen, wie Sie mit Hilfe der ausgezeichneten Fähigkeiten von Photoshop feine Hervorhebungen und Einzelheiten erstellen können.

## Bézier-Kurven

Wenn Sie sich mit Illustrator beschäftigen, stoßen Sie früher oder später auf Bézier-Kurven. Das liegt daran, dass sie im Programm eine sehr wichtige und vielseitige Funktion haben. Sie bieten beinahe unbegrenzte Möglichkeiten für Vektor-(Linien-)-Bilder, weil sie es Ihnen ermöglichen, über starre Punkt-zu-Punkt-Geraden hinauszugehen.

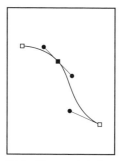

*Bézier-Kurve mit Ankerpunkten und Anfassern*

Der Schlüssel zu Bézier-Kurven sind zwei zentrale Konzepte. Zum ersten die *Ankerpunkte*. Dies sind Punkte, an denen eine Linie festgemacht ist. Durch Wählen und Verschieben eines Ankerpunkts kann eine daran hängende Linie gestreckt, verkürzt oder anderweitig angepasst werden. Der zweite Teil einer Bézier-Kurve ist der *Anfasser*. Anfasser sind nur sichtbar, wenn der zugehörige Ankerpunkt ausgewählt ist. Durch Wählen und Verschieben eines Anfassers wird die *Kurve* zwischen dem Ankerpunkt des Anfassers und dem benachbarten Ankerpunkt gestreckt, verkürzt oder anderweitig geändert.

Bézier-Kurven sind eine intuitive Funktion von Illustrator, daher ist der beste Weg, mit ihnen vertraut zu werden, auch die Übung. Versuchen Sie, die Kurve in der vorausgegangenen Abbildung durch Klicken und Ziehen mit dem Zeichenstift-Werkzeug zu zeichnen. Klicken Sie für jeden Ankerpunkt ohne Anfasser einmal, um einen Ankerpunkt zu erzeugen. Für jeden Ankerpunkt mit Anfassern klicken Sie auf die gewünschte Position des Ankerpunkts und ziehen in die Richtung, in die der Anfasser sich erweitern soll.

Haben Sie eine Bézier-Kurve erst einmal erstellt, können Sie sie mit Hilfe des Direktauswahl-Werkzeugs anpassen. Wählen Sie zunächst den Ankerpunkt aus und dann die angezeigten Anfasser und ziehen sie.

Außerdem können Sie Ankerpunkte (oder *Richtungspunkte*) in Bézier-Kurven konvertieren und umgekehrt. Verwenden Sie dazu das Ankerpunkt-konvertieren-Werkzeug. Anklicken und Ziehen eines Eckpunkts mit dem Ankerpunkt-konvertieren-Werkzeug konvertiert die Ecke in eine Kurve; erneutes Anklicken konvertiert sie wieder in eine Ecke.

## Vorbereitungen

Bevor Sie mit dieser Lektion beginnen, müssen Sie die Adobe-Photoshop- und Adobe-Illustrator-Voreinstellungen-Datei wiederherstellen. Entsprechende Hinweise finden Sie unter »Wiederherstellen der Standardeinstellungen« auf Seite 13.

Stellen Sie außerdem sicher, dass Sie genügend Arbeitsspeicher zur Verfügung haben, um diese Lektion durchzuführen. Ihr Rechner sollte unter Windows und auf dem Macintosh über mindestens 64 Mbyte RAM verfügen. Weitere Informationen dazu finden Sie unter »Kopieren der Advanced-Classroom-in-a-Book-Dateien« auf Seite 12.

Sie werden jetzt die fertige Lektionsdatei öffnen, um eine Vorstellung von der Tulpe zu erhalten, die Sie erstellen werden.

1   Starten Sie Adobe Photoshop. Wenn Sie in einem Dialogfeld gefragt werden, ob Sie die Farbeinstellungen ändern wollen, ignorieren Sie die Frage.

2   Wählen Sie **Datei: Öffnen** und öffnen Sie die Datei *08End.psd* im Ordner *Lektionen/Lektion08* auf Ihrer Festplatte. Wählen Sie im Dialogfeld »Abweichung vom eingebetteten Profil« die Option »Eingebettetes Profil verwerfen (kein Farbmanagement)« und klicken Sie auf OK.

3   Nachdem Sie sich die Datei angesehen haben, können Sie sie geöffnet auf dem Bildschirm belassen oder sie ohne Speichern von Änderungen schließen.

   ● Eine Abbildung der fertigen Grafik aus dieser Lektion finden Sie im Farbteil.

Sie öffnen nun die Startdatei und fangen mit dem Zeichnen auf einer Vorlage an.

4   Starten Sie Adobe Illustrator.

5   Wählen Sie **Datei: Öffnen** und öffnen Sie die Datei *08Start.ai* im Ordner *Lektionen/Lektion08* auf Ihrer Festplatte.

Die Datei enthält vier einzelne Ebenen: eine Arbeits-Ebene (Working), in der Sie den größten Teil Ihrer Arbeit erledigen werden; eine Ebene »Stem« mit der Grundform des Tulpenstiels (tulip stem); eine Ebene »Photo« mit der Fotografie, mit der Sie beginnen werden, und eine Ebene »Profile Template«, die eine Vorlage (Template) für die grundlegende Vasenform enthält. Sie können jede Ebene nach Belieben ein- und ausblenden, indem Sie auf das jeweilige Auge-Icon auf der linken Seite der Ebenenpalette klicken.

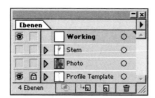

*Datei* 08Start.ai

6   Wählen Sie **Datei: Speichern unter** und navigieren Sie zum Ordner *Lektionen/Lektion08*. Nennen Sie die Datei **Tulips.ai** und klicken Sie auf »Speichern«. Wählen Sie im Dialogfeld »Illustrator-Format-Optionen« im Popup-Menü »Kompatibilität« (Windows) bzw. »Kompatibel mit« (Mac OS) den Eintrag »Illustrator 9.0« und klicken Sie auf OK.

7   Drücken Sie die Umschalt+Tabulator-Taste, um alle Paletten bis auf die Werkzeugleiste auszublenden; mit diesem Tastaturkommando können Sie zwischen Ein- und Ausblenden umschalten. Die Tabulator-Taste alleine blendet nur die Werkzeugleiste ein und aus.

## Zeichnen genauer Formen

Der erste Teil dieser Lektion umfasst das Nachzeichnen des Profils einer Vase, Bearbeiten ihrer Kurven und Spiegeln der Halbform, um eine ganze Vase zu erstellen.

Diese Datei enthält eine Vorlagen-Ebene, mit der Sie die Verwendung des Zeichenstift-Werkzeugs üben sowie die Form bearbeiten und spiegeln können, um den Umriss einer Vase zu modellieren.

Ebene »Profile Template« (Profilvorlage)

## Verwenden von magnetischen Hilfslinien zum Zeichnen eines Profils

Mit der Funktion »Magnetische Hilfslinien« lassen sich Objekte beim Zeichnen leichter ausrichten. Anstatt die Ansicht zu vergrößern und Linien und Punkte visuell auszurichten, werden Sie die auf dem Bildschirm dargestellten magnetischen Hilfslinien verwenden, um die von Ihnen erstellten Ankerpunkte an den Ankerpunkten der Vorlagendatei auszurichten.

1   Achten Sie darauf, dass in der Ebenenpalette die Ebene »Working« ausgewählt ist. Stellen Sie sicher, dass die Ebene »Profile Template« fixiert ist, damit Sie sie nicht versehentlich bearbeiten.

2   Kontrollieren Sie **Ansicht: Magnetische Hilfslinien**. Davor sollte ein Häkchen zu sehen sein.

3   Wählen Sie **Ansicht: Einzoomen** (Windows) bzw. **Ansicht: zoom in (Mac OS)**, um das Profil zu vergrößern.

4   Wählen Sie in der Werkzeugleiste das Zeichenstift-Werkzeug (oder drücken Sie die P-Taste) und setzen Sie den Mauszeiger auf den Startpunkt der Zeichnung (Punkt A).

Beim Zeichnen des Vasenprofils mit dem Zeichenstift-Werkzeug wird das Wort »Anker« angezeigt, wenn Sie das Zeichenstift-Werkzeug über einen Ankerpunkt bewegen. Wird diese Hilfe angezeigt, wissen Sie, dass das Zeichenstift-Werkzeug sich über einem Ankerpunkt der für Sie vorbereiteten Vorlagen-Ebene befindet.

5   Klicken Sie am oberen rechten Ende des Profils auf den Punkt A, um einen Start-Ankerpunkt für das Vasenprofil zu erstellen.

6   Klicken Sie auf die Punkte B und C der oberen Kante der Form. Die magnetischen Hilfslinien richten sich automatisch entlang der waagerechten und senkrechten Achsen aus und erlauben so die exakte Platzierung von Ankerpunkten.

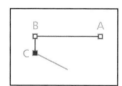

*Erzeugen von Punkt C*

7   Klicken Sie auf Punkt D, um dort einen Ankerpunkt zu setzen.

8   Als Nächstes, der Mauszeiger befindet sich immer noch über Punkt D, drücken Sie die Alt- (Windows) bzw. Option-Taste (Mac OS) und klicken und ziehen – ohne die Maustaste loszulassen – mit dem Zeichenstift-Werkzeug nach unten links. Damit wird ein Start-Anfasser für den geschwungenen Vasenkörper erzeugt. Lassen Sie erst die Alt/Option-Taste und dann die Maustaste los.

9   Klicken und ziehen Sie Punkt E nach unten und etwas rechts, um die Kurve des Vasenkörpers zu erzeugen, und lassen Sie die Maustaste los, wenn Sie den Anfasser so platziert haben, dass die Kurve in etwa der Vorlage entspricht.

💡 *Um die Größe der Ansicht zu verkleinern, ohne dabei das Werkzeug wechseln zu müssen, drücken Sie Alt+Strg+Leertaste (Windows) oder Option+Befehl+Leertaste (Mac OS) und klicken Sie dabei mit der Maustaste. Um zu vergrößern, drücken Sie Strg/Befehl+Leertaste sowie die Maustaste.*

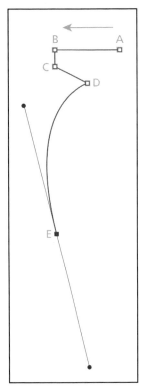

*Ziehen, um Vasenkurve zu erzeugen*

10  Klicken Sie auf Punkt F und ziehen Sie nach links oben, um die Kurve des Hauptkörpers zu vervollständigen. Machen Sie sich keine Sorgen, wenn die Kurve nicht genau der Vorlage entspricht; Sie werden sie noch anpassen können.

11  Klicken Sie einmal mit dem Zeichenstift-Werkzeug auf Punkt F, um ihn in einen Eckpunkt zu ändern.

12  Klicken Sie auf die Punkte G und H, um die Form zu vervollständigen. Orientieren Sie sich dabei an Ihren magnetischen Hilfslinien oder halten Sie dabei die Umschalttaste gedrückt, um auch tatsächlich Geraden zu erzeugen.

13  Klicken Sie mit gedrückt gehaltener Strg/Befehl-Taste außerhalb des Pfades, um seine Auswahl aufzuheben, und wählen Sie **Datei: Speichern**.

14  Falls die Kurve nicht genau der Vorlage entspricht, heben Sie die Auswahl der Form auf und wählen Sie anschließend mit dem Direktauswahl-Werkzeug die Punkte D, E oder F aus. Durch Wählen eines Punkts wird sein Anfasser bzw. werden seine Anfasser angezeigt; dann können Sie durch Ziehen am Anfasser den Punkt anpassen. Fahren Sie damit fort, mit Hilfe des Direktauswahl-Werkzeugs die Punkte mit ihren Anfassern anzupassen, bis die Kurve der Vorlage entspricht.

### Umkehren von Punkten und Bearbeiten von Kurven

Um genaue Proportionen und Symmetrie zu sichern, wurde dieses Profil auf einem Raster gezeichnet. Sie werden nun einige Eckpunkte ändern, um Punkte abzurunden, und Ihre Kurven mit dem Zeichenstift-Werkzeug bearbeiten.

1  Vergrößern Sie die Ansicht, indem Sie mit dem Zoom-Werkzeug eine Markierung um das obere Drittel Ihrer Zeichnung aufziehen.

*Verwenden Sie die Navigator-Palette, um die Ansicht in Ihrem Bildmaterial zu ändern oder zu schwenken. Durch Verschieben des roten Rahmens auf dem Thumbnail schwenken Sie im Bildmaterial herum und durch Ziehen am Schieberegler unten in der Palette vergrößern und verkleinern Sie die Ansicht.*

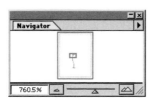

*Navigator-Palette*

2. Falls die Ankerpunkte nicht als leere rote Quadrate angezeigt werden, benutzen Sie das Direktauswahl-Werkzeug: Klicken Sie neben der Linie, um ihre Auswahl aufzuheben, und klicken Sie dann auf einen beliebigen Teil der Linie (aber nicht auf einen Ankerpunkt), um die Ankerpunkte anzuzeigen.

3. Achten Sie darauf, dass das Zeichenstift-Werkzeug ausgewählt ist.

4. Halten Sie bei ausgewähltem Zeichenstift-Werkzeug die Alt/Option-Taste gedrückt, um das Ankerpunkt-konvertieren-Werkzeug zu erhalten. Ziehen Sie Punkt B direkt nach links. Dadurch wird ein Anfasser und eine Kurve zwischen den Punkten B und C erzeugt.

💡 *Durch Drücken der Umschalttaste während des Ziehens mit gedrückt gehaltener Alt/Option-Taste wird der Anfasser auf 90°-Winkel beschränkt.*

5. Das Zeichenstift-Werkzeug ist immer noch ausgewählt; halten Sie die Alt/Option-Taste gedrückt und ziehen Sie Punkt C etwas nach unten rechts, bis die Kurve der folgenden Abbildung entspricht.

6. Passen Sie die Kurve noch genauer an, indem Sie sie mit gedrückt gehaltener Strg/Befehl-Taste anklicken und ziehen. Um einen Anfasser einzeln anzupassen, klicken Sie ihn mit gedrückt gehaltener Strg/Befehl-Taste an und ziehen ihn. Falls die Anfasser nicht mehr ausgewählt sind, benutzen Sie das Direktauswahl-Werkzeug, klicken auf Punkt B oder C und passen die Anfasser mit diesem Werkzeug an.

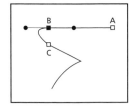
*Konvertieren von B in einen Kurveneckpunkt*

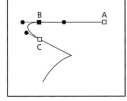
*C mit gedrückt gehaltener Alt/Option-Taste ziehen, um Kurve anzupassen*

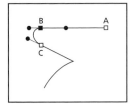
*Mit gedrückt gehaltener Strg/Befehl-Taste ziehen, um Kurve feinabzustimmen*

7. Halten Sie die Leertaste gedrückt, um vorübergehend zum Hand-Werkzeug zu wechseln. Ziehen Sie nach oben, um Ihr Bildmaterial so zu positionieren, dass Sie den Fuß der Vase sehen können.

8 Klicken Sie mit gedrückt gehaltener Strg/Befehl-Taste auf Punkt F, um ihn auszuwählen. Klicken Sie dann mit gedrückt gehaltener Alt/Option-Taste auf Punkt F und ziehen Sie ihn direkt nach links, um eine Kurve am Fuß der Vase zu beginnen.

9 Klicken Sie mit gedrückt gehaltener Strg/Befehl-Taste auf Punkt G, um ihn auszuwählen. Klicken Sie dann mit gedrückt gehaltener Alt/Option-Taste auf Punkt G und ziehen Sie ihn nach rechts, um das andere Ende der Kurve zu vervollständigen.

Nun haben Sie vermutlich eine große Kurve zwischen den Punkten F und G.

10 Um diese Kurve anzupassen, halten Sie die Strg/Befehl-Taste für das Direkt-auswahl-Werkzeug gedrückt. Ziehen Sie das linke Ende jedes Richtungs-anfassers jedes Ankerpunkts nach rechts, um die Kurve wie in der folgenden Abbildung gezeigt anzupassen. Sie können auch mit gedrückt gehaltener Strg/Befehl-Taste die Mitte der Kurve anklicken und ziehen, um beide Anfasser gleichzeitig anzupassen.

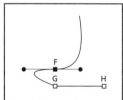
*Punkt F mit gedrückt gehaltener Alt/Option-Taste ziehen*

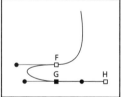
*Punkt G nach rechts ziehen*

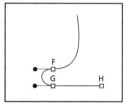
*Ziehen der Anfasser, um die Kurve anzupassen*

11 Speichern Sie Ihre Arbeit.

## Spiegeln und Zusammenfügen Ihres Profils mit magnetischen Hilfslinien

Nun sollte die Hälfte Ihrer Vase als Pfad vorliegen. Um Ihren Vasenpfad nun zu vervollständigen, müssen Sie die andere Seite fertig stellen. Dazu werden Sie eine Kopie Ihres Vasenprofils *spiegeln* und beide Profile dann zusammenfügen.

# LEKTION 8
## Das Zeichenstift-Werkzeug meistern

1 Wählen Sie mit dem Auswahlwerkzeug Ihr Profil aus. Wählen Sie das Spiegeln-Werkzeug (drücken Sie die O-Taste).

2 Platzieren Sie den Mauszeiger auf Punkt A. Magnetische Hilfslinien heben Ihr Profil hervor und blenden das Wort »Anker« ein, um anzuzeigen, dass Ihr Mauszeiger sich unmittelbar auf dem Punkt befindet.

3 Halten Sie die Alt/Option-Taste gedrückt und klicken Sie auf Punkt A, um das Dialogfeld »Spiegeln« aufzurufen.

4 Wählen Sie im Abschnitt »Achse« die Option »Vertikal« aus, um das Profil entlang einer vertikalen Achse zu spiegeln. Klicken Sie anschließend auf die Schaltfläche »Kopieren«, um das ursprüngliche Profil zu behalten und eine gespiegelte Kopie zu erzeugen, wodurch beide Seiten Ihrer Vase entstehen.

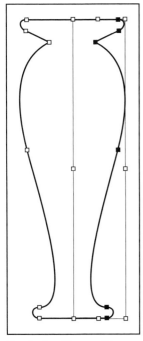

*Gespiegeltes Vasenprofil*

5 Schalten Sie die magnetischen Hilfslinien aus (drücken Sie Strg/Befehl+U).

6 Markieren Sie mit dem Direktauswahl-Werkzeug die beiden Punkte bei Punkt A. Fügen Sie die beiden ausgewählten Punkte mit dem Zusammen–fügen-Befehl zusammen (**Objekt: Pfad: Zusammenfügen** oder Strg/Befehl+J). Wählen Sie im Dialogfeld »Zusammenfügen« die Option »Ecke« und klicken Sie auf OK.

7 Wiederholen Sie Schritt 6 für Punkt H.

Nachdem Sie diese Segmente zusammengefügt haben, werden Sie die Punkte entfernen, an denen sie zusammenhängen, um oben und unten jeweils eine Gerade zu erhalten.

8 Drücken Sie die P-Taste, um das Zeichenstift-Werkzeug zu erhalten. Bewegen Sie den Mauszeiger auf Punkt H, bis er sich in das Ankerpunkt-löschen-Werkzeug ändert.

9 Klicken Sie im Vasenprofil auf den Ankerpunkt bei Punkt H, um ihn zu entfernen. Wiederholen Sie den Vorgang für Punkt A.

10 Drücken Sie Umschalt+Tabulatortaste, um die Paletten wieder einzublenden. Klicken Sie in der Ebenenpalette auf das Auge-Icon neben der Ebene »Profile Template«, um sie auszublenden.

## Hinzufügen von Farbe mit dem Verlaufsgitter-Werkzeug

Gute Kenntnisse des Zeichenstift-Werkzeugs sind wichtig, um das Verlaufsgitter-Werkzeug am besten einsetzen zu können. Es wird in sehr ähnlicher Weise verwendet, um geschlossenen Formen Farbe und Tiefe zu vermitteln.

Sie werden nun das Verlaufsgitter-Werkzeug ausprobieren und zunächst der Vase Farbe und Tiefe hinzufügen. Anschließend werden Sie damit stilisierte Tulpen erstellen.

1 Verkleinern Sie die Ansicht, damit Sie die vollständige Vase sehen können.

2 Wählen Sie mit dem Auswahlwerkzeug Ihren Vasenpfad aus. Wählen Sie in der Farbenpalette ein CMYK-Violett aus, um das Vasenprofil damit zu füllen. Stellen Sie die Kontur auf »Ohne« ein.

3 Heben Sie die Auswahl der Vase auf (Umschalt+Strg/Befehl+A).

4   Wählen Sie das Verlaufsgitter-Werkzeug (drücken Sie die U-Taste).

5   Achten Sie darauf, dass in der Farbenpalette das Fläche-Feld ausgewählt ist. Erzeugen Sie einen hellen Ton Ihres Violett, indem Sie den Schieberegler für Cyan mit gedrückter Umschalttaste nach links auf einen sehr hellen Violettton ziehen.

Mit der Umschalttaste wird der Farbton der Farbe fixiert. Die Farbe, die Sie hier aussuchen, wird die hellste Farbe im Verlauf bzw. die Farbe des Lichtflecks auf der Vase werden. Sie werden mit dem Verlaufsgitter-Werkzeug auf die gefüllte Vase klicken, um die Vase in ein Verlaufsgitter-Objekt mit Gitterlinien zu konvertieren.

6   Klicken Sie etwa in das linkere obere Viertel der Vase, um einen Gitterpunkt hinzuzufügen – einen rhombenförmigen Ankerpunkt. Sie werden mit dem Hinzufügen von Lichtfleck-Punkten fortfahren.

(Um einen Gitterpunkt zu entfernen und von vorn zu beginnen, halten Sie die Alt/Option-Taste gedrückt und klicken erneut auf den Gitterpunkt, den Sie entfernen möchten. Wiederholen Sie anschließend Schritt 5, um Ihren Farbton erneut auszuwählen.)

7   Sie sehen die pfadähnlichen Steuerungen des Verlaufsgitters. Nehmen Sie sich die Zeit, um ein wenig mit ihnen zu experimentieren. Wählen Sie einen Ankerpunkt mit dem Verlaufsgitter-Werkzeug aus und passen Sie seine Anfasser an, um die Form des Gitters zu beeinflussen.

8   Wenn Sie mit dem Verlaufsgitter-Werkzeug vertraut sind, fügen Sie der Vase noch mehr Tiefe hinzu. Heben Sie die Auswahl des ersten Gitters auf, wählen Sie in der Farbenpalette einen dunkleren violetten Farbton und klicken Sie rechts oberhalb von Ihrem ersten Lichtfleckpunkt auf die Vase.

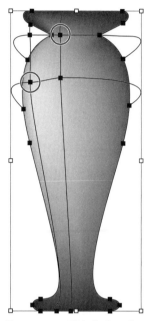

*Erzeugen von Lichtfleckpunkten auf dem Verlaufsgitter*

Nachdem Sie den ersten Teil der Lektion erfolgreich abgeschlossen haben, werden Sie das Bildmaterial fixieren und ausblenden und anschließend in derselben Datei ein paar Blumen erzeugen.

9   Doppelklicken Sie in der Ebenenpalette auf die Ebene »Working« und nennen Sie sie **Vase**.

10  Klicken Sie auf das Auge-Icon neben der Ebene »Vase«, um sie auszublenden.

11  Speichern Sie Ihre Datei.

## Zeichnen natürlicher Formen mit Zeichenstift- und Buntstiftwerkzeug

In diesem Teil der Lektion werden Sie die Kontur einer Tulpe nachzeichnen, die auf einem Foto in einer Ebene Ihrer Datei gespeichert ist. Anschließend transformieren Sie diese einfachen Pfade in Verlaufsgitter, um dem Bildmaterial Tiefe hinzuzufügen.

1. Klicken Sie in der Ebenenpalette neben der Ebene »Photo« auf die Spalte ganz links, um die Ebene mit dem Tulpenfoto einzublenden. Klicken Sie auf die Fixieren-Spalte (rechts neben den Auge-Icon), um die Ebene zu fixieren.

2. Halten Sie die Alt/Option-Taste gedrückt und klicken Sie unten in der Ebenenpalette auf die Schaltfläche »Neue Ebene erstellen«, um eine neue Ebene zu erstellen, und geben Sie ihr den Namen **Working**.

3. Ziehen Sie mit dem Zoom-Werkzeug eine Markierung um die rote Tulpenblüte im Mittelpunkt der Fotografie auf.

4. Drücken Sie die D-Taste, um die Farben auf ihre Standardeinstellungen zurückzustellen (weiße Füllung, schwarze Kontur). Um die Pfade besser sehen zu können, die Sie zeichnen werden, können Sie die Füllung auch auf »Ohne« stellen.

5. Wählen Sie das Zeichenstift-Werkzeug und zeichnen Sie den Umriss des rechten vorderen Tulpenblütenblattes mit Ihrem Zeichenstift-Werkzeug nach. Fixieren Sie anschließend Ihre Form (Tasten Strg/Befehl+2). Sie werden die Blütenblätter später noch einfärben.

*Ebene »Photo«*   *Detail*   *Nachzeichnen des vorderen Tulpenblütenblattes*

**6** Wählen Sie das Bleistift-Werkzeug und zeichnen Sie damit grob die Umrisse des mittleren Blütenblattes nach.

Beim Zeichnen mit dem Bleistift-Werkzeug werden meist weniger gut abgerundete Linien als beim Zeichnen mit dem Zeichenstift-Werkzeug erzeugt. Sie können die Kanten Ihrer Form abrunden, indem Sie Punkte entfernen oder das Übergang-Werkzeug verwenden. Sie werden nun beide Techniken ausprobieren.

**7** Wählen Sie mit dem Auswahlwerkzeug das soeben von Ihnen gezeichnete Blütenblatt aus.

**8** Klicken Sie in der Werkzeugleiste auf das Zeichenstift-Werkzeug, halten Sie die Maustaste gedrückt und ziehen Sie nach rechts, um das Ankerpunkt-löschen-Werkzeug aus den verborgenen Werkzeugen auszuwählen.

**9** Verwenden Sie das Ankerpunkt-löschen-Werkzeug, um im Bild auf der rechten Seite der Form auf ein paar Punkte zu klicken und sie damit zu entfernen. Versuchen Sie, Punkte in Bereichen zu entfernen, in denen viele Punkte gruppiert sind; werden hier Punkte entfernt, wird die Linie dadurch abgerundeter.

*Löschen von Ankerpunkten*

Jetzt werden Sie das Übergang-Werkzeug ausprobieren.

10 Platzieren Sie den Mauszeiger in der Werkzeugleiste auf dem Bleistift-Werkzeug und klicken und ziehen Sie nach rechts, um das Übergang-Werkzeug aus den verborgenen Werkzeugen auszuwählen. Das Blütenblatt ist immer noch ausgewählt; ziehen Sie mit dem Übergang-Werkzeug über die linke Kante Ihrer Form. Sobald die Form genügend abgerundet ist, passen Sie die Form noch mit dem Direktauswahl-Werkzeug an, bis sie der Fotografievorlage entspricht.

*Verwenden des Übergang-Werkzeugs*

11 Fixieren Sie Ihre Form (Tastenkombination Strg/Befehl+2).

12 Fahren Sie mit dem Nachzeichnen und Anpassen der verbleibenden Blütenblätter fort:

- Zeichnen Sie jedes Blütenblatt so, als ob keine weiteren Blütenblätter vorhanden wären und benutzen Sie dabei entweder das Zeichenstift- oder das Bleistift-Werkzeug.

- Wenn Sie mit dem Zeichnen eines Blütenblattes fertig sind, ordnen Sie es in der gleichen Reihenfolge an wie in der Original-Blume. Benutzen Sie die Ebenenpalette, um die Formen anzuordnen, und erweitern Sie dazu die Ebene »Working« und ordnen Sie die Formen entsprechend in der Ebenenhierarchie an.

- Um Verwechslungen zu vermeiden, sollten Sie die Blütenblätter fixieren (Tastenkombination Strg/Befehl+2), wenn Sie mit ihnen fertig sind.

13  Speichern Sie Ihre Datei.

### Einfärben von Objekten mit dem Verlaufsgitter-Werkzeug

Sie werden jetzt Farben aus dem Foto aufnehmen, um Ihre eigene stilisierte Version der Tulpe zu erstellen. Dazu werden Sie mit den Tulpenblütenblättern arbeiten, die Sie gerade gezeichnet haben, und zunächst ihre Fixierung aufheben.

1  Wählen Sie **Objekt: Alles lösen**.

2  Wählen Sie alle Blütenblätter aus, die Sie gerade gezeichnet haben. Am schnellsten geht dies, indem Sie in der Ebenenpalette – im Auswahlbereich – rechts vom Ziel-Icon der Ebene »Working« klicken.

3  Wählen Sie das Pipette-Werkzeug (drücken Sie die I-Taste). Klicken Sie mit gedrückt gehaltener Umschalttaste auf einen hellgelben Bereich in der gelben Tulpe rechts unterhalb Ihrer roten Tulpe. Die Farbe des Blütenblattes ändert sich, wenn Sie unterschiedliche Gelbschattierungen in der Fotografie aufnehmen. Halten Sie an, sobald die Blütenblätter einen hellgelben Farbton angenommen haben.

4  Stellen Sie die Kontur auf »Ohne« ein.

Jetzt haben alle Blütenblätter die gleiche Farbe, die einzelnen Formen lassen sich kaum noch voneinander unterscheiden. Hier können magnetische Hilfslinien helfen.

5   Wählen Sie **Ansicht: Magnetische Hilfslinien**, um die Hilfslinien einzublenden. Bewegen Sie den Mauszeiger über den Blütenblattformen und Sie sehen, dass die magnetischen Hilfslinien Ihnen den Pfad des Blütenblattes unter dem Mauszeiger anzeigen.

6   Heben Sie die Auswahl der Tulpe auf (Tasten Umschalt+Strg/Befehl+A).

7   Klicken Sie mit dem Pipette-Werkzeug und gedrückt gehaltener Umschalttaste und nehmen Sie im Tulpen-Foto ein intensiv leuchtendes Rot auf.

8   Wählen Sie dann das Verlaufsgitter-Werkzeug und klicken Sie damit auf die untere mittlere Kante des ersten von Ihnen gezeichneten Blütenblattes. Klicken Sie an der unteren Kante weiter zu jeder Seite Ihrer Originalpunkte, um Gitterpunkte hinzuzufügen. Üben Sie das Anklicken mit anderen Punkten im Blütenblatt und entfernen Sie die Gitterpunkte dann wieder durch Gedrückthalten der Alt/Option-Taste und Anklicken. Sie können auch mit mehreren Farben innerhalb desselben Gitterpfades experimentieren (dem Bereich zwischen vier benachbarten Gitterpunkten).

9   Versuchen Sie, auf jedem Blütenblatt einige Gitterpunkte hinzuzufügen und benutzen Sie dabei die folgende ganz rechte Abbildung als Anleitung. Dadurch werden die Blütenblätter mit der von Ihnen ausgewählten roten Farbe gefüllt, wobei auf jedem Blütenblatt eine organische gelbe Ecke zurückbleibt.

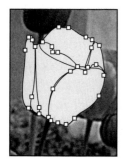
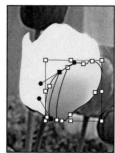

*Blütenblätter gelb gefärbt*

*Hinzufügen aufgenommener Farbe zum Verlaufsgitter*

*Ausgewähltes Blütenblatt mit Gitterlinien und -punkten*

Verlaufsgitter funktionieren ähnlich wie das Zeichenstift-Werkzeug: Jeder Punkt in einem Verlaufsgitter besitzt Bézier-Kurven und Anfasser, mit denen Sie die Größe, Form und Konturen des Gitters grenzenlos anpassen können. Mit Hilfe des Verlaufsgitter-Werkzeugs können Sie Punkte wählen und verschieben. Außerdem können Sie Anfasser an jedem Punkt anpassen, um die Verläufe zu steuern, die an diesem Punkt beginnen. Je mehr Gitter Sie einem Objekt hinzufügen, desto mehr Möglichkeiten erschließen sich Ihnen.

Weitere Informationen über Verlaufsgitter finden Sie in Kapitel 8 des Illustrator-9.0-Handbuchs oder unter »Erstellen mehrfarbiger Objekte mit dem Verlaufsgitter-Werkzeug« in der Illustrator-9.0-Online-Hilfe.

10 Wenn Sie mit dem Hinzufügen der Verlaufsgitter fertig sind, wählen Sie alle Blütenblätter der Tulpe aus und gruppieren sie (**Objekt: Gruppieren**).

11 Schalten Sie die magnetischen Hilfslinien aus (Tasten Strg/Befehl+U).

## Anordnen von Bildmaterial mit Hilfe der Ebenenpalette

Jetzt können Sie Ihre Tulpe zu einem Blumen-Arrangement zusammensetzen. In diesem Teil der Lektion werden Sie lernen, wie Sie Ihr Bildmaterial mit Hilfe von Ebenen verwalten und anordnen können.

1 Doppelklicken Sie in der Ebenenpalette auf die Ebene »Working« und geben Sie ihr den Namen **Tulip** (Tulpe).

2 Klicken Sie auf das Auge-Icon neben der Ebene »Photo«, um sie auszublenden.

Für Sie wurde bereits das Bild eines Stieles vorbereitet. Sie werden ihm nun die Blütenblätter hinzufügen.

3 Klicken Sie in der Ebenenpalette auf das Auge-Icon neben der Ebene »Stem«. Klicken Sie dann in der Ebenenpalette auf den Bereich rechts vom Ziel-Icon. Damit wird alles in der Ebene »Stem« ausgewählt.

4 Wählen Sie im Bild den Stiel aus und ziehen Sie ihn, um sein oberes Ende mit den von Ihnen gezeichneten Blütenblättern auszurichten.

5 Verkleinern Sie die Ansicht, damit Sie den Stil und die Tulpenblüte sehen können.

6 Verwenden Sie den Befehl »Alles auswählen« (Tasten Strg/Befehl+A), um den Stiel und die Blütenblätter auszuwählen.

7 Wählen Sie das Spiegeln-Werkzeug, platzieren Sie den Mauszeiger etwas links von der ausgewählten Tulpe, halten Sie die Alt/Option-Taste gedrückt und klicken Sie. Wählen Sie im aufgerufenen Dialogfeld die Option »Vertikal« und klicken Sie auf die Schaltfläche »Kopieren«, um eine neue gespiegelte Tulpe zu erzeugen.

8 Verschieben Sie die zweite Tulpe, bis sie die erste überlappt.

*Stiel der Tulpe hinzugefügt   Gespiegelte und ausgerichtete Tulpe*

9 Klicken Sie in der Ebenenpalette auf das Auge-Icon neben der Ebene »Vase«, um sie einzublenden. Ziehen Sie die Ebene »Vase« über die Ebene »Tulip«.

10 Falls notwendig passen Sie die Position der Vase im Bild an.

**11** Ziehen Sie in der Ebenenpalette die Ebenen »Profile Template« und »Photo« unten auf die Schaltfläche »Auswahl löschen«, um sie zu löschen.

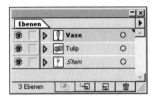

**12** Speichern Sie Ihre Änderungen.

> ### Verschieben von Pfaden zwischen Photoshop und Illustrator
>
> *Um Pfade zwischen Illustrator und Photoshop zu verschieben, können Sie nach mehreren unterschiedlichen Methoden vorgehen.*
>
> *Die einfachste Methode ist, die Pfade zu kopieren und dann einzufügen. Beim Kopieren von Pfaden in Illustrator und Einfügen derselben in Photoshop wird ein Dialogfeld aufgerufen, in dem Sie aufgefordert werden, Pixel, Pfad oder Formebenen einzufügen. Durch Wählen von »Pfad« wird der Pfade-Palette in Photoshop ein neuer Pfad hinzugefügt. Das Wählen von »Pixel« konvertiert den Illustrator-Pfad in eine Bitmap-Grafik. Durch Wählen von »Formebene« wird der Photoshop-Datei eine Form-Ebene hinzugefügt.*
>
> *Um Pfade aus Photoshop in Illustrator einzufügen, müssen Sie die Pfade mit dem Direktauswahl-Werkzeug in Photoshop wählen. Am schnellsten lassen sich alle Pfade in einem einzigen Pfad in der Pfade-Palette wählen, indem Sie die Alt/Option-Taste gedrückt halten und den Pfad in der Pfade-Palette anklicken. Durch Klicken mit der Alt/Option-Taste lässt sich Zeit sparen, weil das Direktauswahl-Werkzeug in Photoshop sich hinter dem Zeichenstift-Werkzeug verbirgt.*
>
> *Sie können Pfade aus Illustrator in Photoshop oder aus Photoshop in Illustrator ziehen. Halten Sie in Photoshop und Illustrator die Taste Strg/Befehl gedrückt, während Sie ausgewählte Pfade in Photoshop ziehen, damit sie auch als Pfade erscheinen. Falls Sie die Taste Strg/Befehl nicht drücken, werden die Pfade als Bitmap-Grafiken eingefügt.*
>
> *Wenn Sie eine Photoshop-Datei mit einem Beschneidungspfad als EPS-Datei speichern und diese Datei dann in Illustrator öffnen (nicht platzieren), lässt sich dieser Beschneidungspfad in Illustrator bearbeiten.*
>
> *–Ted Alspach*

## Verwenden des Zeichenstift-Werkzeugs in Photoshop zum Erzeugen von Lichtflecken

Jetzt werden Sie Ihr Illustrator-Bild in Photoshop exportieren – dabei Ihre Ebenen beibehalten – und einen Lichtfleck oben rechts auf der Vase erzeugen. Außerdem werden Sie den Blumen ein paar Schatten und zahlreichen Teilen des Bildes Muster hinzufügen.

1   Wählen Sie **Datei: Exportieren** und navigieren Sie zum Ordner *Lektionen/Lektion08*. Nennen Sie Ihre Datei **Tulips2.psd** und wählen Sie das Format »Photoshop 5 (PSD)«. Klicken Sie auf »Speichern« (Windows) bzw. »Exportieren« (Mac OS). Wählen Sie im Dialogfeld »Photoshop-Optionen« für das Farbmodell »RGB« und als Auflösung »Bildschirm (72 dpi)«. Achten Sie darauf, dass die Optionen »Glätten« und »Ebenen mit exportieren« eingeschaltet sind. Klicken Sie auf OK.

2   Beenden Sie Illustrator.

3   Starten Sie Photoshop. Öffnen Sie die Datei *Tulips2.psd*, die Sie soeben angelegt haben. Wählen Sie im Dialogfeld »Fehlendes Profil« die Option »Beibehalten (Kein Farbmanagement)« und klicken Sie auf OK.

Sie sehen, dass alle Illustrator-Ebenen erhalten geblieben sind.

4   Vergrößern Sie die Arbeitsfläche des Bildes, indem Sie **Bild: Arbeitsfläche** wählen. Legen Sie die Maße der Arbeitsfläche mit **15,25** cm Breite und **20,3** cm Höhe (6 Inch mal 8 Inch) fest. Klicken Sie auf OK.

Als Nächstes werden Sie einen weißen Hintergrund erzeugen, auf dem der neue Schatten abgebildet werden soll.

5   Drücken Sie die D-Taste, um die Farben zurück auf ihre Standardwerte zu stellen (weißer Hintergrund, schwarzer Vordergrund). Damit stellen Sie sicher, dass der Hintergrund, den Sie erzeugen, weiß gefüllt wird.

6   Legen Sie eine neue Ebene an, indem Sie unten in der Ebenenpalette auf die Schaltfläche »Neue Ebene erstellen« klicken.

7   Die neue Ebene ist noch ausgewählt; wählen Sie **Ebene: Neu: Hintergrund aus Ebene**.

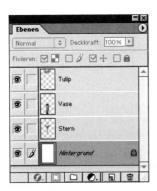

8   Wählen Sie in der Ebenenpalette die Ebene »Vase«. Halten Sie die Alt/ Option-Taste gedrückt und klicken Sie unten in der Ebenenpalette auf die Schaltfläche »Neue Ebene erstellen«, um eine neue Ebene zu erstellen, und geben Sie ihr den Namen **Vase highlight**. Die neue Ebene erscheint in der Palette über der Ebene »Vase«, so dass der Lichtfleck vor der Vase dargestellt wird.

9   Klicken Sie in der Ebenenpalette auf die Auge-Spalte, um alle Ebenen bis auf die Ebenen »Vase Highlight« und »Vase« auszublenden.

10 Wählen Sie das Zeichenstift-Werkzeug und zeichnen Sie damit einen tränenförmigen Lichtfleck oben rechts auf der Vase. Passen Sie die Richtungspunkte so an, dass eine einfache Tränenform entsteht.

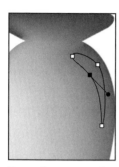

*Tränenform mit Zeichenstift-Werkzeug gezeichnet*

11 Klicken Sie auf den Reiter der Pfade-Palette, um diese Palette zu aktivieren. Klicken Sie in der Pfade-Palette mit gedrückt gehaltener Strg/Befehl-Taste auf den Thumbnail des Pfads, um aus dem Pfad eine Auswahl zu machen.

12 Füllen Sie die Form im Bild mit Weiß.

Nun werden Sie den Lichtfleck abrunden und mischen.

13 Heben Sie die Auswahl des Lichtflecks auf (Tasten Strg/Befehl+D). Weisen Sie einen Gaußschen Weichzeichner mit einem Radius von **3,3 Pixel** zu (**Filter: Weichzeichnungsfilter: Gaußscher Weichzeichner**).

14 Stellen Sie in der Ebenenpalette die Ebenendeckkraft auf **90%** ein, um den Lichtfleck mit der Vase dahinter zu mischen.

## Transformieren von Pfaden, um Schlagschatten hinzuzufügen

Im letzten Teil der Lektion werden Sie der Vase einen Schatten hinzufügen, indem Sie einen Pfad erstellen und transformieren.

1   Halten Sie die Alt/Option-Taste gedrückt und klicken Sie unten in der Ebenenpalette auf die Schaltfläche »Neue Ebene erstellen«, um eine neue Ebene zu erstellen, und nennen Sie sie **Shadow** (Schatten). Ziehen Sie die neue Ebene in der Palette unter die Ebene »Vase«, so dass der Schatten hinter der Vase angezeigt wird.

2   Erstellen Sie eine Auswahl von der Vase, indem Sie in der Ebenenpalette mit gedrückt gehaltener Strg/Befehl-Taste auf die Ebene »Vase« klicken.

3   Klicken Sie auf den Reiter der Pfade-Palette und wählen Sie im Pfade-Palettenmenü den Eintrag »Arbeitspfad erstellen«. Geben Sie im aufgerufenen Dialogfeld eine Toleranz von **1.0** ein. Klicken Sie auf OK. Damit wird ein Pfad aufgrund der soeben von Ihnen erzeugten Auswahl erstellt.

4   Doppelklicken Sie in der Pfade-Palette auf den Arbeitspfad und nennen Sie ihn **Shadow Path** (Schattenpfad).

5   Halten Sie die Alt/Option-Taste gedrückt und klicken Sie in der Pfade-Palette auf den Pfadnamen, um den gesamten Pfad auszuwählen.

*Schatten-Pfad ausgewählt*

Jetzt können Sie den Pfad genauso transformieren wie eine Ebene oder einen Teil einer Ebene.

6   Wählen Sie **Bearbeiten: Pfad transformieren: Verzerren**. Es erscheint ein Begrenzungsrahmen um die Auswahl; ziehen Sie den oberen mittleren Punkt wie in der folgenden Abbildung gezeigt nach links unten. Drücken Sie die Eingabetaste, um die Transformation zuzuweisen.

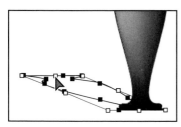

*Schatten-Pfad verzerrt*

Nun werden Sie die Auswahl mit einem Schatten füllen.

7   Klicken Sie in der Pfade-Palette mit gedrückt gehaltener Strg/Befehl-Taste auf den Thumbnail »Shadow Path«, um eine Auswahl aus diesem Pfad zu erstellen.

8   Drücken Sie die D-Taste, um die Standardfarben wiederherzustellen.

9   Wählen Sie in der Werkzeugleiste das Verlaufswerkzeug. Klicken Sie in der Optionsleiste auf das Dreieck neben dem Verlaufsbeispiel, um die Verlaufspalette einzublenden. Wählen Sie den Verlauf »Vorder- zu Hintergrundfarbe«.

10  Ziehen Sie im Bild mit dem linearen Verlaufswerkzeug, um die Auswahl mit einem Schwarz-Weiß-Verlauf zu füllen. Für einen besseren Eindruck und einen realistischeren Effekt ermöglicht Photoshop, den Schattenverlauf mit einer aufgenommenen Farbe aus der Vase zu füllen und anschließend die Deckkraft der Farbe anzupassen.

11  Heben Sie die Auswahl auf. Speichern Sie Ihre Datei.

*Verzerrter Schatten-Pfad mit linearem Verlauf gefüllt*

12  Klicken Sie in der Ebenenpalette in die Auge-Spalte, um wieder das gesamte Bildmaterial einzublenden.

13  Schließen Sie Ihre Datei und beenden Sie Photoshop. Nachdem Sie nun das Zeichenstift-Werkzeug beherrschen, werden Sie in Zukunft auch anderes kompliziertes Bildmaterial in Photoshop und Illustrator bewältigen.

# Lektion 9

# 9 | Zweifarbendruck-Projekte

von Andrew Faulkner

*Erfahrene Adobe-Photoshop-Anwender wissen, dass Duplex in jedem Zweifarbendruck-Projekt großen Eindruck und anspruchsvolle Wirkung erzielen kann. Sie wissen außerdem, dass es sehr schwierig vorauszusagen ist, wie ihr Duplex gedruckt aussieht, wenn man nur ein Schwarzfarbiges Farbfeld für die Kontrolle zur Verfügung hat. In dieser Lektion werden Sie eine Farbfotografie in ein vollständiges Zweifarb-Poster transformieren, indem Sie die jeweiligen Stärken von Photoshop und Illustrator nutzen.*

# LEKTION 9
## Zweifarbendruck-Projekte

Adobe Photoshop und Adobe Illustrator besitzen unterschiedliche Stärken. Beide Anwendungen erledigen viele Aufgaben gut, aber normalerweise kann die eine Anwendung eine bestimmte Aufgabe besser als die andere erledigen. In dieser Lektion werden Sie jede Anwendung dann verwenden, wenn sie am besten geeignet ist.

Photoshop hat beispielsweise mächtige Funktionen zum Bearbeiten und Anpassen von Farbtönen unmittelbar im Bitmap-Bild – deshalb ist dieses Programm am besten zum Erstellen eines Zweifarbdrucks aus einer Fotografie geeignet. Obwohl Photoshop Textwerkzeuge enthält, glänzt Illustrator mit Typografie mit Kerning, Textgrößen- und Skalierungsanpassungen sowie mit seinen Fähigkeiten, Text auf eine Kurve zu setzen.

In dieser Lektion lernen Sie Folgendes in Photoshop:

- Verbessern der Bildqualität eines Farbbilds durch Konvertieren in ein Graustufen- und dann ein Duplexbild
- Verwenden der Tonwertkorrektur und Gradationskurven, um den Bildkontrast teilweise zu verbessern
- Verwenden von Volltonfarbkanälen und Beschneidungspfaden, um einem Bildteil eine PANTONE-Volltonfarbe hinzuzufügen
- Hinzufügen eines Filmkörnungseffekts

In Illustrator lernen Sie Folgendes:

- Erstellen von Text zur Verwendung als Texthervorhebung in Photoshop
- Verwenden der Verbindungen-Palette beim wechselseitigen Arbeiten in Illustrator und Photoshop
- Vorbereiten der fertigen Dateien für den Zweifarbendruck

Für diese Lektion werden Sie etwa eine Stunde benötigen.

Falls erforderlich löschen Sie den auf Ihrer Festplatte vorhandenen Lektionsordner aus der vorherigen Lektion und kopieren stattdessen den Ordner *Lektion09* auf die Festplatte.

## Kanäle

In dieser Lektion werden Sie drei Arten von *Kanälen* verwenden. Sie werden lernen, wie Farbkanäle gemischt werden, um die Bildqualität zu verbessern. Sie werden Bildbereiche wählen, indem Sie eine Auswahl aus einem Alpha-Kanal laden. Und Sie werden einen Volltonfarbkanal verwenden, um dem Bild eine zweite Farbe zuzuweisen.

Ein *Farbkanal* speichert in Photoshop Informationen für eine bestimmte in einem Bild verwendete Farbe; alle Kanäle zusammen bilden die Farbtöne eines vollständigen Bildes. Ein CMYK-Bild hat beispielsweise vier Farbkanäle: Cyan, Magenta, Gelb und Schwarz. In dieser Lektion werden Sie mit den drei Kanälen eines RGB-Bildes und mit *Volltonfarbkanälen* arbeiten, mit denen Sie zusätzliche Farbseparationen zum Drucken eines Bildes mit Volltonfarben bestimmen können. Ein dritter Kanal-Typ, ein *Alpha-Kanal*, speichert Masken oder eine Auswahl eines Bildes für den späteren Gebrauch; Alpha-Kanäle werden nicht gedruckt.

Mit Hilfe der Kanäle-Palette können Sie Kanäle betrachten und bearbeiten.

## Vorbereitungen

Bevor Sie mit dieser Lektion beginnen, müssen Sie die Adobe-Photoshop- und Adobe-Illustrator-Voreinstellungen-Datei wiederherstellen. Entsprechende Hinweise finden Sie unter »Wiederherstellen der Standardeinstellungen« auf Seite 13.

Stellen Sie außerdem sicher, dass Sie genügend Arbeitsspeicher zur Verfügung haben, um diese Lektion durchzuführen. Windows-Rechner sollten über mindestens 64 Mbyte RAM verfügen. Auf Macintosh-Rechnern sollte die »Bevorzugte Größe« sowohl für Photoshop als auch für Illustrator in der Speicherzuteilung mindestens 64 Mbyte betragen. Weitere Informationen dazu finden Sie unter »Kopieren der Advanced-Classroom-in-a-Book-Dateien« auf Seite 12.

Sie werden jetzt die fertige Lektionsdatei öffnen, um eine Vorstellung von dem Zweifarbbild zu erhalten, das Sie erstellen werden.

1   Starten Sie Adobe Illustrator.

2   Wählen Sie **Datei: Öffnen** und öffnen Sie die Datei *09End.ai* im Ordner *Lektionen/Lektion09/09End* auf Ihrer Festplatte.

3   Nachdem Sie sich die Datei angesehen haben, können Sie sie geöffnet auf dem Bildschirm belassen oder sie ohne Speichern von Änderungen schließen.

Sie öffnen nun die Startdatei der Lektion.

4   Starten Sie Adobe Photoshop. Wenn Sie in einem Dialogfeld gefragt werden, ob Sie die Farbeinstellungen ändern wollen, ignorieren Sie die Frage.

5   Wählen Sie **Datei: Öffnen** und öffnen Sie die Datei *09Start.eps* im Ordner *Lektionen/Lektion09/09Start* auf Ihrer Festplatte. Wählen Sie im Dialogfeld »Abweichung vom eingebetteten Profil« die Option »Eingebettetes Profil verwenden (anstelle des Arbeitsfarbraums)« und klicken Sie auf OK. Weitere Informationen finden Sie unter »Öffnen einer Datei mit eingebettetem Profil« auf Seite 117.

6   Wählen Sie **Datei: Speichern unter**, geben Sie der Datei den Namen **Poster.psd** und speichern Sie sie im Ordner *Lektion09/09Start*.

## Verbessern der Bildqualität

Da dieses Foto mit der verfügbaren Beleuchtung in der U-Bahn aufgenommen wurde, sind die Personen im Bild nicht besonders gut ausgeleuchtet. Das Foto hat einen Grünstich, wodurch es sich recht gut für dieses Zweifarben-Projekt eignet. Sie werden die Grüntöne aus der Fotografie entfernen und durch die Duplex-Farbe ersetzen.

Der Hintergrund wirkt auch ein wenig zu unruhig. Das Auge des Betrachters wird auf die Beleuchtung gelenkt, die den hellsten Punkt im Bild ausmacht. Außerdem stört die Stange, die das Bild optisch in zwei Teile aufteilt. Im Ergebnis werden die Personen abgeschwächt und das Foto verliert viel von seiner Wirkung. Sie werden nun die Farbzusammenstellung mit Hilfe von Gradationskurven anpassen, um die Auswirkung der störenden Elemente zu verringern.

### Einstellen des Vordergrunds Ihres Bildes

Ihr Bild besteht im Moment aus einer Ebene. Sie werden diese Ebene nun duplizieren, um den Hintergrund auf einer Ebene anzupassen und den Vordergrund auf der anderen.

1 Wählen Sie **Bild: Modus: Graustufen**, um das Bild in Graustufen zu konvertieren. Klicken Sie auf OK, um die Farbinformationen zu verwerfen.

2 Wählen Sie in der Ebenenpalette die Ebene »Hintergrund«. Wählen Sie im Ebenenpalettenmenü den Eintrag »Ebene duplizieren« und geben Sie der neuen Ebene den Namen **Foreground** (Vordergrund).

3 Wählen Sie **Bild: Einstellen: Gradationskurven**, um das Dialogfeld »Gradationskurven« aufzurufen. Stellen Sie die Vordergrund-Ebene durch Ziehen der Diagonalen im Dialogfeld »Gradationskurven« so ein, dass die Gesichter der Personen heller und gleichmäßiger erscheinen. Beginnen Sie mit der Beispieleinstellung der Gradationskurve in der folgenden Abbildung und experimentieren Sie so lange, bis die Gesichter einen besseren Tonwert und Kontrast aufweisen. Machen Sie sich keine Sorgen über das Aussehen des Hintergrunds, Sie werden ihn als Nächstes bearbeiten.

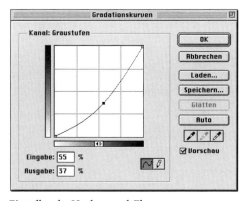

*Einstellen der Vordergrund-Ebene*

4 Klicken Sie auf OK.

5 Blenden Sie die Ebene »Foreground« aus, indem Sie in der Ebenenpalette auf das Auge-Icon daneben klicken.

## Einstellen des Bildhintergrunds

Ein wirksames Mittel gegen unruhige Hintergründe ist eine Verminderung des Kontrasts und das Abschwächen der Weißpunkte.

1 Wählen Sie in der Ebenenpalette die Ebene »Hintergrund« aus.

2 Wählen Sie **Bild: Einstellen: Gradationskurven**. Verwenden Sie die folgende Abbildung als Ausgangspunkt für Ihre Einstellungen:

- Um das unruhige Erscheinungsbild des Hintergrunds zu vermindern, wählen Sie den Weißpunkt (unteren linken Punkt) und ziehen ihn nach oben.

- Um die Tiefen aufzuhellen, wählen Sie den Schwarzpunkt auf der Kurve aus (in der oberen rechten Ecke) und ziehen ihn nach unten.

- Um die Grauwerte aufzuhellen, klicken Sie auf die Mitte der Kurve und ziehen sie nach unten.

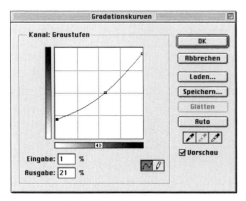

*Vermindern des Weißpunkts durch Ziehen nach oben*

Die Gesamtbeleuchtung im Foto wirkt durch das Vermindern des Weißpunkts in den Beispiel-Gradationskurveneinstellungen der Ebene hellgrau statt hellweiß. Außerdem erscheinen die Schwärzen durch das Aufhellen dunkelgrau. Durch das Einstellen dieser Gradationen wird der Kontrast der Ebene wirksam vermindert.

Da das Auge von scharfen Farbstufen angezogen wird, wird der Hintergrund durch die Kontrastminderung weniger unruhig. Bedenken Sie, dass es in dieser Ebene nur um den Hintergrund geht.

3   Klicken Sie auf OK.

**Kombinieren der Ebenen**

Ihre nächste Aufgabe wird sein, die Personen in der Ebene »Foreground« mit der Tonwert-abgeschwächten Ebene »Hintergrund« zu kombinieren. Damit Ihnen dies leichter fällt, enthält das Bild dieser Lektion einen Alpha-Kanal, den Sie zum Wählen der Personen laden können.

1   Wählen Sie in der Ebenenpalette die Ebene »Foreground«. Die ausgeblendete Ebene wird wieder eingeblendet.

2   Wählen Sie **Auswahl: Auswahl laden**. Wählen Sie im Dialogfeld »Auswahl laden« im Popup-Menü »Kanal« den Eintrag »foreground«, um eine Auswahl zu laden, die einen Umriss der Personen im Vordergrund enthält. Klicken Sie auf OK.

💡 *Eine andere Möglichkeit, die Auswahl zu laden, ist die Kanäle-Palette einzublenden, die eine Thumbnail-Vorschau dieses Alpha-Kanals namens »foreground« enthält. Klicken Sie mit gedrückt gehaltener Strg/Befehl-Taste auf den Alpha-Kanal-Thumbnail, um diese Auswahl zu laden.*

*Auswahl »foreground« geladen*

Als Nächstes werden Sie den Hintergrund-Teil der Ebene »Foreground« maskieren, damit der Hintergrund durchscheint.

3   Wählen Sie **Ebene: Ebenenmaske hinzufügen: Außerhalb der Auswahl maskieren**. Vorder- und Hintergrund erscheinen nun kombiniert. Wenn Sie möchten, können Sie noch einmal das Dialogfeld »Gradationskurven« aufrufen (Tasten Strg/Befehl+M), um das Erscheinungsbild jedes Bildteils feinabzustimmen.

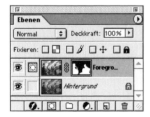

4   Wenn Sie mit dem Ergebnis zufrieden sind, wählen Sie **Ebene: Auf Hintergrundebene reduzieren**, um die beiden Ebenen auf die Hintergrundebene zu reduzieren.

5 Speichern Sie Ihre Datei als **Metro.psd** im Ordner *Lektion09/09Start*.

### Hinzufügen einer körnigen Struktur zu Ihrem Bild

Nachdem Tonwert und Kontrast verbessert wurden, werden Sie eine körnige Struktur hinzufügen, damit das Bild wie ein herkömmliches Schwarz-Weiß-Foto aussieht.

1 Wählen Sie **Filter: Strukturierungsfilter: Körnung**.

2 Stellen Sie die Intensität auf **20** und den Kontrast auf **50** ein. Im Popup-Menü »Körnungsart« wählen Sie »Regelmäßig«. Klicken Sie auf OK.

## Erstellen eines Duplex

Als Nächstes erstellen Sie ein Duplex-Bild zur Verwendung im Poster. In diesem Fall erstellen Sie ein Duplex aus Schwarz und PANTONE 485.

Für ein Duplex benötigen Sie ein Graustufenbild. Da Ihr Bild bereits ein Graustufenbild ist, können Sie es ohne eine Zwischenkonvertierung in ein Duplexbild konvertieren.

1 Wählen Sie **Bild: Modus: Duplex**.

2 Wählen Sie im Dialogfeld »Duplex-Optionen« im Popup-Menü »Bildart« den Eintrag »Duplex«. Klicken Sie auf die Schaltfläche »Laden« und öffnen Sie den Ordner »PANTONE® Duplex« im folgenden Pfad:
**Adobe Photoshop 6/Vorgaben /Duplex/Duplex/Pantone Duplex**. Klicken Sie auf »Laden«.

**3** Schalten Sie das Kontrollkästchen »Vorschau« ein und probieren Sie ein paar der Voreinstellungen aus: Klicken Sie auf die Voreinstellung »327 aqua (50%) bl1«. Sie können auf das Farbfeld klicken, um das Dialogfeld »Eigene Farben« aufzurufen und eine Farbe wählen; Photoshop zeigt die Fotografie in Kombination mit jeder Vorschau an, die Sie laden. Klicken Sie auf OK, um das Dialogfeld wieder zu schließen.

💡 *Sie können die ersten Zahlen bzw. Buchstaben der Duplex-Farbe eingeben, um zur gewünschten Auswahl zu gelangen.*

**4** Klicken Sie erneut auf »Laden« und wählen Sie »Red 485 bl2«, um ein rotgefärbtes Duplex zu erstellen. Klicken Sie auf »Laden« und dann auf OK.

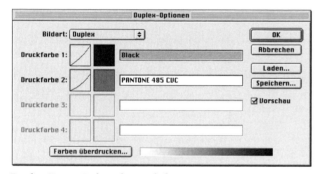

*Duplex-Kurve »Red 485 b12« geladen*

Nun müssen Sie Ihre Arbeit als EPS-Datei speichern, damit Sie sie in Illustrator platzieren können, wenn Sie das Poster zusammenfügen.

5   Wählen Sie **Datei: Speichern unter**. Navigieren Sie zum Ordner **Lektion09/ 09Start**. Schalten Sie im Abschnitt »Sichern« die das Kontrollkästchen vor der Option »Als Kopie« ein. Im Popup-Menü »Format« wählen Sie den Eintrag »Photoshop EPS«. Nennen Sie die Datei **Metro.eps** und klicken Sie auf »Speichern«. Übernehmen Sie im Dialogfeld »EPS-Optionen« die Standardeinstellungen und klicken Sie auf OK, um die Datei zu speichern.

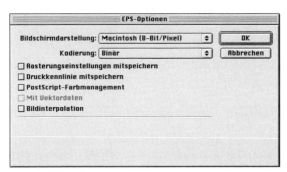

*Standard-EPS-Optionen*

## Hinzufügen einer Volltonfarbe vorbereiten

Volltonfarben, auch *Echtfarben* genannt, sind vorgemischte Druckfarben, die anstelle von oder zusätzlich zu den CMYK-Druckfarben Cyan, Magenta, Gelb und Schwarz verwendet werden. Jede Volltonfarbe benötigt ihre eigene Separationsebene bzw. Druckplatte. Grafik-Designer benutzen Volltonfarben, um mit Farben zu arbeiten, die durch Kombinationen der vier Prozessfarben nur schwer oder gar nicht möglich wären.

Um die Wirkung noch zu erhöhen, werden Sie das Saxophon im Bild mit Hilfe einer zugefügten Volltonfarbe hervorheben. Diese Aufgabe ist allerdings eine einzigartige Herausforderung: Die Volltonfarbe und das Duplex können nicht in derselben Datei gespeichert werden. Das EPS-Dateiformat unterstützt zwar Duplex, aber keine Volltonfarben. Das DCS-Dateiformat (Desktop Color Separations) unterstützt zwar Volltonfarben – neben dem Photoshop-Dateiformat (PSD) das einzige weitere Format – aber kein Duplex. Ein CMYK-Bild ist keine brauchbare Alternative, weil es sich hier um ein Zweifarben-Projekt handelt.

**330** | LEKTION 9
Zweifarbendruck-Projekte

Die Lösung ist, das Saxophon in einer einzelnen DCS-Datei zu speichern und die Volltonfarbe und das Duplex anschließend in Illustrator zu kombinieren. Die Kombination wird das Saxophon als hellrotes Element in der Komposition hervorheben.

Diesmal werden Sie einen vorbereiteten Pfad verwenden, um den Teil des Bildes auszuwählen, dem Sie die Volltonfarbe hinzufügen werden.

1   Speichern Sie die Datei *Metro.psd*, mit der Sie gerade arbeiten, als **Sax.psd** im Ordner *Lektion09/09Start*.

Um die Volltonfarbe hinzufügen zu können, müssen Sie mit einem Graustufenbild arbeiten.

2   Wählen Sie **Bild: Modus: Graustufen**, um das Duplex-Bild in Graustufen zu konvertieren. Klicken Sie auf OK, um die Farbinformationen zu verwerfen.

3   Klicken Sie auf die Kanäle-Palette, um sie zu aktivieren. Wählen Sie anschließend im Kanäle-Palettenmenü den Eintrag »Neuer Vollfarbenkanal«.

4   Klicken Sie im Dialogfeld »Neuer Vollfarbenkanal« auf das Farbfeld; klicken Sie dann auf die Schaltfläche »Eigene«, wählen Sie PANTONE 485 und klicken Sie auf OK.

💡 *Geben Sie ganz schnell die Zahl **485** ein, um die Auswahl auf PANTONE 485 zu bewegen.*

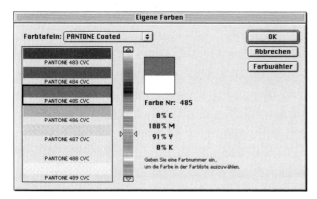

*Farbwähler »Eigene Farben«*

5   Geben Sie im Dialogfeld »Neuer Vollfarbenkanal« im Eingabefeld »Solidität« den Wert **100**% ein. Die Soliditätseinstellung simuliert die Drucksolidität der gedruckten Volltonfarbe auf dem Bildschirm, hat aber keine Auswirkung auf die Druckausgabe. Die Einstellung reicht von Transparent (0% Solidität) bis Deckend (100% Solidität).

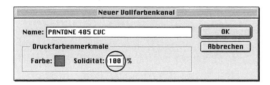

6   Klicken Sie auf OK, um den Volltonfarbenkanal zu erstellen. Ein neuer Vollfarbenkanal namens »PANTONE 485 CVC« wird der Kanäle-Palette hinzugefügt.

7   Speichern Sie Ihre Änderungen.

## Hinzufügen einer Volltonfarbe

Eine Volltonfarbe lässt sich ausgewählten Bereichen eines Bildes auf unterschiedliche Weise mit wechselnden Effekten zuweisen. Sie können beispielsweise eine Volltonfarbe einem Teil eines Graustufenbildes hinzufügen, so dass die Auswahl statt in der Grunddruckfarbe in der Volltonfarbe gedruckt wird. Da Volltonfarben in Photoshop auf der obersten Ebene eines Composite-Bildes gedruckt werden, sollten Sie die Grundfarbe im Bild aufhellen oder sogar entfernen (in diesem Fall Schwarz), wenn Sie ihm eine Volltonfarbe hinzufügen.

In diesem Teil der Lektion werden Sie das Saxophon für das Drucken als Volltonfarbe einstellen. Dann mischen Sie mit Hilfe von Gradationskurven die Volltonfarbe mit Schwarz.

Sie können Volltonfarben auch benutzen, um einem Bild reine und gerasterte Farbe hinzuzufügen. Durch das Rastern der Farbe wird dem Druck eine hellere gesättigtere Farbe hinzugefügt.

1  Achten Sie darauf, dass Weiß als Hintergrundfarbe gewählt ist. (Drücken Sie die D-Taste, um Vorder- und Hintergrundfarbe in Schwarz bzw. Weiß zu ändern.)

2  Klicken Sie auf den Reiter der Pfade-Palette, um sie zu aktivieren. Wählen Sie das Saxophon, indem Sie den Pfad »Saxophon« unten in der Pfade-Palette auf die Schaltfläche »Pfad als Auswahl laden« ziehen.

Die Lektionsdatei enthält diese vorbereitete Auswahl gespeichert als Alpha-Kanal.

3  Klicken Sie auf den Reiter der Kanäle-Palette, um sie zu aktivieren, und achten Sie darauf, dass der Kanal »Graustufen« ausgewählt ist. Wählen Sie **Bearbeiten: Kopieren**, um die Auswahl im Bild zu kopieren.

4  Wählen Sie in der Kanäle-Palette den Kanal »PANTONE 485 CVC«. Da dies ein Volltonfarbenkanal ist, wird alles, was in diesen Kanal gebracht wird, in der Farbe PANTONE 485 CVC dargestellt.

*Laden des Pfades »Saxophon« in den Volltonfarbenkanal*

5  Wählen Sie **Bearbeiten: Einfügen**, um die Saxophon-Auswahl in den Volltonfarbenkanal einzufügen. Heben Sie die Auswahl noch nicht auf!

6  Speichern Sie Ihre Änderungen.

## Hinzufügen von Bildschärfe zum eingefärbten Objekt

Jetzt verfügt Ihre Saxophon-Auswahl über einen flachen Farbbereich. Nun werden Sie noch einen Schritt weiter gehen und diesem Bereich ein wenig Bildschärfe und Tiefe zurückgeben.

Dafür werden Sie die Volltonfarbe und Schwarz hinter dem Saxophon mit Hilfe der Gradationskurven mischen, so dass das Saxophon sich nicht nur gut in das Bild einfügt, sondern auch mehr Tiefe erhält.

1   Wählen Sie in der Kanäle-Palette den Kanal »Graustufen«.

2   Wählen Sie **Bild: Einstellen: Gradationskurven**.

3   Verwenden Sie die folgenden Gradationskurven-Einstellungen als Anleitung zum Aufhellen des Saxophons. Der Kanal soll aufgehellt werden, so dass die zu druckende Menge an Schwarz im Bereich des Saxophons vermindert wird. (Falls die Saxophon-Auswahl aufgehoben wurde, ziehen Sie den Saxophon-Pfad in der Pfade-Palette unten auf die Schaltfläche »Pfad als Auswahl laden«.)

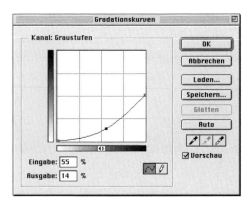 

*Vermindern der Druckfarbe Schwarz im Saxophon*

4   Klicken Sie auf OK, um die Einstellungen zuzuweisen.

Um das Saxophon zu isolieren, werden Sie einen Beschneidungspfad erzeugen. Das heißt, dass Sie das übrige Bild maskieren, so dass das vorher erstellte Duplex sichtbar wird. (Sie werden die Duplex- und die Volltonfarbdatei übereinander platzieren.) Manche Dateiformate unterstützen *Beschneidungspfade*, die für Anwendungen wie Illustrator wie Masken funktionieren.

5   Erzeugen Sie einen Beschneidungspfad um das Saxophon, indem Sie die Pfade-Palette wählen und im Palettenmenü den Eintrag »Beschneidungspfad« wählen. Wählen Sie im Dialogfeld »Beschneidungspfad« den Eintrag »Saxophon« als Pfad. Lassen Sie das Eingabefeld »Kurvennäherung« leer; ein Wert würde sich in Photoshop nicht auswirken. Klicken Sie auf OK.

*Erzeugen eines Beschneidungspfads*

6   Wählen Sie **Datei: Speichern unter**. Navigieren Sie zum Ordner *Lektion09/09Start*. Geben Sie der Datei den Namen **Sax** und wählen Sie als Format »Photoshop DCS 2.0«. Photoshop hängt automatisch die Dateinamenerweiterung *asc.eps* (Windows) oder *.eps* (Mac OS) an. Klicken Sie auf »Speichern«. Belassen Sie die Einstellungen im aufgerufenen Dialogfeld auf ihren Standardvorgaben und klicken Sie auf OK.

7   Heben Sie die Auswahl in Ihrem Bildmaterial auf.

8   Lassen Sie Photoshop geöffnet, wenn Sie zu Illustrator wechseln. Sie werden später in dieser Lektion noch weiter in Photoshop arbeiten.

### Vergleichen der Dateigröße in Photoshop und Illustrator

Wenn Sie eine hoch auflösende Photoshop-Datei in Illustrator laden, ist es wichtig, sich Gedanken über die Größe Ihrer resultierenden Illustrator-Datei zu machen.

Die Größe Ihres Bildmaterials kann die Bearbeitungsgeschwindigkeit beeinflussen. Je kleiner die Datei ist, desto schneller kann Ihr Rechner mit ihr umgehen. Es gibt zwei Arten von Größen: Dateigröße (die Größe des Dokuments in Bytes) und die physische Größe (die Dokumentmaße). Die Dateigröße beeinflusst unmittelbar die Bearbeitungsgeschwindigkeit eines Dokuments; die physische Größe kann das Speichern und das Verwenden in anderen Anwendungen zwar beeinflussen, muss es aber nicht.

In Photoshop basiert die Dateigröße auf der Anzahl der Pixel im Dokument. Eine Vorurteil ist, dass ein Dokument mit zehn Ebenen auch zehnmal so groß wie die ursprüngliche Datei mit einer Ebene ist. Die Größe erhöht sich nur durch die Anzahl der Pixel, die tatsächlich auf einer Ebene verwendet werden. Bereiche einer Ebene mit einer reinen Farbe brauchen weniger Platz, als wenn jeder Pixel eine andere Farbe hätte. Text-Ebenen (nicht gerendert) brauchen sogar noch weniger Platz. Die Statusleiste unten im Dokumentfenster zeigt die Basisgröße des Dokuments (wenn das Bild auf die Hintergrundebene reduziert wird) und die erweiterte Größe des Dokuments einschließlich des zusätzlichen Platzbedarfs durch zusätzliche Ebenen.

In Illustrator basiert die Dateigröße auf der Anzahl der Pfade und Textobjekte, die zur Größe der eingebetteten Dateien im Illustrator-Dokument hinzugezählt werden muss. Außerdem beeinflussen noch die Komplexität (Anzahl von Punkten und Punkten mit Anfassern) und Füllungen der Pfade und die Textmenge pro Textobjekt die Dateigröße und die Bearbeitungsgeschwindigkeit. Zehn Verlaufsgitter-Objekte mit Hunderten von Knoten führen beispielsweise zu einem viel größeren Illustrator-Dokument als zehn Rechtecke mit einer schwarzen Füllung.

Beide Anwendungen werden bei Überschreiten einer bestimmten Dateigröße langsamer in der Bearbeitung. Diese Grenze hängt von der Geschwindigkeit Ihres verwendeten Systems ab, der Menge des zur Verfügung stehenden Arbeitsspeichers (RAM) für die Anwendungen und ein paar weiteren Faktoren bzw. Variablen. Eine Faustregel für Photoshop ist: Ein Bild, das bei 100% Größe noch auf den Bildschirm passt, ist noch unter dieser Grenze. Für Illustrator gilt, dass ein Dokument mit weniger als 500 Vollfarbkanälen sich noch innerhalb der Grenze befindet. Durch Hinzufügen von Ebenen in Photoshop-Dokumenten oder weiterer oder komplexerer Objekte in Illustrator wird Ihr System dann langsamer.

Die physische Größe in Photoshop wird bestimmt durch die Anzahl der Pixel dividiert durch die Bildauflösung. Sie können die physische Größe eines Photoshop-Dokuments jederzeit durch Klicken auf den Eintrag »Dateigröße« in der Statusleiste unten links im Dokumentfenster anzeigen. Um die Größe in Zahlen anzuzeigen (statt des Standardbildes), klicken Sie mit gedrückt gehaltener Alt/Option-Taste auf die Dateigröße in der Statusleiste. In Illustrator wird die physische Größe durch den Bereich aller Dokumentobjekte bestimmt (ohne Hilfslinien und durch Masken ausgeblendete Objekte). Illustrator bezeichnet dies als Dokument-Rahmen. Das Speichern eines Dokuments mit einer großen physischen Größe und einer Vorschau (wie z.B. ein EPS) dauert länger als das Speichern eines kleineren Dokuments, weil die zu erzeugende Vorschau größer ist.

– Ted Alspach

## Vervollständigen Ihres Posters in Illustrator

Um das Poster zu vervollständigen, werden Sie mit Hilfe von Text auf einem Pfad einen Textschatten erstellen und in die Photoshop-Datei einfügen. Schließlich werden Sie die Photoshop-Datei erneut in Illustrator importieren, um Ihre Arbeit zu drucken.

### Kombinieren der Volltonfarben- und Duplex-Bilder

Zuerst werden Sie das Volltonfarben-Saxophon-Bild und die Duplex-DCS-Datei in Illustrator in einer für Sie vorbereiteten Illustrator-Datei kombinieren. Die Illustrator-Datei enthält bereits Text auf einem Pfad.

1 Öffnen Sie in Adobe Illustrator die Datei *09Start.ai* im Ordner *Lektionen/Lektion09/09Start* auf Ihrer Festplatte.

2 Speichern Sie die Datei als **Poster.ai** im Ordner *Lektion09/09Start*. Wählen Sie als »Format« »Adobe Illustrator 9.0« (Windows) bzw. »Adobe Illustrator® 9.0.2 Dokument« (Mac OS) und klicken Sie auf »Speichern«. Für »Kompatibilität« wählen Sie dann »Illustrator 9.0« und klicken Sie auf OK.

Sie sehen in der Ebenenpalette, dass der Text auf einem Pfad sich in einer Ebene namens »curved type« befindet und der Text in der schwarzen Leiste auf einer Ebene namens »bottom bar«.

3 Wählen Sie **Ansicht: Seitenaufteilung ausblenden**.

4 Wählen Sie in der Ebenenpalette die Ebene »Working Layer«.

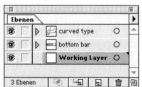

*Datei* 09Start.ai *und ihre Ebenen*

5  Wählen Sie **Datei: Plazieren**, suchen Sie die Datei *Metro.eps* im Ordner *Lektionen/Lektion09/09Start* auf Ihrer Festplatte, wählen Sie sie aus und klicken Sie auf die Schaltfläche »Plazieren«. Klicken Sie im aufgerufenen Warn-Dialogfeld auf OK.

6  Platzieren Sie das Foto so, dass seine linke und rechte Seite mit der schwarzen Leiste mit dem »Paris Metro«-Text ausgerichtet sind. Die schwarze Leiste sollte außerdem das untere Ende der Fotografie überlappen.

*Platzieren der Datei* Metro.eps

Jetzt werden Sie die Saxophon-Auswahl mit der Volltonfarbe platzieren.

7  Wiederholen Sie Schritt 5, wählen Sie die Datei *Sax.asc.eps* (Windows) bzw. *Sax.eps* (Mac OS), die Sie bereits vorher erzeugt haben. Sie müssen das Saxophon in den beiden Bilder ausrichten.

8  Wählen Sie beide platzierten Bilder aus und verwenden Sie die Ausrichten-Palette (**Fenster: Ausrichten einblenden**), um sie zuerst oben (senkrecht) und dann links (waagerecht) auszurichten.

*Oben ausrichten (senkrecht)*   *Links ausrichten (waagerecht)*

9  Fixieren Sie die beiden Bilder in dieser Zusammenstellung, indem Sie **Objekt: Gruppieren** wählen.

10  Ordnen Sie die Bilder und den geschwungenen Text wie in der folgenden Abbildung gezeigt so an, dass der Text mit dem Saxophon ausgerichtet ist.

*Geschwungener Text mit Saxophon ausgerichtet*

11  Speichern Sie Ihre bisherige Arbeit.

Damit der geschwungene Text sich vor dem Hintergrundfoto besser lesen lässt, werden Sie den Illustrator-Text in die Photoshop-Datei kopieren, um einen weißen Schatten (bzw. einen Lichthof) zu erzeugen.

12  Wählen Sie die drei Zeilen mit dem geschwungenen Text aus und kopieren Sie sie in das Klemmbrett. Heben Sie die Auswahl Ihres Bildmaterials auf.

💡 *Um den geschwungenen Text einfach auszuwählen, klicken Sie in der Ebenenpalette auf die Fixierungs-Spalten neben den Ebenen »Bottom Bar« und »Working Layer«, um sie zu fixieren und nicht auswählbar zu machen. Ein Schloss-Icon zeigt an, dass die Ebene fixiert ist.*

13  Lassen Sie Illustrator geöffnet.

## Erzeugen von glimmendem Text in Photoshop

Sie werden jetzt in Ihre Photoshop-Datei kopieren und einfügen, um einen glimmenden Schein zu erzeugen.

1  Wechseln Sie zu Photoshop.

**2** Öffnen Sie die Datei *Metro.eps* im Ordner *Lektion09/09Start*. Fügen Sie den in Illustrator kopierten Text in das Photoshop-Bild ein, indem Sie die Tasten Strg+V (Windows) bzw. Befehl+V (Mac OS) drücken und im Dialogfeld »Einfügen« die Option »Einfügen als Pixel« wählen. Klicken Sie auf OK. Drücken Sie die Eingabetaste.

**3** Aktivieren Sie die Ebenenpalette. Wählen Sie im Ebenenpalettenmenü den Eintrag »Ebeneneigenschaften«. Geben Sie der Ebene den Namen **Saxophon Text** und klicken Sie auf OK.

**4** Wählen Sie die neue Ebene und richten Sie den Text mit Hilfe des Verschieben-Werkzeugs mit dem Saxophon aus.

Sie werden dem Text jetzt einen glimmenden Schatteneffekt hinzufügen.

**5** Doppelklicken Sie in der Ebenenpalette auf die Ebene »Saxophon Text«, um das Dialogfeld »Ebenenstil« aufzurufen. Schalten Sie in der linken Spalte »Stile« das Kontrollkästchen vor »Schein nach außen« ein. Ändern Sie im Abschnitt »Erweiterte Füllmethode« die »Deckkraft« auf **0**. Klicken Sie auf OK.

Sie sehen, dass um den Text ein weißes Glimmen erscheint und der Text ausgeblendet ist. Sie werden den Effekt noch verbessern, indem Sie die Ebene duplizieren.

**6** Ziehen Sie die Ebene »Saxophon Text« in der Ebenenpalette unten auf die Schaltfläche »Neue Ebene erstellen«.

*Duplizieren der Ebene »Saxophon Text« mit ihren Stilen*

Damit haben Sie das Poster-Bildmaterial vervollständigt. Sie werden das Bildmaterial nun auf die Hintergrundebene reduzieren, um die Datei für das Drucken vorzubereiten.

7   Wählen Sie **Ebene: Auf Hintergrundebene reduzieren**.

Als Nächstes werden Sie die vorher gespeicherte Datei ersetzen.

*Fertiges Bildmaterial* Metro.eps

8   Wählen Sie **Datei: Speichern**, um die vorher gespeicherte Datei zu ersetzen.

## Vorbereiten der fertigen Dateien für das Drucken

Wenn Sie Ihr fertiges Duplex-Bildmaterial erzeugt haben, können Sie Ihre Illustrator-Datei fertig stellen. Sie werden Ihr Duplex aktualisieren und ausrichten, Beschnittmarken zeichnen und Ihr Bild zum endgültigen Drucken vorbereiten.

1   Aktivieren Sie Illustrator. Wenn Sie in einem Dialogfeld aufgefordert werden, Dateien in der Verbindungen-Palette zu aktualisieren, klicken Sie auf »Ja«.

2   Klicken Sie auf den Reiter der Verbindungen-Palette, um die Palette in den Vordergrund zu bringen, oder wählen Sie **Fenster: Verbindungen einblenden**, um die Verbindungen-Palette einzublenden. Achten Sie darauf, dass in der Verbindungen-Palette keine Ebenen fixiert sind.

3  Wählen Sie den Thumbnail Ihres Duplex aus und wählen Sie im Verbindungen-Palettenmenü den Eintrag »Verbindung aktualisieren«. (Falls Sie die Datei geschlossen und erneut aufgerufen haben, wurden die Verbindungen bereits aktualisiert.)

4  Platzieren Sie den geschwungenen Text links oberhalb vom weißen Lichthof-Schatten. Um den geschwungenen Text einfacher auszuwählen, können Sie die Ebenen »bottom bar« und »Working« in der Ebenenpalette fixieren.

💡 *Um den Schlagschatten leicht erzeugen zu können, platzieren Sie das Bild so, dass der Schatten-Text sich unmittelbar hinter dem schwarzroten Text befindet. Verschieben Sie anschließend das Bild mit Hilfe der Pfeiltasten nach unten rechts.*

*Verschobener weißer Schatten-Text*

5  Wählen Sie das Rechteck-Werkzeug und klicken Sie mit gedrückt gehaltener Alt/Option-Taste in die Mitte der Seite. Geben Sie im aufgerufenen Dialogfeld »Rechteck« für Breite den Wert **29,85** cm und für Höhe den Wert **22,85** cm (**11,75** Inch mal **9** Inch) ein. Sie brauchen sich um Füllung und Kontur nicht zu kümmern.

6  Zentrieren Sie den Rahmen mit Hilfe des Auswahlwerkzeugs in Ihrem Poster. Der Rahmen ist immer noch ausgewählt; wählen Sie **Objekt: Schnittmarken: Erstellen**. Schnittmarken werden angezeigt, die den Bereich innerhalb des von Ihnen erzeugten Rechtecks bestimmen.

7  Speichern Sie Ihre Arbeit.

# LEKTION 9
## Zweifarbendruck-Projekte

## Sicherstellen, dass Zweifarbendateien richtig gedruckt werden

Beim Entwerfen von Zweifarben-Projekten ist es sehr wichtig, sicherzustellen, dass Ihr fertiges Bildmaterial nur in zwei Druckplatten aufgeteilt wird (in diesem Fall Schwarz und PMS 485).

Einige der Optionen im Dialogfeld »Separationseinstellungen« können abhängig von Ihrem verwendeten Ausgabegerät variieren. Benutzen Sie diese Einstellungen als Anleitung, aber fragen Sie immer Ihren Dienstleister nach den richtigen Einstellungen für das Ausgabegerät, auf dem Ihr Bildmaterial gedruckt wird.

1   Wählen Sie **Datei: Separationseinstellungen** oder **Datei: Drucken** und klicken Sie im Dialogfeld »Drucken« auf die Schaltfläche »Separationseinstellungen«, um das Dialogfeld »Separationseinstellungen« aufzurufen.

*Hinweis: Falls der Eintrag »Separationseinstellungen« im Menü **Datei** nicht auswählbar erscheint, müssen Sie zunächst einen PostScript-Drucker wählen. Wählen Sie dann **Datei: Separationseinstellungen**.*

2   Falls die Optionen nicht auswählbar erscheinen, wählen Sie zunächst eine PPD-Datei, indem Sie auf die Schaltfläche »PPD öffnen« klicken und die PPD-Datei für Ihr Ausgabegerät wählen. Falls notwendig besorgen Sie sich die richtige Datei von Ihrem Dienstleister.

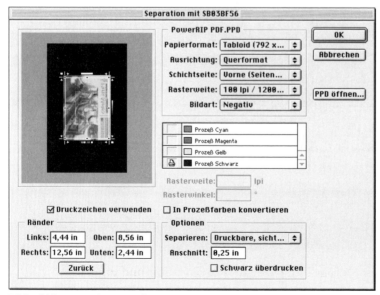

*Dialogfeld »Separationseinstellungen«*

Das Layout wird am besten auf einem Doppleformat-Papier bzw. -film gedruckt.

3   Wählen Sie unter »Ausrichtung« den Eintrag »Querformat«. Als »Papiergröße« wählen Sie 11x17.

4   Wählen Sie die Optionen für »Schichtseite« und »Bildart« und stimmen Sie die Einstellungen unbedingt mit Ihrem Dienstleister ab.

5   Achten Sie darauf, dass in der Scrollliste mit Separationen nur die Schwarz- und PANTONE-485-Separationen mit einem Drucker-Icon versehen sind (die anzeigen, dass die Separationen Informationen enthalten, die gedruckt werden sollen).

Falls die übrigen Prozessfarben noch Drucker-Icons anzeigen, ist möglicherweise eines Ihrer Bilder noch im CMYK- bzw. RGB-Modus. Öffnen Sie in Photoshop die Dateien *Sax.eps* und *Duo2.eps* und achten Sie darauf, dass sie sich im Graustufen- bzw. Duplex-Modus befinden.

6   Stellen Sie folgende verbleibende Separations-Optionen ein:

- Schalten Sie das Kontrollkästchen vor »Druckzeichen verwenden« ein.
- Schalten Sie das Kontrollkästchen vor »In Prozeßfarben konvertieren« aus. Falls diese Option eingeschaltet ist, wird Ihre Farbe PANTONE 485 CVC konvertiert, um mit Magenta und Gelb gedruckt zu werden.
- Belassen Sie den Abschnitt »Ränder« auf seinen Standardeinstellungen.
- Wählen Sie im Abschnitt »Optionen« im Popup-Menü »Separieren« den Eintrag »Druckbare, sichtbare Ebenen«, um nur die Ebenen zu separieren, die sowohl druckbar als auch sichtbar sind.
- Geben Sie im Eingabefeld »Anschnitt« den Wert **0,25** Inch ein, um vorzugeben, wie viel Bildmaterial außerhalb der Schnittmarken gedruckt werden soll.
- Schalten Sie das Kontrollkästchen vor »Schwarz überdrucken« aus.

7   Klicken Sie auf OK.

8   Speichern Sie Ihre Arbeit.

Damit haben Sie diese Lektion erfolgreich abgeschlossen. Jetzt können Sie Ihre Zweifarb-Dateien als fertiges Poster ausgeben.

9   Schließen Sie die Datei und beenden Sie Illustrator und Photoshop.

8-Bit-Farbe 139

## A

Abgerundete Linienenden
    (Schaltfläche) 269
Absätze-Palette 277
Abwedler (Werkzeug) 74
Abweichung vom eingebetteten Profil (Dialogfeld) 117
Adobe (ACE) 115
Adobe Acrobat
    Datei aus Illustrator exportieren 130
    Farbmanagement 120
Adobe CMS 120
Adobe Gamma 98
    Monitorcharakterisierung 101
Adobe Illustrator
    Classroom in a Book 9
    im Vergleich zu Adobe Photoshop 56, 320
    Voreinstellungen wiederherstellen 15
Adobe ImageReady
    Standardeinstellungen wiederherstellen 16
Adobe InDesign
    Farbmanagement 120
Adobe Photoshop
    Classroom in a Book 9
    Handbuch 16
    im Vergleich zu Adobe Illustrator 56, 320
    Standardeinstellungen wiederherstellen 14
Adobe-RGB-(1998)-
    Farbraum 104
Adobe Type Manager 11
Adobe Website 17
Adobe-Farbmanagement-
    System 120
Airbrush-Einstellungen 78
Airbrush-Werkzeug 78
    Verblassen (Option) 78
Aktionen
    anpassen 80

    Illustrator gegenüber
        Photoshop 80
Alpha-Kanal 152, 321
    Auswahl laden 326

im Vergleich zur Ebenenmaske 168
An Auswahl ausrichten
    (Befehl) 255
An Zeichenfläche ausrichten
    (Befehl) 255
Ändern der Größe
    Navigator-Palette 295
Änderungen auflisten
    (Befehl) 273
Anfangs-Großbuchstabe 270
Anfasser 289
    anpassen 296
    anzeigen 295
    beschränken 296
Angleichen von Objekten 226
Angleichungs-Objekte
    verglichen mit Verläufen
        für Web 226
Animation
    abspielen 220
    anhalten 242
    erstellen 230–242
    Hinzufügen von
        Effekten 230
    Timing 240
Animation-Palette 234
    mit Ebenenpalette verwenden (ImageReady) 232
Animiertes GIF 219–246
    erstellen 230–242
    Frames dazwischen einfügen 240
    optimieren 242–245
    optimiert speichern 242–245
    Timing 240
Ankerpunkt 289
    ausgewählt 296
    ausrichten 292
    löschen 303
    zusammenfügen 299
Ankerpunkt-konvertieren-
    Werkzeug 290
Ankerpunkt-löschen-
    Werkzeug 303
Anordnen von Objekten 304
Anpassen von Objekten
    Illustrator im Vergleich mit
        Photoshop 56
Ansicht
    plattformübergreifend von
        Bildern 41

Ansichtsgröße ändern
    Tastaturkommando 294
Arbeitsfarbraum 99, 102
Arbeitsfläche
    Dateigröße 37
    vergrößern 310
Artefakte, Scannen 31
RGB-Arbeitsfarbraum zuweisen: Adobe RGB (1998)
    (Option) 107
ATM 11
Auf Dateigröße optimieren
    (Befehl) 47, 244
Auf Hintergrundebene reduzieren (Befehl) 187, 216
Aufgeteilte Seiten 282
Auflösung
    an andere Bilder
        anpassen 118
Aufteilen (Befehl) 87
Ausrichten
    Illustrator gegenüber
        Photoshop 255
Ausrichten-Palette 255, 337
Ausrichtung, Layout 343
Aussparungen (Ebene)
    Optionen 167
Aussparungsoption
    (Ebene) 165
Aussparungsoption, leichte 167
Aussparungsoption, starke 167
Auswahl
    Alpha-Kanal laden 326
    als Ebenenmaske 164–165, 189
    aus Pfad 312
    ausrichten 255
    ausweiten 69–71
    fixieren 304
    Hintergrund 154
    invertieren 158
    Kanten ausblenden 70
    laden 187
    Maske verfeinern 156
    mit Hilfe der Ebenenpalette
        hinzufügen 177
    nach Farbe 154–156
    verkleinern 71
Auswahl laden (Befehl) 187
Auswahl verkleinern
    (Befehl) 71
Auswählen
    alles in Ebene 307

# Index

Farbe 85
Maske 177
nach Farbe 154–156
Pfad 309, 313
Tastaturkommando 71

## B

Befehl, Speichern von Einstellungen 13
Beginnen mit Aktuelle Einstellungen (Option) 245
Beschneiden von Bildern 41
Beschneidungspfad 333
   in Illustrator
      bearbeitbar 309
Beschnitt 203, 260–263
Beschnittebene
   Grundebene 194
Beschnittgruppe 193, 194
Beschnittmarkierung 204–205
Bézier-Kurve 289
   Verlaufsgitter 307
Bild
   Ändern der Größe 41
   anpassen 24
   bearbeiten für das Web 38–51
   bearbeiten für den Druck 23–38
   freistellen 24
   für Web bearbeiten 23–51
   in Graustufen konvertieren 323
   Kombinieren von Duplex und Vollfarbe 336
   neuberechnen 118
   ohne Tags 135
   optimieren 38–40
      auf Dateigröße 47
      4-fach-Ansicht 44
      4-fach-Vorschau 243
   scannen
      Retuschieren von Störungen 31
   schärfen 33–35
   skalieren 109
   zwischen Illustrator und Photoshop kopieren 215
Bildart (Option) 129
Bildgröße, Dateigröße und 335
Bildmontage 183–216
   Illustrator gegenüber Photoshop 183

Bitmap-Bild
   komprimieren 132
Bleistift-Werkzeug 303
Broschüre, erstellen 249–284
Browser, Vorschau der Webdarstellung 47

## C

Classroom in a Book
   Installieren der Dateien 12–13
   Systemvoraussetzungen 11
CMM 114
CMYK-Arbeitsfarbraum (Option) 104
CMYK-Farbmodus
   eigene Farben auswählen 110
   Korrigieren von Bildern 35
CMYK-Farbraum
   Vorschau in RGB 111–114
Composite-Bilder 150, 186. *Siehe auch* Montieren

## D

Dahinter auftragen (Modus) 78
Dateien speichern
   Webveröffentlichung 144
Dateiformat
   eingebettete Profile 117
Dateigröße
   Arbeitsfläche 37
   Illustrator gegenüber Photoshop 335
   optimieren 244
   Webbanner-Grenze 222
Datei-Infoleiste 118
Davor einfügen (Befehl) 275
DCS-Dateiformat 117, 329
Deckkraft
   ändern 196
Deckkraftmaske 175–178
Deckkraftmaske erstellen (Befehl) 177
Desktop-Color-Separations-Dateiformat 329
Detail, wiederherstellen 33
Dialogfeld
   Werte eingeben 252
   zurücksetzen 156
Dither-Farben
   bei Farbumwandlung 115
Dokumentprofil (Option) 118

Dokument
   einstellen 252
   Einstellung 221
Dokumentationsübersicht 16
Dokumentformat (Dialogfeld) 201
downloaden 39
Drucken
   aufgeteilte Seiten 282
   rechnerfern 130–132
   Separationen 342
   sichtbare Ebenen 129, 343
   Volltonfarbe 331
Druckermarkierungen 256
Druckfarbenkombination
   Vorschau 113
Druckproduktion
   Workflow (Arbeitsablauf) 100
Druckzeichen 281
Duplex 319–343
   Auswahl-Tastaturkommando 328
   drucken 342
   erstellen 327
   Kombinieren mit Vollton-farbe 336–338
   laden 327
   unterstützende Dateiformate 329
Dupliziert aktuellen Frame (Schaltfläche) 233

## E

Ebene
   auf Hintergrundebene reduzieren 37, 187, 216
   ausblenden 208
   ausrichten 255
   Aussparungsoption 165
   Beschnitt- 194
   Bildmaterial aufteilen 228
   dauerhaft ändern 196
   duplizieren 323
   ein- und ausblenden 291
   Erstellen-Tastaturkommando 228
   exportieren 310
   fixieren 174, 203, 208, 338
   füllen 166
   Füllmethoden 186
   gruppieren 160, 162, 193

Illustrator gegenüber
    Photoshop 202
  in Illustrator 202
  in Reihenfolge einfügen 212
  kombinieren 325–327
  kopieren 187
  Maske 165
  mit Datei speichern 37
  Photoshop beim Import
    reduzieren 201
  reduzieren 161
  separieren 343
  sichtbare reduzieren 197
  Teilebene hinzufügen 177
  Transparenz
    ausschalten 60
    erhalten 197
    laden 198
  Transparenzdarstellung
    188
  verwalten 228–230
  wählen 196
  wieder einblenden 210
Ebene durch Kopie
  (Befehl) 187
Ebenen beim Einfügen erhalten
  (Befehl) 206, 212
Ebeneneffekt
  animieren 230–240
Ebeneneffekt »Dazwischen einfügen« 240
Ebenenmaske 168–170, 189–191
  als 8-Bit-Kanal 200
  auswählen 170
  bearbeiten 190–191, 195
  erstellen 168
  Farbinformation 169
  hinzufügen 189, 326
  im Vergleich zur Deckkraftmaske 175
  mischen 198
  umkehren 170
  wählen 196
Ebenenpalette
  Auswahlbereich 177
  einblenden 202
  ImageReady 231
  mit Animation-Palette verwenden (ImageReady)
    232
Echtfarbe. *Siehe* Volltonfarbe
Effekt 214

modellieren 75
reflektierte Farbe 82–84
Schwarz-Weiß-Foto 327
Effekt (Menü) 214
Effekte löschen 196
Eigenschaftenermittlung 98
Eingebettete Datei
  drucken 130
Eingebettete Profile
  Siehe auch Farbprofile
Eingebettetes Profil
  beibehalten 117
  Warnung bei Fehlen 117
Eingebettetes Profil beibehalten (Option) 106
Einheiten 221
Einheiten & Rückgängig
  (Befehl) 221
Einstellungsebene 192–197
  bearbeiten 195
  beschränkender Effekt 193
  erzeugen 27, 160
  Farbton/Sättigung 162
  maskieren 194
  mit Ebene reduzieren 197
  Volltonfarbe 164
  wählen 192, 196
EPS-Dateiformat 37, 117, 329
exportieren
  Illustrator-Bildmaterial in
    Photoshop 310
  Photoshop-Datei 230

**F**

Falzmarken 256–259
Farbabstimmung
  Engines 114
Farbanpassung
  Strategie 97–99
  über Anwendungsgrenzen
    hinweg 127
Farbbalance, korrigieren 26–30
Farbbbereich 96
Farbbereich
  anpassen 322
Farbbereich auswählen
  (Befehl) 154–156

  zur Auswahl hinzufügen
    155
Farbe
  aufnehmen 84, 86, 115

aus platzierten Bildern aufnemen 265
bearbeiten 85
ersetzen 50
Farbton fixieren 300
global ändern 84–86
nach Name auswählen 85
reflektierte 82–84
über Anwendungsgrenzen
  hinweg anpassen 115
Volltonfarbe 263
Vorder- und Hintergrundfarbe tauschen 157
Vorder- und Hintergrundfarbe zurücksetzen 156
Web-Komprimierung
  43–47
websicher 139
websicher auswählen 137
Farbe ersetzen (Befehl) 51
Farbeffekt 230
  ausschalten 236
Farbeinstellung
  Anmerkung hinzufügen
    122
  laden 122
  synchronisieren 120, 122
Farbeinstellungen
  (Dialogfenster) 98
  Illustrator 121
  Photoshop 103
Färben (Option) 192
Farbfelder-Palette
  nach Name anzeigen 83
  Verlauf ersetzen 90
Farbglanz 35
Farbig abwedeln
  (Füllmethode) 186
Farbkanal 321
Farbkorrektur 26–37
  Grundlagen 26–35
  Stapelverarbeitung 30
  subjektive 35
Farbkorrekturen
  Siehe auch Farbanpassung
Farbmanagement 95–145
  ausschalten, 105, 106, 135
  in Illustrator 120–130
  in Photoshop 101–119, 135
  Farbumfangwarnung 105
  Illustrator und Photoshop
    120

synchronisieren 120, 122
Vorgaben 105
Web-Veröffentlichung 134–145
Farbpalette
  websichere Farbe 137
Farbprofil
  beibehalten 106
  beim Öffnen der Datei beibehalten 117
  einbetten 99, 105–108
  entfernen 135
  fehlendes, 107, 119
  ignorieren 106
  Monitor 98
  unterstützende Dateiformate 117
  zuweisen 107
Farbproof
  eigene Einstellungen 113
  simulieren 111–114
Farbraum
  bestimmen 119
  CMYK 104
  Farbkorrektur 104
  für Web konvertieren 139–140
  Größenempfehlung 96
  konvertieren 114
  Standard 106
  unbestimmt 123
Farbsättigung, für Web erhöhen 49
Farbseparation
  Dither-Farben 115
  Drucken sichtbarer Ebenen 129
  einrichten 128
  Raster-Farben 115
  Softproofing 111–114
  Zweifarbseparation 342–343
Farbton, fixieren 300
Farbton/Sättigung (Befehl) 160–161
Farbüberlagerung-Palette 231
Farbwähler
  websichere Farben auswählen 138
Farbwerte erhalten (Option) 112
Farbziel 116

Fehlende Profile (Option) 107
Fehlende Zeichensätze, zum System hinzufügen 11
Filter, Unscharf maskieren 33
Filter, Staub & Kratzer entfernen 31
Fläche überdrucken (Option) 281
Zeichensatz
  installieren 11
Frame
  animieren 240–242
  dazwischen einfügen 240
  duplizieren 233
  löschen 233
  wählen 241
Frei Transformieren (Befehl) 160
Füllen
  mit Hintergrundfarbe 156
Füllmethode
  Ebene 186
Füllwerkzeug 266
Für Web speichern (Dialogfeld) 142, 144
Für Web speichern (Dialog-fenster) 43, 45
  Standardeinstellungen zurücksetzen 43

## G

Gaußscher Weichzeichner (Filter) 190
Genormte Farbe
  Definition 264
Gerasterte Farbe 136, 139
Geräteunabhängige Farbe
  Definition 264
GIF-32-Dithering Komprimierung 45
GIF-Dateiformat
  für Webdarstellung 40
  gerasterte Bilder 139
  optimieren 142–144
GIF Web-Palette (Option) 143
GIF-Web-Palette
  Komprimierung 44
Glanz, Sonderfarbe 279–281
Gradationskurve (Dialogfeld) 323, 333
Gradationskurven (Befehl) 153–154
Graustufen-Bild 323

Gruppierung 202

## H

Hand-Werkzeug 296
Herunterladen 39
Hexadezimal-Farbmodell 137
Hilfslinien 110
  hinzufügen 204
  löschen 111
Hilfslinien löschen (Befehl) 111
Hindurchwirken (Füllmodus) 166
Hintergrund
  abschwächen 322, 324–325
  löschen 187
  maskieren 326
Hintergrund (Option) 144
Histogramm 27
HTML-Seiten
  Farbmodell 137

## I

ICC-Profil
  Drucker 104
  einbetten in Slice-Bilder 142
  in PDF einbetten 131
  Monitor 98
  Soft-Proof 112
  Webbrowser-Unterstützung 134
In den Arbeitsfarbraum konvertieren (Option) 106
In Pfade wandeln (Befehl) 212
In Profil konvertieren (Befehl) 114
In Profil konvertieren (Dialogfeld) 140
In Prozeßfarben konvertieren (Option) 343
Ineinanderkopieren (Modus) 196
Initial 270–276
Installieren
  Lektionsdateien 11
  Classroom-in-a-Book-Zeichensätze 11
Internet Explorer 4.0
  ICC-Profil 134

## J

JPEG-Dateiformat 117
  optimieren 140–142
  optimiert speichern 48–50
  Verläufe 139
  Webdarstellung 40
JPEG-Komprimierung 46
JPEG mittel
  (Einstellungen) 141

## K

Kalibrierung 98
Kanal 321
  einstellen 333
  einzelne betrachten 34
  erstellen 152
  Farbinformation 158
  Schatten und Spitzlichter
    korrigieren 28–29
  Tonwertkorrektur 27
  zum Erstellen von Masken
    151, 152–153
  zusammengesetzt 34
Kanal-Einstellungen 333
Kanäle-Palette 152, 332
Kanten
  retuschieren 156–158
Kerning 209, 277
Komprimierungseinstellungen
  43–47
    JPEG gegenüber GIF 44–47
    Stapelverarbeitung 49
Kontrast
  anpassen 73, 153–154
  einstellen 323, 324
  korrigieren 28–29
  verstärken 200
Konturenpalette 269
Konturlinie (Befehl) 281
Konturstärke
  Objekte ausrichten nach
    255
Kopie sichern unter
  (Befehl) 216
Kopie speichern unter
  (Befehl) 216
Körnung (Filter) 327
Kurve 289
  bearbeiten 295–297
  Punkte umkehren 295

## L

Laufweite 209
Lektionsdateien
  installieren 12
  wiederherstellen 13
Liesmich-Datei 11
Ligatur 272
Lineal (Befehl) 110
Linealmaßeinheiten, ändern
  204
Lineares Verlaufswerkzeug 76
Linie
  abrunden 304
  gestrichelt 269
  hinzufügen 268–270
  Löscht ausgewählte Frames
    (Schaltfläche) 233

## M

Mac OS
  Anzeige 41
  Systempalette 139
Macintosh-RGB-Voransicht 41
Macintosh-Standardfarbe-
  Anzeige 47
Magnetische Hilfslinien 227,
  292, 295
  ausschalten 227, 298, 307
Malen
  verblassen 78
Maske
  als Auswahl laden 159
  aus einer Auswahl 164–165
  extrahieren 152–153
  Farbinformation 158
  fixieren 174
  Illustrator im Vergleich zu
    Photoshop 149, 171
  in Illustrator 171–178
  in Photoshop 150–170
  invertieren 158, 177
  Kanalinformation
    untersuchen 152
  Lichtstärke 175–178
  Objektreihenfolge 172
  ändern 174
  retuschieren 156–158
  Technik 149, 151, 171
  umkehren 158
  verfeinern 154–156
  verknüpft 171–174
  wählen 177
  wiederverwenden 159

Maske hinzufügen
  (Schaltfläche) 189
Maske invertieren
  (Option) 177
Masken-Thumbnail 177
Maskieren
  Beschneidungspfad 333
Maßeinheiten 252
Merken (Option) 49
Misch-Modi
  Bearbeiten von Masken 195
Mit darunterliegender auf eine
  Ebene reduzieren
  (Befehl) 161
Mit darunterliegender Ebene
  gruppieren (Option) 160,
  162, 193, 194
Mit verbundenen Dateien
  (Option) 130
Modem, Geschwindigkeits
  vorschau 48
Moirée-Muster 223
Monitor
  kalibrieren 98
  RGB-Farbraum wählen 102
Monitor-RGB-Voransicht 41
Montieren 216
  aktualisieren 216
Multiplizieren
  (Modus) 213, 215

## N

Nach hinten stellen
  (Befehl) 172
Nachzeichnen von Objekten
  302–305
Navigator-Palette 295
Neuberechnen 24
Neue Füllebene
  oder Einstellungsebene
  (Schaltfläche) 160, 162
Nicht gekennzeichnete
  Dateien 135
Normal-Modus 195
Nur Webfarben (Option) 138

## O

Objekt
  Alles lösen (Befehl) 305
  angleichen 226
  anordnen 304
  aufteilen 87
  ausrichten 255

einfärben 160
fixieren 304
Fixierung aufheben 305
gruppieren 307
kopieren durch Spiegeln 298
nachzeichnen 291, 302
rotieren 160
skalieren 172
transformieren 160, 227
Verschiebungspfad 274
Objektschnittmarken (Filter) 257
Optimieren (Palette) 47
Optimieren von Bildern
    GIF-Animation 242–245
    JPEG 43–47
    nach Dateigröße 244
    Slicing 140–144
    Stapelverarbeitung 49
Optimiertes Bild
    JPEG speichern 48–50
    speichern als animiertes GIF 242–245
Optimiert-Version speichern (Befehl) 244
Optimierungseinstellungen 48–50
    einbetten 49
Option
    Auflösung (Freistellen) 25
    Radius 31
    Schwellenwert 31
Optionsleiste 73

## P
Palette
    ein- und ausblenden 291
    letzte Einstellung 284
    Position aufzeichnen 13
PANTONE® Coated (Bibliothek) 110, 264
PANTONE®
    Duplex-Ordner 327
Papierformat-Einstellungen verwenden (Option) 283
Papiersorte
    Druckvorschau 113
Pathfinder-Palette 205
PDF-Datei
    erzeugen 130–132
    in Illustrator bearbeiten 131

JPEG-Komprimierung (Option) 132
Komprimierungsoptionen 132
Perzeptiv, Rendermethode 112
Pfad
    Arbeitspfad 313
    aus Auswahl 313
    auswählen 169
    einfügen 309
    füllen 169
    in Auswahl konvertieren 312
    Konturen 281
    speichern 169
    Text 212
    Text in Pfad konvertieren 273
    transformieren 313
    Vektorgrafik in Bitmap-Grafik konvertieren 309
    verknüpft 173
    verschieben 273
    wählen 309, 313
    zwischen Illustrator und Photoshop verschieben 309
Pfadfläche mit der Vordergrundfarbe füllen (Schaltfläche) 169
Pfadkomponenten-Auswahl-Werkzeug 169
Pfadtext-Werkzeug 206
Photoshop-(PSD)-Dateiformat 117
Photoshop-Dateiformat 37
Photoshop-Ebenen zu einzelnem Bild reduzieren (Option) 201
PICT-Dateiformat 117
Pinsel, wählen 191
Pinselgröße, ändern 191
Pinsel-Werkzeugoptionen 191
Pipette 156
Pipette-Werkzeug 265
Pixel
    Bearbeiten sperren 70
Platziertes Bild
    Farbe aufnehmen 265
PPD-Datei
    wählen 342
Priorität Perzeptiv 115
Profilfehler (Option) 106

Proof einrichten 41
Proof einrichten (Dialogfeld) 112
Protokollpalette 196

## Q
Quick-Referenzkarte 17

## R
Rahmenkontur, ausrichten 255
Rand
    abdunkeln 69
Raster, ein- und ausblenden 254
Raster-Farben
    bei Farbumwandlung 115
Rasterweite (Option) 129
Rechnerfernes Drucken 130
Referenzkarte 17
Registration-Farbfeld 258
Reiter 4-fach 142
Reiter Optimiert 144
Relativ farbmetrisch, Render-Methode 112
Render-Priorität 114
RGB-Farbmodus
    eigene Farben auswählen 110
RGB-Farbraum
    Monitor 102
Richtungspunkt 290
Rotieren von Objekten 160

## S
Satz- & Sonderzeichen (Befehl) 273
Satzzeichen, übersetzende 279
Schachbrett-Icon 70
Schärfen von Bildern 33–35
Schatten 28
    Details erhalten 115
    Details wiederherstellen 36
    konvertieren 314
    Schlagschatten 74, 78, 80, 166, 213–215
    Text 338–339, 341
Schattierung
    Illustrator im Vergleich mit Photoshop 56
Schichtseite (Option) 129
Schlagschatten (Stil) 166
Schnittmarke 203, 256–259, 341

Schnittmarken erstellen
(Befehl) 341
Schnittmaske 173
Schnittmaske erstellen
(Befehl) 171, 173
Schnittmenge entfernen
(Option) 205
Schrift
    gerastert 136
Schritte per Tastatur
(Option) 260
Schwamm (Werkzeug) 73
Schwamm, auswählen 73
Schwarzpunkt
    einstellen 324
Schwenken 295
Seite
    einrichten 282
    einstellen 282
Seiten aufteilen 282
Seitenaufteilung
    ausblenden 201, 253
Seitenpositionierer-
Werkzeug 283
Separation, Register 258
Separationseinstellungen
(Dialogfeld) 129, 342–343
Simulieren
    Papierweiß (Option) 113
    Schwarze Druckfarbe
(Option) 113
Skalieren von Objekten 172
Slice 140
    auswählen 141
    speichern 144
Slice-Auswahlwerkzeug 141
Slice-Bild
    RGB-Farbraum einbetten 142
Softproofing 111–114
    eigenes 113
Sonderfarbe
    Glanz 279–281
Spalte, erzeugen 271
Speichern
    Datei mit Ebenen 37
    Dateikopie 216
    Optimierungseinstellungen 48–50
Speichern von Dateien
    EPS-Format 329
Spiegeln von Objekten 298, 308
Spitzlichter 28

sRGB-Farbraum 139
Standard für Druckvorbereitung – Europa
(Farbeinstellungen) 103
Standardeinstellung
    Farben zurücksetzen 302
    wiederherstellen 13–16
Staub & Kratzer entfernen
(Filter) 31
Störungen hinzufügen
(Filter) 190
Struktur, hinzufügen 327
Symmetrisches Objekt,
    erstellen 297
Systempalette 139

## T

Tabulator, einstellen 267–268
Tabulatoren-Palette 268
Text
    Anfangs-Großbuchstabe 270
    Anführungszeichen 272, 278
    Attribute ändern 209
    ausrichten 267–269
    drehen 223
    Effekt 214
    festlegen 222
    gestalten 272–273, 277–279
    Illustrator gegenüber
    Photoshop 205
    in grafische Objekte wandeln 211
    in Webbannern 222
    Initial 270–276
    Kerning 277
    Ligaturen 272
    neu ausrichten 207
    Pfad 205–208, 336
    Pfad bearbeiten 210
    platzieren 270
    Schatten 338–339, 341
    Spalten-Layout 271
    Übersetzende Satzzeichen 279
    Umfluss 273–277
    verborgene Zeichen einblenden 267
    Wortabstand 277
    Zeichenabstand 277–278
Textumfluss erstellen
(Befehl) 276

Textumfluss um Objekte 273–277
    Objektreihenfolge 275
Textzeilen & -spalten
(Befehl) 271
Tiefe setzen (Schaltfläche) 153
Tiefe, erzeugen 301
Tiefenkompensierung
(Option) 115
Tiefenkompensierung verwenden (Option) 140
TIFF-Dateiformat 37, 117
Timing 240
Toleranz (Option) 155
Tonwert
    korrigieren 26–29
Tonwertbereich
    einstellen 325
Tonwertkorrektur (Befehl) 200
Transformationenpalette 258
Transformieren
    von Objekten 160
Transparente Pixel fixieren
(Option) 70
Transparenz
    anzeigen 60
    fixieren 70
    laden 69, 71
Transparenz & Farbumfang-Warnung (Befehl) 60, 188
Transparenz-Hintergrundmuster-Einstellung 188
Transparenzmaske. *Siehe*
Deckkraftmaske
Transparenzpalette 177
Typographie, professionelle 270

## U

U.S. Sheetfed Coated
(Farbraum) 104
Überdrucken 281
Überfüllung, Notwendigkeit
von 263
Übergang-Werkzeug 304
Übersetzende Satzzeichen
(Option) 279
Umkehren (Befehl) 158
Umrandung (Befehl) 69
Unscharf maskieren-Filter 33

## V

Verbindung aktualisieren
 (Befehl) 341
Verbindung, aktualisieren 341
Verbindungen-Palette 340
Verborgene Zeichen einblen-
 den (Option) 267
Verborgenes Zeichen 267
 ausblenden 270
Verbundene Ausrichten
 (Befehl) 255
verbundene Datei, drucken 130
Vereinen (Option) 212
Vergrößern
 Tastaturkommando 153
Verkleinern
 Tastaturkommando 153
Verknüpfte Maske 171–174
 fixieren 173
 Name 174
Verknüpfter Pfad 173
Verknüpfte Pfade erstellen
 (Befehl) 173
Verlauf
 Deckkraft und Malmodus
  anpassen 68
 Eigene 61–66
 eigener linearer 88–89
 Farbbearbeitung
  speichern 91
 Farbe bearbeiten 90–91
 Farbe global ändern 90–91
 Farbe hinzufügen 65
 Farbe platzieren 65
 Füllung anpassen 89
 gerastert 139
 hinzufügen 67
 Illustrator gegenüber
  Photoshop 68
 kopieren 67
 löschen 67
 maskieren 177
 nach Namen anzeigen 61
 Optionen 176
 umkehren 75
 verglichen mit Angleichun-
  gen für Web 226
 Webqualität 139, 141
Verlauf-Editor 61–66
Verlaufsgitter 299–301, 307
 Gitterpunkte 306
 Punkt löschen 300

 verglichen mit dem Zei-
  chenstift-Werkzeug 307
Verlaufsgitter-
 Werkzeug 82–84
Verlaufspalette 61
 Verlauf benennen 66
Verschiebungseffekt
 (Filter) 189
Verschiebungspfad für Objekte
 274
Verzerren von Objekten 314
Volltonfarbe 329–334
 CMYK-Modus 110
 Glanz 279–281
 hinzufügen 331
 Kombinieren mit Duplex
  336–338
 mischen 333
 RGB-Modus 110
 Solidität 331
 unterstützende Dateifor-
  mate 329
Volltonfarbe-Einstellungs–
 ebene 164
Volltonfarbenkanal
 erstellen 331, 321
Volltonschwarz 263
Voraussetzungen 10
Voreinstellungen
 Adobe ImageReady 16
 Einheiten und Rückgängig
  221
 Standard wiederherstellen
  13–16
 Transparenzdarstellung
  188
Voreinstellungen-Datei 13
Vorschau
 Monitorfarbe 41
 plattformübergreifend 41
 Webdarstellung 47
Vorschaubegrenzungen ver-
 wenden (Option) 255

## W

Wählen
 alles in Ebene 307
 Frames 241
 Pfad 309, 313
Wählt Frame-Verzögerung aus
 (Menü) 241
Warnkästchen-Icon 137
Webdarstellung

Farbmodelle 137
gerasterte Farben 136
Vorschau in Browser 47
Webbanner 219–246
 Dateigröße 222
 exportieren 242
 Standardgröße 220
Websichere Farbe 139
 auswählen 137–138
 mit Farbpalette auswählen
  223–224
Websichere Farbpalette 135
Weißpunkt
 einstellen 324
Werkzeug,
 Optionen einstellen 73
Werkzeugleiste
 ein- und ausblenden 291
Wert 221
Windows
 Anzeige 41
 Systempalette 139
Windows 98
 mit Adobe Gamma
  kalibrieren 101
Windows NT
 mit Adobe Gamma
  charakterisieren 101
Windows-RGB-Voransicht 41
Windows-Standardfarbe-
 Anzeige 47
Workflow (Arbeitsablauf),
 Farbveröffentlichung 96
Wortabstand 277

## Z

Zeichenabstand 277–278
Zeichenbrett, erweitern 252
Zeichenpalette 209, 222, 272
Zeichenstift-
 Werkzeug 310–313
  Linien bearbeiten 295–297
  Umriss nachzeichnen 302
  zeichnen mit 293–295
Zurücksetzen
 (Schaltfläche) 156
Zusammenfügen (Befehl) 299
Zusammengesetzter Pfad 202
 Textpfad 212